ジャック・ウェルチ「20世紀最高の経営者」の虚栄

THE MAN WHO BROKE CAPITALISM
How Jack Welch Gutted the Heartland
and Crushed the Soul of Corporate America—
and How to Undo His Legacy
by
David Gelles

Translated by
Noriko Watanabe
First published 2024 in Japan by
Hayakawa Publishing, Inc.
This book is published in Japan by
arrangement with
Newfound Group, Inc.
c/o Creative Artists Agency
through The English Agency (Japan) Ltd.

装幀／木庭貴信（オクターヴ）
カバー写真／©Bob Daemmrich/Alamy Stock Photo/amanaimages

我が家族へ
与えてくれたすべてのことに感謝を込めて

目次

序　章

　ある文明を理解するためには、その文明における英雄像を見ていけばよい。古代エジプト人は神と人間を仲介するファラオを崇め、ローマ人は外国を征服し帝国を広げた将軍を称えた。ギリシャの場合は真理を探究する哲学者だ。ほかにも詩人、画家、彫刻家、作曲家で特徴づけられる偉大な社会があった。最近では、探検家、科学者、公民権運動の指導者などが時代の象徴として登場している。英雄には人々の憧憬が映し出され、最も根深い願望、理想とされる行動、社会的な優先順位を知る手掛かりとなる。英雄は歴史が描く弧を曲げてその時代を定義し、死後もその影響を残していく。何世代か後の時代に、未来の人類学者がアメリカで今この瞬間に行なわれている実験の意味を考えるときには、そうした偶像を手掛かりに当時の優先事項を探りながら、不可解だが否定しようのないある事実と格闘することになるのだろう。それは、アメリカでは上に立つ人を崇拝するという事実だ。

　私たちが偶像化してきたのは最高経営責任者（ＣＥＯ）だ。ＣＥＯたちが国民的議論に幅広く影響を及ぼすことを認め、彼らに莫大な富を与える一方、説明責任を果たすことは免除してきた。私たちは起業家やベンチャー・キャピタリストを最も優秀な頭脳とみなし、その業績をもてはやし、株主価値向上をさも医学的な大発明であるかのように褒め称える。また、富裕層を道徳的権限のある地位に押し上げ、その時々の厄介な政治的、社会的な問題の捉え方を、宗教指導者や哲学者ではなくCEOに委ねてしまう。億万長者を市長に、プライベート・エクイティの有力者を上院議員に選び、独占欲の強い人を最も著名な慈善活動家に仕立て上げていく。ある調査によれば、一般市民が信頼するのは常に政治家や聖職者よりもCEO、政府よりも企業だ。テレビでは成功者を演じているが実際のビジネスでは失敗した人物をアメリカ大統領に選んでしまうほど、上に立つ人に対する私たちの信頼には絶対的なものがある。

それが悲惨な結果に終わっても、あるいは英雄がペテン師だったと判明しても、私たちはより多くを求めてしまう。そうせずにはいられないのだ。驚くべき勤勉さと巨大な経済力によって強大になったこの国では、業界リーダーはまさにアメリカン・サクセスの体現者だ。CEOは大統領と同じように、次の時代へと私たちを導いてきた。鉄道王や悪徳資本家は実業家に、実業家はメディア王に、投資家に、技術者に取って代わった。今もなおビジネスで成功者となることへの願望が強い社会だとしても、誰よりも同時代の文化的・経済的な英雄として崇拝される一人のCEOがいる。周囲の世界を根本的に変質させ、死後も影響力を持ち続け、時代精神の変化をうまく捉えて経済のルールを塗り替えた人物——それがジャック・ウェルチだ。

一九八一年から二〇〇一年までの、私たちが今日暮らしている世界を形作った二〇年間、ゼネラル・エレクトリック（GE）の会長兼CEOを務めたウェルチはアメリカの資本主義において絶大な影響力を振るった。全盛期にはアメリカ最強企業のトップとして、また、ビジョナリーとしてもてはやされた。彼はグローバル化の有望性を見出し、世界の舞台で戦えるようGEを素早く作り変えた。何より隅々まで見通すことができ、GEをメディアや金融業界に参入させたのもまさにこの時期だ。何よりも、株式市場の力を理解し、GEの大きさと複雑さを活かして、同社株を保有する幸運な人々に報酬をもたらした。ウェルチが叩き出した財務的な業績は文句なしに素晴らしい。在任中にGEの株価は年に約二一%上昇し、歴史的な強気相場の間でさえスタンダード・アンド・プアーズ五〇〇種指数（S&P500）をはるかに凌駕した。着任時点で一四〇億ドルだったGEの企業価値は、二〇年後に六〇〇〇億ドルに達し、「世界で最も価値ある」（時価総額の高い）企業となったのだ。

こうしたすべての物質的な成功によって、暗黒の真実は覆い隠された。ウェルチは、私たちに思い込ませたかったような、健全なビジネス判断力と善良な人格を持つ愛国的なスチュワード（財産管理人）ではない。商売とゴルフのうまい辣腕経営者でもない。むしろ、権力とお金に貪欲で、ほかのことはすべて犠牲にしてでも利益の最大化に専念する思想的な革命家だ。彼がGEで断行した変革は、トーマス・エジソンが創業した会社を、高品質なエンジニアリングと立派な商慣行で知られる賞賛すべき製造業の大企業から、従業員をろくに顧みず、短期的利益に溺れる、無秩序に広がった多国籍コングロマリット（複合企業）へと変貌させた。私たちは皆その尻馬に乗ったのだ。

ウェルチ着任前の五〇年間、企業、従業員、政府は比較的調和のとれた均衡による恩恵を享受していた。ほとんどの企業はまっとうな賃金を支払い、従業員は自分の時間を差し出し、ほとんどの人が納税し、規制は必要な保護措置と受け止められ、政府は教育やインフラなどに資金を使ってきた。当然ながら、完璧ではないし公平さに欠けるところもあったが、二〇世紀の大半はそうした均衡がうまくとれており、多様で盛況な経済と豊かな中産階級が生まれた。

一九七〇年代に入ると、この確立された秩序が攻撃の的となった。ミルトン・フリードマンをはじめとする経済学者は企業のパーパス（存在意義）と社会における役割を再考し、経済秩序を逆転させる哲学的基盤を整備した。彼らの見解では、企業はいかなる犠牲を払ってでも株主のために利益を最大化すべきで、市場は自由であるべきだ。また、政府はその邪魔をすべきではなく、残りの社会は放っていても何とかなる。当初、戦後の均衡状態はうまく保たれているように見えていたので、こうした見解は異端とされ、支持されなかった。実際に、自由放任市場と利益最優先の世界という夢は極端すぎて、一〇年間はほぼ理論上の話に留まっていた。政策文書、学術論文、スピーチで言及されたり、主要な支持者が権力の座に就いたりすることもあったが、一九八一年までこの哲学を本当に活用した人は誰もいなかった——ウェルチが始めるまでは。

ウェルチがCEOに就任した時、多少の混乱は避けられなかった。どのCEOも自社に爪痕を残したいと思うものだ。また、世の中は急速に変化しており、誰がトップになろうと、GEは対応を迫られていた。アメリカ企業は自己満足に浸ってきたが、海外勢との競争が増え、技術がプラスチックから銀行まで何もかもを一変させた。こうした課題に対処するため、戦後の典型的な慈悲深い雇用主だったGEを明確に新しい方向へ引っ張っていこうとウェルチは決意した。右派の経済革命家が提唱する戦略を導入し、独自の欲得ずくのひねりを効かせながらGEを内部から改造していったのだ。

この聖戦に主に用いられたのが、ダウンサイジング、事業売買（ディールメイキング）、金融化という三種の神器だ。このうちウェルチを最も有名にしたのが、ダウンサイジングだろう。彼はCEOに就任するとすぐに、一連の大規模なレイオフ（一時解雇）に踏み切り、アメリカの労働者階級に揺さぶりをかけたのだ。それまでは、ひとたびGEのような会社に就職すれば、引退するまで勤め上げることができるのが長らく通例となっていた。ところが、ウェルチからすればこれは神への冒瀆にほかならない。会社が従業員に忠実であるべきだという考えは笑止千万だ。GEには昨日の賃金以上のものを支払う義務があるとする労働者の信念を正そうと、聖戦に乗り出した。頭数が少なくなれば、それだけでも望ましいゴールだという確信を持って、何千人もの従業員を解雇した。つまるところ、従業員数をスリム化すれば、人件費は低下する。その結果、利益が捻出され、株価が上昇すると考えたのだ。この新しい労使の取引関係を成文化するために、俗に「ランク・アンド・ヤンク」といわれる新方針を打ち出した。管理職が従業員を毎年評価してランク付けし、下位一〇％に入った人を辞めさせる制度だ。

公然と解雇できないときには、雇用主が負う使用者責任を免れる別の手を考案した。オフショアリングを提唱し、何千もの労働組合員の仕事をメキシコなど人件費の安い海外に委託したのである。ウェルチはアウトソーシングを大歓迎し、経理や印刷などバックオフィス機能を他社に移した。ここからつけられたあだ名が「ニュートロン・ジャック」だ。中性子爆弾《ニュートロン・ボム》を用いると、建物は無傷のまま人間だけが殺害される。ウェルチが好んだダウンサイジングは社内で「アンチ愛社精神キャンペーン」と呼ばれ、ＧＥを根本的に変えてしまった。ＧＥはもはや模範的な雇用主ではなく、技術者が何世代にもわたって活躍できる企業でもない。長く勤めた社員でさえ、引退間際にいきなりクビを切られかねない場所と化していた。一番大切なのは従業員の質よりも、利益の多さだとする企業になり下がったのだ。

ウェルチがＧＥを世界で最も価値ある企業にするために使った第二の武器は事業売買だ。強引なＭ＆Ａ（合併・買収）を通じて、ＧＥを誇り高き国産メーカーから、キャッシュが湧き出す非関連事業の集合体へと変貌させた。Ｍ＆Ａブームが起こり、ＧＥだけでなくメディアから金融までさまざまな業界で集中度が高まり、競争が減った。彼の在任中に、ＧＥは一〇〇〇件近い買収を行ない[1]、約一三〇〇億ドルを費やすと同時に、四〇八事業を約一〇六億ドルで売却した。それ以前にこれほど迅速かつ大量にディールを行なった企業はない。しかも、最大のディールは祖業から遠ざかるものだった。こうした事業売買は往々にして大失敗に終わった。時には、買収した企業をすぐにバラバラにして売り払うこともあった。しかし、たとえ結果が最適とはいえなかったにせよ、事業売買はウェルチの壮大な目標にそれなりに貢献した。ウェルチは、GEが手掛ける全事業を各カテゴリーで一位か二位にしたいと考えており、それが達成できなければ切り捨てた。曰く「再建か、閉鎖か、売却」だ。GEのアイデンティティの中心とみなされた事業さえも売却し、たとえそれがGEのレガシー（遺産）である製造業とは無関係でも、彼の見立てで最も収益性の高いと思われる事業のみを残した。絶え間ない買収で競合他社を排除して業界を統合し、市場シェアを獲得し、無際限にGEを拡大させていった。

ウェルチが使いこなした第三の黒魔術は金融化だ。彼の着任時点のGEは製造業だったが、引退する頃には利益の多くがGEキャピタルから生み出され、基本的に規制を受けない巨大銀行になっていた。ウェルチ時代に、GEは種々雑多なリスクの高い債券、保険商品、クレジットカード事業に参入した。金融事業部が同社の重心となり、最終的に売上の四〇%、利益の六〇%を占めるまでになった。ウェルチには、高品質の製品を生産するよりも、金融マジックで稼ぐほうが簡単で安上がりに見えたのだろう。大量の資金が金融部門に行き渡ると、それを巧みに使って、国際的に広がった子会社ネットワークの至る所で資金移動を行ない、あらゆる手段を講じて、約80四半期連続でアナリスト予測を達成もしくは上回るという前代未聞の離れ業をやってのけた。ブラックボックス化された財務モデルや限定的な情報開示により、利益目標の達成には怪しげな会計手法が用いられた。それでも、一般の人々にはGEの内情がほとんどわからなかった。それでも、四半期が来るたびに利益が湧き出てきて、ウェルチはそれを使って自社株買いや配当金で株主に大いに報いた。

ウェルチにとって、ダウンサイジング、事業売買、金融化という三つの戦術はいずれも同じ目的にかなうもので、投資家を富ませることへの飽くなき探求に役立った。それが意味することが何十万人分の雇用削減であろうと関係ない。買収後にバラバラに売却されたとしても、仕方のないことだ。会計のルールをおざなりにしたからといって、どんな弊害があるのか。ウェルチは確かにお金に執着を持ち、ＧＥをなるべく収益性の高い企業にしたいと思っていた。しかし、彼を突き動かしたものを単なる貪欲さでまとめてしまうのは不十分だ。彼には世界一の野心と、我がＧＥを長きにわたって続く企業にしようという意欲があった。ＧＥを史上最大の利益創出企業にするスキル、手段、神から授かった権利が自分にあると信じ、自分を疑う者、邪魔する者、財務的栄光をひたむきに追求することに貢献できない者に対して極度の偏見を抱いた。また、フリードマンが提唱した株主至上主義の体現者であり、二〇年間で行なったことはほぼすべて成功した。ＧＥは地球上で最も価値ある企業になり、ＧＥの株主に惜しみなく富が注がれ、自身も史上最高のＣＥＯとして尊敬されるようになった。

その過程で、ウェルチはＣＥＯの役割を人材管理者から人気スターに近い存在に昇華させた。脚光を浴びることを求め、自己宣伝の技を習得していったのだ。経済メディアはウェルチを敬愛し、その眼光鋭い顔が雑誌の表紙を飾り、ＧＥでの一挙手一投足が報じられた。ビジネススクールでは、ウェルチは予言者のように扱われ、その戦略はケーススタディやカリキュラムの題材となった。ウォール街のアナリストは、四半期ごとに数字を叩き出す、彼の魔法のような能力に驚嘆した。ウェルチは起業したわけでも、画期的な新製品を発明したわけでもないが、最初に数百万ドルを獲得すると、次に数千万ドル、さらに数億ドルを稼ぎ出した。こうして彼の純資産はついに一〇億ドル近くに達し、アメリカの長者番付「フォーブス４００」に名を連ねるようになった。[2]引退後もトランプ・インターナショナル・ホテル&タワーの家賃、ミシュランの星付きレストランでの食事代、プロ・バスケットボールのニューヨーク・ニックス戦のＶＩＰ席代などは、ＧＥが支払っていた。ウェルチは、アメリカのアルファ男性〔性格分類の用語で、自己主張の強いリーダータイプを指す〕的な資本主義の象徴であり、勝利の証を手にしたピンストライプ・スーツ姿のコンキスタドール（征服者）だった。ウェルチの功績はド派手で、個人資産が巨額にのぼることから、他の経営幹部がつい真似したくなるのも無理はない。その経歴の最後を飾る言葉は、フォーチュン誌が名付けた「二〇世紀最高の経営者」だった。[3]
長きにわたってこれほどの成功を収めたことにより、ウェルチは経済的な権力の回廊で類い稀な影響力を持つようになった。ほとんどのCEOは数年ほど脚光を浴びた後は引退するか、脇に追いやられていくものだが、ウェルチが表舞台から消えることは決してなかった。彼がGEのトップとして君臨した三〇年の間に、アメリカ大統領は四人交代した。レーガン政権時の不況から始まり、その後、クリントン時代のグローバル化とドットコムバブル崩壊を経て、二〇〇一年九月一一日の同時多発テロの数日前に退いた。ウェルチは最初のセレブCEOとなった。大統領と一緒にゴルフに行き、映画スターと交流し、恋愛模様はタブロイド紙のネタとなった。顕示的消費が流行した時期には、その巨額の報酬パッケージが美化された。その大成功ぶりに触発されて無数の模倣者が生まれ、あらゆる世代の経営者が彼のテクニック、成長戦略、価値観を見習おうとした。誰も気づかないうちに、ウェルチは企業における成功の尺度を再定義し、ある世代の大物経営者の基準を打ち立てていたのだ。
しかし、ウェルチはGEを地球上で最も価値ある会社にする一方で、その戦略は自分が心から愛したものを最終的に破壊した。ウェルチが退いて程なく、GEは衰退のスパイラルをたどったが、それはウェルチの短期的な意思決定が招いたものだ。退任後数カ月もしないうちにGEには深刻な問題があることが明らかになり、ほんの数年で崩壊していった。後任として抜擢されたCEOはウェルチの成功を再現すべく彼のプレイブックに従おうとしたが、それは勝ち目のない負け戦だった。研究開発への投資が不十分だったことから革新的な新製品の導入がままならず、GEは苦境に陥った。飽くなきディールという慣行は一連の取引失敗につながり、最も損失を出したくなかった時期に赤字部門を抱え込んでしまったのだ。金融事業部では絶えず成長を追い求めていたので、GEは二〇〇八年の金融危機とタイミングを合わせるかのように、大量のサブプライムローンを保有することとなった。最悪の状況の中でGEは破綻を回避するために、オバマ政権から一三九〇億ドルの公的資金による救済と、土壇場におけるウォーレン・バフェットの投資を必要としたほどだ。GEの株価はウェルチ退任後の数年間で八〇%下落し、ダウ平均の構成銘柄中で最下位のパフォーマンスとなった。二〇二一年に、経営陣はついにGE解体計画を発表した。残された三事業を分社化し、それを最後に世界征服というウェルチの野望を捨て去ったのである。

GEの崩壊によってウェルチのレガシーは損なわれたが、ウェルチの世界観は今日に至るまでアメリカ経済界の多くの側面を支え続けている。半世紀近く前に彼が考案した手法は今なお使われ、全米の企業の取締役会では今なお彼が確立させた優先順位に沿って意思決定が行なわれ、彼の弟子の一部は今なお主要な多国籍企業を率いている。これだけ影響力が長続きするのは、ウェルチ自身の力の証であるだけでなく、「ウェルチズム」とも呼ぶべき彼の主張の証明でもある。現代経済で支配的な力学となったウェルチズムの根底には、企業が株主利益を何よりも優先しなければならないという強い信念が存在する。経営陣は莫大な富を得て、最小限の説明責任を追うだけでよいが、日々働く従業員には直近の給料以上の価値はないと考える。ウェルチズムは物質的成功に道徳的価値を認め、億万長者のCEOはどんな行動をとろうと、それがまるで美徳であるかのようにみなされる。ダウンサイジング、事業売買、金融化によって、ウェルチズムは繁栄していく。その世界観では労働市場に対してダーウィン主義的（適者生存）な態度で、成功できずに不幸になっても自分で落とし前をつけるべきで、最も貧しい人は結局それが運命なのだという、独善的な考え方がなされる。歴史を紐解くと、ウェルチズムに最も近いのはおそらく帝国主義だろう。昔日の帝国は、今日の最大手企業に匹敵するほど多国籍で影響範囲が広く、支配者には絶対的権力を積極的に与え、臣下を搾取する傾向があった。しかし、歴史に埋もれ去った帝国主義と違って、ウェルチズムは今日でも健在だ。ウェルチが力を握ってから四〇年、彼の歪んだ世界観はいまだに大小さまざまな形で今の経済を形作っている。ウェルチはGE内に自分の新しいイデオロギーを広める完璧な装置を持っていた。二〇世紀のほとんどの間、GEは組織設計と幹部研修のパイオニアであり、それはウェルチ時代にも続いていた。ウェルチの部下は彼のやり方を学び、彼の癖をそのまま繰り返し、彼の行動原理を自分のものにしていっただけでなく、通称「GE大学」でも学んでいる。その緑豊かなキャンパスには巨人の卵たちが経営のコツを学ぶために送り込まれ、ウェルチからその価値観を伝授されるのだ。その後、こうした新世代のビジネスリーダーがボーイング、3M、ハネウェル、クライスラー、ホーム・デポ、アルバートソンなど多数の大企業を率いるようになり、そこで種を蒔き、新しい集団を育成し、ウェルチズムをアメリカ経済界全体に広めていった。ウェルチの引退時には、彼のお膝元で学んだ人物が上場企業一六社で経営を担っていた。また、その後数年で、さらに数社が彼の弟子を経営者に任命している。どの企業でも、GE出身のCEOが登場すると、盛大なファンファーレで迎えられた。金儲けの才を持つリーダーが任命されたと、投資家は信じていたのだ。確かに、時には短期的な利益を出せるCEOもいたが、大多数は数カ月か数年もすると、必ずといっていいほど失敗者となっていた。

ジャック・ウェルチ以前も以後もアメリカは常に資本主義の国だが、彼の経歴は過去と現在を分ける境界線となっている。賃金、M&A、製造業の雇用者数、組合代表、役員報酬、法人税率など、さまざまな主要な経済指標の傾向線を見ると、ウェルチが着任した一九八一年頃から、明らかに逸脱が始まっていることがわかる。

アメリカの製造業の雇用者数は、ウェルチが権力を握った頃がピークで約二〇〇〇万人を数え、[(4)]国内の正規雇用者の四分の一近くを占めていた。ウェルチがひとたび、容赦ないコスト削減とアウトソーシング運動に乗り出すとこの数字は減少に転じ、その後も回復しなかった。今日、アメリカの製造業の雇用者数は一九八〇年のだいたい半分となっている。

ウェルチの着任当時、M&Aは比較的珍しく、企業の並外れた野心もしくは自暴自棄ゆえの行為だった。一九八〇年にアメリカで行なわれたM&Aは総額で数百億ドルだが、それを一変させたのがウェルチだ。GE自身が事業売買を増やしたこともあって、ウェルチの在任初期からこの数字は倍々で伸びていき、退任する頃には三年連続で年間一兆五〇〇〇億ドルを超えていた。

納税は法律で定める必要最小限に留めようとウェルチの弁護士が最善を尽くす中で、アメリカ企業が国に納める税率は確実に下がっていった。ウェルチ着任時の法人実効税率は四六%だったが、二〇年後には三五%になっていた。その後も下がり続け、現在はわずか二一%だ。

ウェルチ在任中には、富の集中が進んだ。ウェルチ以前は、企業利益は株主還元ではなく、ほとんどが再投資か労働者の賃金に充当されていた。一九八〇年に、アメリカ企業が自社株買いや配当に使った金額は五〇〇億ドルに満たない。[5] それが、ウェルチ退任時には企業利益のうち投資家と経営陣の手に渡る割合が激増し、二〇〇〇年に行なわれた自社株買いと配当の総額は三五〇〇億ドルにのぼった。

ウェルチに対する桁違いの金額の報酬パッケージは役員報酬の急騰時代の先駆けとなり、富は着実に労働者の手から離れ、経営者の預金口座へと向かうようになった。アメリカでは一九八〇年の上位企業のCEO報酬額は平均一八五万ドルだったが、[6] 二〇〇〇年は二一五〇万ドルになった。ウェルチ着任時、CEOの年収は従業員の年収の五〇倍以下だったが、退任時は三六八倍にのぼった。つまり、CEOの報酬は一九七八年以来九四〇%増えたことになる。同期間の平均的な労働者の賃金増加率は一二%だ。雇用削減、事業売買の横行、アウトソーシング、金融化、役員報酬の巨額化などのトレンドはすべて、ウェルチがGEで実践し、長老として伝道し続けたから浸透したのだ。

二〇二〇年に亡くなったウェルチは、巨大な破綻も目の当たりにした。彼はGEの崩壊を憂い、他社のろくでもない連中が不祥事を起こしたことを嘆いた。もっとも、決して内省的なタイプではなかったので、この国家的な大惨事について彼にも何らかの責任があるのではないかという指摘は一蹴した。それよりも、引退後は経営の重鎮として、新世代の資本家に気づきを与え、自分の理想が教義として祀られるように全力を尽くした。ビジネスウィーク誌、ロイター通信、フォーチュン誌にコラムを寄稿し、ハーバード・ビジネス・レビュー誌のインタビューに応じた。ジャック・ウェルチ・マネジメント・インスティテュートは、授業料五万ドルのオンラインMBAコースを創設した。本を執筆し、講演し、ケーブルニュースに出演しては、自分が育ててきた経営者たちを賞賛しつつ、現状の税制や規制を攻撃し続けた。

引退したCEOがはったりで言っていることなど取るに足らないように思えるかもしれない。しかし、GEを去った後もウェルチのスター性はほぼ衰えることなく、その発言は絶大な力を持ち続けた。パネルディスカッションで労働組合員をこきおろし、CNBCで大規模レイオフを褒めそやした。二〇年もの間、自分の歪んだ資本主義観を規範にするキャンペーンを行なってきたのだ。それはおおむね成功し、彼の極端な実践方法が当たり前になった。ウェルチ流ビジネス実践法が勝利の戦略だとする神話は生き続けたのだ。ウェルチの影響力は長きにわたって、経済を再構築し、アメリカの中産階級をむしばみ、かつては尊敬されていた組織に不信感を植え付け、課税基盤を切り崩し、不平等を悪化させた。

人影のない工場、空洞化した都市、失業者——そのすべてを裕福な支配階級が牛耳っている。こうした状況から権利が剝奪されているという感覚が広まり、国内の多くの地域を苛んできた。そこでは火花の散りやすい要素が入り混じり、ウェルチの友人であるドナルド・トランプが政治的に台頭する下地となった。ウェルチとトランプのつきあいは数十年に及び、ウェルチ時代にGEキャピタルはトランプと提携している。またウェルチは退任後、オバマ政権やクリントン財団に関する陰謀論の片棒を担ぎ、トランプの大統領選出馬を後押しした。トランプが勝利すると、ウェルチは模範的リーダーとしてトランプを称え、ホワイトハウスに出向いて経済問題について助言した。

近年では、ウェルチズムがもたらした弊害に気づき始めたビジネスリーダーも現れている。新世代の経営幹部は、何としてでも利益を追求する代わりに、株主だけでなく、従業員、地域社会、環境を含むすべてのステークホルダーに貢献するという新たな決意表明を始めた。賃金を支払って強い中産階級を生み出さなければ、最終的に経済は弱体化してしまう。地域社会を汚染し、貧困をそのまま放置する企業はいずれ衰退していくとわかっているのだ。株式市場の重要性が徐々に薄れる中で、ウェルチにとって極めて神聖なものだった成功の尺度自体が疑問視されている。

暫定的ながらも前進の兆しはある。長年にわたって所得格差を拡大し、労働組合を切り崩す政策を推進してきた企業が突然、日々働く人々の苦境に懸念を表明するようになった。環境規制の緩和に向けて何十年もロビー活動を行なってきた大企業が今や、気候変動に取り組み始めているのだ。それを支援するために、新しい基準や認証、さらには証券取引所まで存在する。この見識ある新しい産業リーダーたちに言わせると、企業のパーパスはもはや株主価値の最大化ではない。かわりに、CEOたちはウェルチが登場する半世紀前と同じく、自分たちを相互に結びついた全体の一部だと語るようになっている。

ウェルチズムの撲滅は極めて困難な課題になるだろう。二〇世紀末のアメリカ資本主義の偉大な英雄であるウェルチは、経済界の集団的想像の中で高い地位にある。彼の手法が害を与えることは明らかだが、今日でも、株主価値の最大化と帝国を構築する技にかけては肩を並べる者のいない名戦略家として、ウェルチは崇められている。彼が開発した戦術は今なお一般的で、彼が体現した価値観は今なお支持され、彼が育て上げた多くの弟子はいまだ現役の経営者だ。忠実な追随者にその座を譲ってから二〇年を経てもなお、私たちは皆ジャック・ウェルチの世界に生きているのだ。

第一章　世界で最も価値のある企業

「クイーン・メリー号を爆破する」――GEのCEO選定プロセス

一九八〇年のアメリカは不振に喘《あえ》いでいた。ここ一〇年というものアメリカ例外主義〔アメリカは歴史、宗教、政治制度によって他の先進国とは質的に異なるとする概念〕という前提を疑いたくなるほど、文化的にも、政治的にも、経済的にも屈辱の連続だった。ベトナム戦争が激化し、リチャード・ニクソン大統領は辞任に追い込まれた。株式市場は活気が乏しく、インフレが進行していた。国中で不満が渦巻き、何かが劇的に変わらなければならないと思わざるを得ない状況だったのだ。政界入り前はGEがスポンサーとなっているテレビ番組の司会者だったロナルド・レーガンが一一月にジミー・カーターを大差で破り、「アメリカを再び偉大な国にしよう」というスローガンを掲げて第四〇代アメリカ合衆国大統領に就任した。レーガノミクスとして知られる新しい経済政策は、減税、規制緩和、ウォール街の厚遇を優先させ、企業を利するが労働者は疎外するという取り合わせだった。

アメリカ企業の取締役会でも革命が起きていた。レーガンが選出されて一カ月後、GEはジョン・フランシス・ウェルチ・ジュニアを次期会長兼CEOに任命することを発表した。鉄道車掌と専業主婦を両親に持ち、激しい気性の野心家であるウェルチは、約一〇〇年前の電気時代の幕開けにトーマス・エジソンが創業して以降八代目の経営者に就任した。

ウェルチはGEのCEOとして、一般的な経営者の域をはるかに超える重責を担うこととなった。当時のGEを取り仕切るためには、政治的手腕に近いものが求められた。同社はその巨大さや資金力によって、経済的、政治的、文化的な力を持っていたのだろう。GEの生産活動は国内総生産(GDP)の一%を占めていた。愛社精神溢れる四〇万人の男女が働き、その数はオハイオ州シンシナティの全人口よりも多かった。どのアメリカの家庭にもGE製のテレビ、冷蔵庫、トースターがあり、西海岸と東海岸を結ぶ航空機の翼にはGE製ジェットエンジンが搭載され、GE製原子炉でつくった電力が世界中の都市を明るく照らしていた。

GEのCEOは、会社が保有する資産が多岐にわたることから、全知全能さながらの経済視点を持つことになった。GEは一〇〇年にわたって成功してきたため、経営哲学のパイオニアとみなされていた。GEが設定した標準を使って、多くの経営幹部の訓練や組織化、評価が行なわれた。何と言っても、GEはロールモデルだったのだ。社内の人々はもとより、大小を問わず全米の企業の幹部たちもGEのリーダーたちを見て、いかに自分を律し、従業員、政府、投資家とバランスをとるかの参考にした。GEの歴代CEOは、大統領の相談役を務め、ビジネススクールのカリキュラムを作り直し、アメリカ人の働き方を再定義した。それは実業界において最も重要な職務であり、ウェルチが同社をどこに連れて行こうとも、他社は必然的に追随することになった。

そうした重責を勘案したGEの次期CEOの選定プロセスは厳しく、広範に及ぶものだった。何年もかけて審査し、まるでバチカンで枢機卿が新しいローマ教皇を選出するかのように、大時代的なところがあった。候補者同士を競わせ、それぞれにビジョンを明確に打ち出すことを求め、「自分たちが飛行機事故で死んだとしたら、ほかの誰がこの会社を経営すればよいか」と尋ねた。社外の人々は、保守的なアプローチをとる経験豊富な内部人材、つまり「GEウェイ」に精通し、現在の戦略を続ける人物が選ばれるだろうと予想していた。ところが、GE社内には劇的な変化が必要だとする切迫感があった。コネティカット州フェアフィールドの本社から白い煙が上がり、ウェルチが勝利したのだ〔ローマ教皇の選出では、煙の色で投票結果が知らされる。黒い煙は未決、白い煙は決定を意味する〕。

　ウェルチの前任者は物腰の柔らかなイギリス人のレジナルド・ジョーンズで、一〇年在職した。アイビーリーグで教育を受け、思慮深く知的なオーラを放つジョーンズは、長身ですらっとしており、オーダーメードのスーツを着こなしていた。その冷静さ、判断力、慎重さには定評があり、カーター大統領から二度も入閣を要請された。GE本社の彼のオフィスはいわば静かな飛び地であり、工場の現場から離れた場所で部下とともに戦略を練った。ジョーンズはGEでキャリアを積み、財務の達人として頭角を現し、CFO（最高財務責任者）に昇進した後、CEOに任命され、階層的かつ官僚的な企業を経営した。彼は情熱を持っていたが、控えめだった。たとえば、GE本社にほど近いグリニッジにある簡素なコロニアル様式のレンガ造りの家に住んでいた。あるときジョーンズが妻に何かほしいものがあるかと聞くと、「これ以上、何を望むの？」という答えが返ってきたという[1]。それは同家の変わることのない謙虚さを物語っている。ジョーンズはアメリカで最も優秀なCEOとみなされていたが、その報酬は二〇万ドルで、幹部候補の新卒採用者がもらう報酬の一二～一三倍だった。今日から見れば、彼ほど高名な経営者にしては微々たるものだ。その在任中、スピード成長は果たせなかったものの、GEは一〇年にわたって、模範となる企業市民としての地位を守り、従業員や社会全体から高く評価される企業であり続けた。

　ウェルチはジョーンズとはあらゆる面で正反対だった。ウェルチは貧しい家庭で育ち、州立学校にジャック・ウェルチは、せっかちで、衝動的で、粗野なところもある。また、小柄で、機転が利き、エネルギーの塊だ。ボストン訛りが強く、怒ると子どもの頃のように吃音になった。ウェルチは化学工学で博士号を取得していたが、役員室に座って取締役たちと議論するよりも、技術者と雑談することを好んだ。階層構造や官僚主義を嫌い、会社の儲けになるなら、人からどう思われようと気にしなかった。二〇年以上にわたって売上を伸ばし、コストを大幅に削減することで、出世コースを突き進んだ。ウェルチがオフィスで過ごすときには、よく怒号が聞かれた。竜巻のような勢いで相手を罵倒し、意思決定の際には自分の考えをまくしたてるのだ。ウェルチがジョーンズの後任に決まると、ウォール・ストリート・ジャーナル紙はGEが「レジェンドを精力的な人物で置き換えた」と報じた。(2)

ウェルチはこれ以上ないほどジョーンズとかけ離れていたが、GEはその瞬間の要請に応えられるCEOを選ぶことが多かった。アメリカの産業界は当時、重大な変化の入り口に差し掛かっていた。戦後四〇年に及ぶ繁栄により、アメリカは史上最大の経済大国となり、多くの国民の生活の質は大幅に向上していた。所得が増え、生産性が飛躍的に高まり、失業率は比較的低いままで、巨大な中産階級が栄えていたのだ。GE、エクソン、ゼネラルモーターズ（GM）、フォード、ウェスチングハウス、USスチール、IBM、ゼロックスなどの企業はこの成長を後押しし、世界が喉から手が出るほど欲しがっている製品を大量生産し、労働者に高い賃金を払っていた。しかし一九八〇年代に入ると、現状維持は通用しなくなった。生産性が伸び悩む一方で、インフレが進行した。「スタグフレーション」として知られる、気の滅入るような新しい組み合わせだ。アメリカ経済界にも不満が広がっていた。数十年にわたる成功と頼もしいライバル不在の状況下で、多くの大企業は投資、イノベーション、成長の追求への意欲を失っていたのだ。世界中で、いよいよ新しい競争が出現しつつあった。ドイツと日本は戦後に経済を再建し近代化を果たし、突如として高機能かつ高品質で価格競争力のある製品を量産するようになっていた。

ウェルチはグローバル化がもたらす脅威を強く意識していた。一九七〇年代半ば、GEと横河メディカルシステムズの合弁会社を視察したときに、日本の超音波診断装置の製造現場で目にした光景に啞然とした。「アメリカでは見たこともない工程だった」と、ウェルチは振り返る。機械を使った組み立て作業が完了すると、作業員はシャツのボタンを外し、胸にジェルを塗り超音波プローブ（探触子）を自分の身体に当てて素早くテストする。その同じ作業員が製品を包装、箱詰めし、出荷ラベルを貼って荷台に置いていく。「ミルウォーキーで同じことをしようとすれば、もっと大人数を要するだろう」(3)

他の国々も、アメリカと一部の新興国との間で広がっているスキル格差に気づきつつあった。一九八〇年六月二四日、NBCはゴールデンタイムのドキュメンタリー番組で、この国の嘆かわしいほどの自信喪失ぶりを記録に残している。「日本にできるなら、なぜアメリカにはできないのか」と題されたこの一時間の特番には、外国で起きている驚異的な製造業の進歩を探り、世界における地位低下と格闘している状況が映し出されていた。ジョーンズとウェルチは同じ年に、株主への手紙を連名で発表し、早急に変革が必要であることを認めた。そこには「アメリカのビジネスは今日、国外の競争相手の攻撃にさらされている。国家の生産性は減少し、どの業界でも製品の主導権が外国に移りつつある。古いものを捨てて新しい技術を受け入れることに失敗し、自己刷新に背を向ける企業は、一九八〇年代に深刻な衰退を招く可能性が高い。GEはそうなるまいと決意している」と書かれていた。(4)

この新しい時代にあっては、GEもそうやすやすと成功できなくなっていた。象徴的存在ではあったが、ある意味ではとりわけ脆弱なところがあったのだ。ウェルチが着任した当時、GEの利益の半分はモーター、配線、家電製品など、エジソン時代にさかのぼる事業が占めていた。[5] しかし、やることがすべて過激なウェルチは大幅に修正しすぎた。アメリカの製造業を立て直すどころか、実質的に見捨てたのだ。やがて各地の工場を閉鎖し、雇用を外国に移し始めた。コーネル大学で経営史を専門とし、ウェルチとGEを研究してきたルイス・ハイマン教授によると、「八〇年代初めによく話題にのぼったのが『アメリカの資本主義をいかに日本から救うか』だ。それに対するジャック・ウェルチの答えは『もっと冷酷になろう』だった」という。[6]

学界や政府の一部では、それに関連した大混乱が進行していた。戦後の政策を決定づけたニューディール経済学は数十年にわたって成功してきたが、その後は持続的な利益を生み出せておらず、反動が生じていた。保守派の経済学者は政府の干渉を減らし、規制を緩和し、市場を自由化し、労働組合の数を減らし、大企業が自社の最善の利益のために自由に行動できる世の中にすることを求めた。さらに踏み込んで、企業は公共善よりも、株主価値の最大化に集中すべきだとする主張もあった。ウォール街には、アニマル・スピリッツ(非合理的な動機や衝動)が渦巻いていた。テクノロジーによって、資金が新たに奇妙な動きを見せていたのだ。新しい経済が形成されつつあり、ウェルチはGE会長として、その設計においてさぞ強力な手腕を発揮したことだろう。

ウェルチの着任時、GEにはほとんど問題がなかった。ジョーンズの下で着実に業績を伸ばし、約一五億ドルの年間利益を計上していた。[7] とはいえ、株価は何年も足踏み状態であり、そのことはウェルチにとって問題だった。ウェルチはジョーンズに提出したレポートの中で、自分がCEOに選ばれた場合のアプローチを説明し、ウォール街を第一に考えるべきだという持論を明確に打ち出した。「企業として株式投資家に売り込まなくてはならないことは、景気循環の中で一貫して平均を上回る利益成長を遂げることだ。短期と長期のバランスをとる財務規律が、このような戦略の絶対条件である」[8]。たとえ厳しい時代であっても、GEはこれまで以上の利益を生み出す方法を見つけると、実質的に述べていた。それは大胆な宣言だ。特に景気後退期には、利益が青天井で伸びることはない。拡大期と縮小期はあらゆる企業に影響が及び、GEとて同様だ。しかし、ウェルチにはビジョンがあった。GEが地球上で最も価値ある企業になることを信じ、その大胆な目標を実現させようと決意していたのだ。

その荒削りな野心にはジョーンズでさえ魅了され、ウェルチは会長の器だと判断した。ところが、ウェルチ本人が後に認めたように、GEの変革がどのくらい包括的なものであるかについて、ジョーンズには知るよしもなかった。「私がどれほどGEを変えたいと思っているか、彼がわかっていたかどうかは怪しい」と、ウェルチは語っている[9]。

そんなジョーンズでもすぐに気づいただろう。ウェルチが次期CEOに選ばれると、ジョーンズはGE本社の自分のオフィスに彼を呼んだ。退任を控えたCEOは後任者として指名された四五歳の若造に少しばかり知恵をつけようと、壮大な言葉を使って、アメリカ経済に比類ない影響力を及ぼす企業について説明した。

「ジャック、クイーン・メリー号（大型ラグジュアリー客船）を君にあげよう。これは沈まないように設計されているんだ」と、ジョーンズは言った。

ウェルチは怯むことなく言い返した。

「クイーン・メリー号なんて要りません。私はクイーン・メリー号を爆破するつもりです。私が欲しいのは高速船ですから[10]」

「ジェネラス・エレクトリック」――従業員第一の企業文化

ウェルチが爆破したかった企業はアメリカ経済基盤の一部を構成し、約一〇〇年にわたる革新的なエンジニアリングの飛躍的進歩と慎重な財務管理の集大成だった。ＧＥの科学者は世界大戦の勝利を支え、ノーベル賞受賞者も輩出している。彼らが発明し商品化したデバイスは、知ってのとおり、電気の利便性と技術的な驚きに満ちた現代生活の先駆けとなってきた。また、発電所や白熱電球など、車輪や印刷機と同じくらい重要な発明品を世に出した。一八八二年九月四日午後三時、トーマス・エジソンが自らニューヨーク市の中心地マンハッタンのパールストリートにある国内最初の発電所でスイッチを入れると、ＪＰモルガンやニューヨーク・タイムズ紙の事務所がある四区画で明かりが灯った。エジソンはさらにロンドン市ホルボーン高架橋に電線を敷設し、三〇〇〇個の電球を並べた。それから程なく、ＧＥは日本で発電所を開設した。電気メーター、電気モーター、電気機関車、Ｘ線装置などを導入し普及させたのもＧＥだ。それは一九世紀に入ったばかりの頃である。

二〇世紀に入ると、ＧＥは蒸気タービン、さらに扇風機を市場に送り出した。一九〇九年にトースターの販売を始め、アメリカの家庭の台所に足場を築いた。同じ頃に、初の音声ラジオ放送を実現し、聖書の一節、ヘンデルのオペラ「クセルクセス」のアリア、バイオリン独奏による「オー・ホーリー・ナイト」を収録して流した。一九二四年にはディーゼル電気機関車を発表し、鉄道輸送に革命をもたらした。その翌年、冷蔵庫を広く普及させた。その数年後には、全国の家庭の居間にＧＥ製テレビが置かれるようになり、より身近なラジオとともに、現代のメディア環境の創出に一役買った。一九三五年にはゴミ処理機を、その三年後には蛍光灯を発売している。

アメリカが第二次世界大戦に勝つうえで、ＧＥは欠くことのできない役割を果たした。自社の幹部社員を軍に派遣したり、レーダーシステムの真空管や航空機用エンジンをつくったりしたのだ。戦後は、アメリカ初のジェットエンジンを開発した。一九三〇年代に射出成形が可能なプラスチックを開発し、一九五〇年代には透明なプラスチックを手掛けた。今や考えつく製品のほぼすべてにプラスチックが使われるようになり、宇宙領域もその例外ではなかった。宇宙飛行士のニール・アームストロングとバズ・オルドリンが月面に降り立ったとき、彼らがはいていたブーツにはGEが開発したシリコンゴムが、ヘルメットのひさしにはGE製レキサン樹脂が使われていた。一九五七年に世界初の原子力発電所を建設し、一九六二年に世界初のレーザーを導入し、一九七〇年代に画期的な医療用スキャナーを開発した。

一連のコーポレート・イノベーションと経済成長は前代未聞であり、ほとんどの場合、その恩恵は労働者にも共有された。GEは退職金制度、利益分配、健康保険、生命保険を従業員に最初に提供した企業の一つに数えられる。研究開発ラボや工業団地も最初に建設した。一九一三年、クリーブランド郊外の九二エーカーの土地に、本格的な企業大学の施設を初めて建設した。電球工場や研究所のほかに、プール、ボーリング場、トレーニングジム、テニスコート、ライフル射撃場、野球場、フットボール場があった。歯医者や医者が近くにいて、銀行もある。夜には、タップダンスや生演奏の音楽を楽しむために、従業員たちが集まった。グーグルやフェイスブックのようなシリコンバレーの企業が従業員に福利厚生を用意し始める一〇〇年前に、GEは従業員をとても大切にすることの価値を理解していたのだ。

それはトップの意向だった。一九二二年にGEの社長に就任したジェラルド・スウォープは「福祉資本主義」と自負するものを実践し、同社の膨大な資源を利用して従業員に特別な配慮をした。利益分配制度、健康手当の支給、賃上げなど、いずれも働く人々の士気を高め盛り立てるための取り組みだ。金ぴか時代〔一九世紀後半のアメリカの高度成長期〕の窃盗や過剰さがまだ集団意識の中に残っていたが、GEは立派な企業市民としての地位を確立しようとしていた。一九二七年、GE会長のオーウェン・D・ヤングはハーバード・ビジネスクールの講演で「労働者の汗の最後の一滴と賃金の最後の一銭まで搾り取る方法や手段を考え出す」ビジネスマンを非難した。それよりも「資本を投じる人間の集団や、相互利益のための共同事業に生命と労働を投じる人間の集団という、人間の観点から考える」ようにCEOに呼びかけた。[11] 一九二九年、フォーブス誌はGEについて「これほど進歩的で、これほど経営が好調な企業は稀だ」と評した。[12] 当時のGEは「ジェネラス（太っ腹な）・エレクトリック」とあだ名されるほど寛大だったのだ。

一九五三年の年次報告書には、GEがいかに「すべての人にとってバランスのとれた最善の利益のために」尽くしたかが書かれている。また、納税額、サプライヤーに十分に対価を支払うことの美徳、従業員を大切にすることの重要性も大々的に打ち出している。GEは同年、売上の約三七％を従業員の給与と福利厚生に使い、その結果、「同社史上最大の給与水準となり、かつてないほど多くの人々が働いている」ことを誇らしげに発表した。この統計数字の横には、お金の入った袋を持ってほくほくしながら帰路に着く工場の組立作業員のイラストが添えられていた。政府、サプライヤー、従業員への支援策を列挙した後で、ようやく投資家への分配額に関する言及がある。その額は売上の三・九％と、ささやかなものだ。[13] この報告書から読み取れるメッセージは明白だ。GEは自らを相互に関連する全体の一部とみなしており、そこでは従業員や社会が株主よりも後回しにされることはない。一九六二年、GEの福利厚生責任者であるアール・ウィリスは「雇用の安定を最大化することは会社の主要目標である。自分の今後の経済的状況を妥当な確実性をもって計画できる従業員は、雇用主にとって最も生産的な資産である」と書いている。[14] 企業のためになることは国のためになり、その逆もまた然りだった。

ウェルチが入社した一九六〇年、GEは「我が社の最重要製品は進歩である」というスローガンを掲げていた。毎週日曜日の晩に放送されていたテレビ番組「ゼネラル・エレクトリック・シアター」で、この文言が繰り返し流された。当時はまだ俳優にすぎなかったロナルド・レーガンが司会を務めていた番組だ。その後、GEのスローガンは「価値重視」へと変わった。一九七〇年代に、ジョーンズが発表したのは「私たちは生活に良いものをもたらします」というスローガンだ。これは口先だけではなかった。ジョーンズの下で、利益の一〇％を研究開発に充当し、より良いものを発明するために多額の資金を費やしたのだ。

GEの戦後の姿勢はそれぞれの時代に合っていた。金ぴか時代と大恐慌では、近代資本主義の光と影が露呈した。ほぼ一夜にして巨万の富が築かれ、何百もの人々がその恩恵に与った。しかし、十分な規制がなければ、経営者が自分のために企業から巨万の富を引き出す一方で、経済全体を弱体化させかねないことも明らかになった。石油産業、砂糖トラスト（企業合同）、金融システム、鉄道などの急激な台頭は、独占や悪徳資本家の出現をもたらした。また、驚くほどの所得格差が生じたことは言うまでもない。

一九二九年に株価が暴落し、それに続いて世界恐慌が起こった後、ニューディール政策によりインフラに大規模投資が行なわれて経済が活性化し、数百万人の雇用が創出された。ウォール街には新たな規制が設けられ、労働者が恩恵を受けるにつれて、格差が縮小していった。それは成長の処方箋だった。企業は戦後、従業員に利益を還元し、安定的な熟練労働者の基盤を確保した。労働組合の活動により従業員は雇用の安定と賃金上昇が確保された。技術者と管理職の賃金格差はそれなりに存在したが、極端ではなかった。雇用主は従業員を大切にし、それが国を大切にすることでもあり、最終的に自分たちの利益につながると理解していた。このような精神は一九三二年のある論文に集約され、アメリカ経済界において基本的に神聖視されるようになった。アドルフ・A・バーリ・ジュニアとガーディナー・C・ミーンズの共著書『現代株式会社と私有財産』(北海道大学出版会)は、企業は地域社会と切っても切れない関係にあり、共同責任の意識を持って行動すべきだと主張している。戦後の好況から一九七〇年代のスタグフレーションまでのこの期間は後に「資本主義の黄金時代」と呼ばれ、多くのアメリカの偉大な雇用主が最も輝いていた時となった。

一九二三年からGMを経営したアルフレッド・スローンは、労働組合との交渉には厳しい姿勢で臨んだが、従業員全体には寛大だった。GMの従業員には、病気、怪我、障害、死亡に至るまで、あらゆる種類の保険が用意されていた。工場労働者のために貯蓄、投資、退職金制度を設け、従業員を中産階級に引き上げる役割も果たしていた。

ジョンソン・エンド・ジョンソン(J&J)の会長で創業家出身のロバート・ウッド・ジョンソンは株式公開を目前に控えた一九四三年に、自社の「クレド(信条)」を作成した。J&Jのクレドは最盛期に考案されたもので、同時代を象徴し、琥珀に閉じ込められた虫のように、ジョンソン特有の優先事項が保持されている。同世代で最も影響力のあるビジネスマンに挙げられるジョンソンは、同社の「第一の責任は顧客である」とし、「我々の製品やサービスを利用してくれる患者、医師、看護師、母親や父親、その他のすべての人々」と定義した。第二の責任は従業員に対するもので、「雇用における安心感」を提供することを約束し、「賃金は公正かつ適切で、管理は公正であり、長時間働かせてはならない」と付け加えた。また、同社は経営に対して責任を持ち、「才能、教育、経験、能力のある人材」を選ぶことを誓った。最後に投資家に目を向けて、第四の責任は「株主に対するものである。ビジネスは健全な利益を生み、(中略)適切な税金を納め、(中略)新しい工場を建設し、

（中略）新しい製品を発売しなければならない。（中略）これらすべての原則が実行されてはじめて、株主は正当な報酬を受け取るべきである」。ジョンソンは大儲けしたいとは思わず、ウェルチが夢見たような着実な利益成長に固執しなかった。むしろ、自社のパーパスは社会貢献であり、ささやかで妥当な利益を上げることだと理解していた。

当時の企業は口先だけではなく、実際に従業員に利益を分配していた。一九四八年から七九年まで、従業員の給与は労働生産性と歩調を合わせて伸びていた[15]。つまり、企業の効率性と収益性が高まり、経済が拡大するにつれて、従業員の報酬もほぼ同じペースで上昇していったのだ。働く人に十分な賃金を支払い、納税し、将来のために投資することは、単に正しいだけでなく、健全な商慣行とみなされていた。こうして一人当たりの所得が増え、何百万人ものアメリカ人が中産階級に仲間入りし、住宅ローンの頭金を払い、自動車、テレビ、家電製品を手に入れた。ウォール街は短期的な収益性だけで投資する企業を判断していなかったので、GEのような企業は将来に向けた投資を行ない、新しい製品やサービスを開発することができた。企業経営者と、そうした企業の株式を保有する投資会社、週五日タイムカードを押す男女の利害はバランスがとれていた。黒人公民権運動の指導者であるマーティン・ルーサー・キング牧師が暗殺され、人種問題や社会問題によってアメリカが傷ついた一九六八年という年でさえ、国民はまだ企業を信頼していた。同年の調査では、アメリカ人の七〇%が「企業は利益と公共の利益との間で公平なバランスを取ろうとしている」と回答している[16]。GEが設立に関わった有力なロビー団体のビジネス・ラウンドテーブルは遅くとも一九八一年までに、企業には四半期業績をはるかに超える責任があると宣言し、「普通の人々のウェルビーイングと生活の質における企業の重要性は、多くの人が考える企業の歴史的目的、すなわち収益源となる財やサービスの創出をはるかに超える認知と期待を生み出してきた」と述べた。

今日のビジネス用語で言うと、それはあらゆるステークホルダーが恩恵を期待できた時期に当たる。企業経営は投資家のためだけでなく、従業員、顧客、地域社会のために行なわれ、それがうまくいっていた。中産階級が増え、個人消費が増大し、新しい企業が設立され、さらに多くの雇用が創出された。それが、アメリカを世界最大の経済大国にした好循環である。その過程でGEは模範的な雇用主となって、ボストン郊外からやってきた負けん気の強い若造がキャリアを築き、おそらくトップに上り詰めることも可能な企業になったのだ。

「窓ガラスに鼻をくっつける少年」——若き日のウェルチ

ウェルチは一九三五年、マサチューセッツ州ピーボディでアイルランド系カトリック教徒の家に生まれた。父親はボストン・アンド・メイン鉄道の車掌で、労働組合に加入し、長時間働いていた。母親のグレースは専業主婦で、我が子に献身的に尽くし、倫理観と競争心を植え付けようとした。毎日ウェルチを教会のミサに連れていき、司祭の手伝いをする侍者を務めさせた。また、ポーカーを教え、小遣いを賭けて勝ち負けを身体で覚えさせた。ウェルチは小柄で、短気で、吃音だった。本人の告白によると、仲間はずれにされて「窓ガラスに鼻をくっつけて」みんなを見ているような子どもだったという(17)。幼い頃から、家族の生活上の立場について根本的な疑問を抱いていた。「母はなぜ学校でもっと良い成績がとれなかったのだろう。母や家族はなぜもっと進歩しなかったのだろう(18)」。

こうした不利な立場もあって、ウェルチはしきりに議論をふっかける性格になったが、それはいよいよ競争の激しさを増す経済に適していた。権力を振るう術を学び、攻撃的なアスリートという評判が立った。「タッチフットボールをするときでさえ、負けず嫌いだった。ジャックは柔軟性や運動神経に恵まれなかったが、必死に努力してみんなを打ち負かした」と、幼なじみは振り返る。[19] 高校時代は平凡な生徒だったが、それでも権力を渇望し、人生の主な野望は「一〇〇万ドルを稼ぐこと」だと卒業文集に記している。若き日のウェルチは衝動的だった。一〇代の頃、地元のゴルフ場でキャディをしていたときのことだ。プレイヤーの打ったボールが池に入ってしまい、拾ってくるように命じられたウェルチは、それに従う代わりに、そのプレイヤーのクラブを池に投げ込み、憤然と立ち去った。この性格が完全に改まることはなかった。自分が最初から不当に不利な立場に置かれたと思い込んでいたらしく、世の中が間違っていることを証明しようという決意を持って人生を突き進んだ。「体格に恵まれず吃音もあったので、一層這い上がる必要があった」と、ニコラス・ヘイマンは指摘する。キャリアの初期にGEで働いたことのあるヘイマンは数十年間、アナリストとしてGEを取材してきた。「彼は人の六倍も頑張らなくてはならなかった[20]」

ウェルチはマサチューセッツ大学アマースト校で学んだ後、イリノイ大学アーバナ・シャンペーン校で化学工学の博士号を取得した。三年間で博士の学位を取得した学生は彼が初めてだった。一九六〇年に大学院を修了すると、マサチューセッツ州ピッツフィールドにあるGEのプラスチック工場に就職した。初任給は年収一万五〇〇〇ドルだった。

ピッツフィールドは社内では停滞した事業部門だった。当時のプラスチック業界はダウ・ケミカルとデュポンがリーダー的存在であり、GEは負け組だったのだ。しかし、ウェルチはすぐに人の目に留まるようになった。ただし当初は、そのビジネスの才覚ではなく、衝動的な性格のためだったが。入社後一年して、上司から一〇〇〇ドルの昇給を告げられたが、同僚の昇給額も同じだと知るとウェルチは激怒した。まだ永続的な価値は何も生み出していなかったが、権利意識はすでに発達しており、自分は同僚よりも頑張ってきたのだから、もっともらえるはずだと思っていたのだ。そこで、退職を決意した。

ウェルチが会社を辞める前に、彼の上司の上司が彼を夕食に連れ出し、報酬を上げることを約束した。ウェルチが強く求めていたのは、承認されることだ。褒《ほ》められ、二〇〇〇ドルの追加報酬をもらえるとあって、慰留に応じた。「会社は私のことを気に入っていると言ってくれた人がいた」と、彼は後に振り返っている。[21]会社を辞めないことになっても、同僚が餞別にくれた「プレゼントの山」を大切に保管していたともいう。ウェルチは、そうした些細に見えることをやり過ごさず、個人財産を追い求めるエネルギー源にしてきた。「おそらく四〇年以上前の定期昇給をきっかけに、私は極端な行動をとるようになった」と彼の自伝にあるとおりだ。

ウェルチにとってビジネスはダーウィン主義的競争だ。初期の頃から自分は他の人より優れていると信じてきた彼は、「勝つチームは差別化から生まれる。最高のチームに報酬を与え、弱いチームを排除して、レベルを上げるために常に戦う」と語っていた。こうした姿勢は、時としてGEを危機的状況に追いやることもあった。一九六三年のある日、ウェルチはピッツフィールドのオフィスにいた。プラスチック・アベニューの工場を一望できる場所だ。マネジャーに昇進し、新しいプラスチックの開発を任されていたウェルチは、製品を市場投入するのが待ちきれず、もっと速く動き、もっと多くの実験をするようにチームに発破をかけた。その後ウェルチが机に向かっていると、工場で爆発が起こった。瓦礫と割れたガラスが散乱し、煙が充満した。ひどい怪我人はかろうじて出なかったものの、工場の責任者でかつ部下に無理強いした人間として、事故の責任がウェルチにあることは明らかだった。従業員にイノベーションをせっつき、大きなタンクの中で「揮発性の高い溶液」に酸素を溶かすという未検証のプロセスを実験させた結果、発火して爆発に至ったのだ。

ウェルチはその翌日、幹部に弁明するために、一〇〇マイル離れたコネティカット州まで車で向かった。幸いにも上司は寛容な態度で、彼は実質的な影響を受けることなく逃げおおせた。この一件はウェルチの自慢の種になった。彼の考えでは、これは健全なリスク選好を示すエピソードで、かつ初めてのおとがめなしの体験でもある。「ミスを犯したときに最も要らないものは規律だ」と語っていた。建物を爆発させても、うまく逃げ切れたのだ。リーダーを目指すほかの人々なら屈辱を感じたり、キャリアを棒に振ったりするような経験ですら、ウェルチには大きな力となった。

工場の爆発事故から程なく、ウェルチは一〇〇〇万ドルかけて、新しいノリル樹脂の生産工場を建設する提案を行ない、会社を説得した。ノリル樹脂は予想以上に脆いことがわかり、プロジェクトは頓挫しかけたが、ウェルチ配下の化学者たちが土壇場で解決策を編み出した。配合を変更して耐久性を高めた製品を完成させたのだ。ノリル樹脂は最終的に一〇億ドル規模のビジネスになった。それが最初のビッグチャンスとなり、上層部の目に留まったウェルチは一九六八年にプラスチック事業の責任者に昇進した。三二歳の若さで、GEの最年少ゼネラルマネジャーとなったのだ。彼は社内の聖域にアクセスできるようになったことに加えて、「最初のストックオプション」という、さらにかけがえのないものを手に入れたことを喜んだ。

その後の三年間で、ウェルチはプラスチック部門の売上を倍増させ、さらに昇進を続けた。その間に、彼は重要かつ永続的な勝利を収めた。配下の部門がCTスキャナーの新しい改良技術を開発し、GEに巨額の利益をもたらしたのだ。初勝利に酔いしれたウェルチは、大きな夢を抱くようになった。一九七三年の人事考課で、自分の長期目標はGEのCEOになることだと宣言している。この時点で、ジョーンズはウェルチに注目していた。他の多くの幹部は、ウェルチについてトップの座に就くにはあまりにも未熟で予測不能だと考えていたが、ジョーンズは自らウェルチを後継者育成計画のプロセスに加えるように主張した。その結果、ウェルチは一九七七年に六人の重役の一人となり、マサチューセッツからコネティカット本社へ異動した。

こうしてジョーンズの後継者競争に加わったものの、ウェルチはうってつけの候補者とは言いがたかった。もっとオーソドックスな人材が最有力候補と目されていたのだ。ジョーンズはウェルチの実力を試すために、家電製品や新興のクレジットカードなどの事業ポートフォリオのマネジメントを担当させた。雑多な事業の寄せ集めだったが、ウェルチは他の候補者と差別化できそうな戦略として、すぐにレイオフに狙いを定めた。

GEは当時、家電事業の拡大を計画していた。しかし、同事業は成長し続けているものの、海外勢との競争によって利益を出すのは難しそうだと、ウェルチは考えていた。利益率を高めるために提案したのが、ケンタッキー州ルイビルにある広大な複合施設「アプライアンス・パーク」の大幅縮小である。この施設は、GEが戦後の絶頂期を迎えていた一九五一年に家電部門の本拠として建てられたものだ。六棟の巨大ビルが立ち並び、それぞれ空港ターミナルよりも広大だったので、40225という独自の郵便番号が割り振られていたほどだ。何百万台ものGE製トースター、洗濯機、冷蔵庫が誕生した地であり、ウェルチが登場する前には二万三〇〇〇人が働いていた。シフトの交代時には多くの車が行き交い、駐車場には交通整理用の信号機が必要だった。家電事業は相変わらず黒字で、ルイビルで何千人もの雇用を支えていたが、ウェルチは満足しなかった。アプライアンス・パークで働く従業員数を減らそうと決めていたのだ。

上層部がこの計画を承認すると、ウェルチは彼らの「勇気」を称えた。そのおかげで目的を達成し「収益性を向上させた」という。従業員を失業させれば、少なくとも短期的にはお金を節約して利益を出す手っ取り早い方法になると、彼は気づいていたのだ。GEはもちろん、アメリカの他の業界も、そういうやり方で過去半世紀にわたる偉業を成し遂げてきたわけではない。しかし、ウェルチの目にはそれでうまくいくように映った。

ウェルチがさらに権限を持つようになると、レイオフは他部門へと広がった。彼は国内のGE施設を視察しているときに、一般社員に誰が責任者であるかを知らしめる機会を得た。クリーブランドの電球工場では、GEの電球の価格が相対的に高いとしてマネジャーを非難し、東欧の競合他社は同じような製品を半分のコストでつくっていると怒鳴りつけた。コネティカット州ブリッジポートでは、GE製の新型デジタル体重計に乗るたびに違う結果が出たとのかどで、別の幹部を激しく非難した。印象に残らないマネジャーに出会うと、「何のために給料をもらっているのか」と、きつい言葉を浴びせた。(22) 毎四半期の利益目標を達成するために、数百人の従業員を解雇することも厭わない非情なコストカッターであると同時に、思春期の気性も抜け切れていなかったのだ。これもまた、GEのような企業にとっては思い切った変化をもたらしたといえる。当時のアメリカ企業は堅苦しくフォーマルな傾向があったが、それと同時に尊敬を集め、礼節が保たれていた。しかし、ウェルチが怒号とともにかつてないほど高い利益を上げてみせると、周囲の人々は彼の経営スタイルをとやかく言いにくくなったのだ。

ウェルチは、家電製品にはあまり将来性がないと判断していたが、一九七七年に買収したGEクレジット・コーポレーションには夢中になった。この金融事業は最終的に、GEキャピタルと改称された。当時、GEクレジットは小さいながらも、社内では成長領域だった。消費者に適度な融資枠を提供する形で始まった同部門は、建設機械の融資やリース、二番抵当担保融資、商業用不動産融資、さらにはプライベート・ブランドのクレジットカードの管理にまで拡大していった。ウェルチはすぐに可能性を見出した。「私の知っている製造業と比べて、この事業は簡単に儲かると思った。研究開発に多額の投資をしたり、工場を建てたり、金属を曲げたりしなくてもよい」。それだけではなく、最も重要なのは優秀な会計士がいて、彼らが自由に使えるお金がどれだけあるかだということも見抜いていた。GEクレジットのスタッフを増強し、同部門を成長させる方法を探し始めた。それはGE、ひいては経済全体を作り変える変革の始まりだった。

三年後に、ウェルチはトップの座を争う他の候補者とは一線を画していた。冷酷な口調で業績不振者を痛烈に批判し、ファイナンスが自社の将来にとって重要だとする信念を頑として曲げなかった。それは「GEウェイ」とまではいかなかったが、ウェルチをCEOにする理由として十分な説得力があった。GEの取締役を長く務め、ホーム・デポの共同創業者でもあるケン・ランゴーンは、「ジャックがCEOに選ばれたことには、誰もがショックを受けていた。ジョーンズが選びそうな人材とは正反対だった」という(23)。

ウェルチが正式に就任する五週間前、ジョーンズはウェルチのためにニューヨークの高級ホテル、ヘルムズリー・パレスでパーティーを開いた。六〇人ほどの招待客には、全米の大企業のCEOが大勢名を連ねていた。夜も更ける頃、ウェルチは少し酔いが回りすぎていた。ジョーンズから出席者に挨拶するよう言われて話をしたものの、呂律が回っていなかった。翌朝、ウェルチがGE本社に出社するや、ジョーンズが怒鳴り込んできた。「これまでの生涯であんなに屈辱的な思いをしたことはない。君は私と会社に泥を塗った」

ウェルチはショックを受けた。自分は聞き手を味方につけたはずであり、ジョーンズは上品ぶっていると思ったのだ。「彼は堅物だと感じられて、ひどく腹が立った。自分で思っていたほど好印象を与えられなかったらしいことは、我ながら情けなかった」と、ウェルチは回想する。ウェルチによると、ジョーンズは数人のCEOからその晩は楽しかったと聞かされて、非難を撤回したというが、すでにダメージは生じていた。ウェルチは威厳を持って振る舞うことを期待されていたまさにその瞬間に、集まった企業トップの面々に、その無謀で予測不能なエネルギーの一端を見せてしまったのだ。

「地球上で最も競争力がある企業」――ウェルチズムをつくったフリードマン・ドクトリン

CEOに着任して一年弱の時点で、ウェルチはニューヨークにあるピエール・ホテルの宴会場で講演を行なった。自分がGEだけでなく、経済全体を新しい道へと導く先見性のあるボスとして現場に立ったことを宣言したいと考えていたのだ。ウェルチの見解では、戦後のパワーバランスとそこでのGEの役割は絶望的に時代遅れだ。資本主義の黄金期はとうに終わった。スタグフレーションで経済が低迷し、海外との競争が増加し、変革が急務となっている。戦後の集団主義的な精神は素晴らしい中産階級を生み出したかもしれないが、こうした社会における企業の役割に対する理想主義的な概念は、一九八〇年代の過当競争経済下では成功に向けたロードマップにはならない。ウェルチはGEの異なる未来を予見していた。それは電球ではなく四半期の利益によって定義され、機械工学ではなく金融工学を動力とする未来だ。

会場を埋めた調査会社や銀行のアナリスト（GEの株式を買うべきかどうかを投資家に指南する人々）に対して、ウェルチは通例の業績説明を省き、二〇分かけて今後のビジョンを語った。「低経済成長下の急成長」と題したその講演は、企業がそれぞれの業界を支配するか、顧みられなくなっていくかという勝者総取りの世界を描いていた。「製品やサービスの二流サプライヤーの居場所はなくなるだろう」とし、それよりも、GEが手掛ける各事業で業界一位か二位になるようにしたいとアナリストに告げた。GEがそのような優位性を確保できない業界については、自ら厳しく問いただし、答えを出さなくてはならない。「仮にその事業にまだ参入していなかったとして、今日、その事業に参入するか。その答えがノーだとすれば、『では、どうするつもりか』という次の難題に向き合わなくてはならない」。希望的観測をしている余裕などない。GEの従業員は「物事をありのままに見る」必要があり、厳しい現実を直視しなくてはならない。彼が何よりも望んでいたのは、金融大手になることだ。過去数十年にわたって、GEはその規模と多様性から、ただアメリカの国民総生産（GNP）に合わせて成長することを期待されてきた。しかしウェルチは、GEを「GNPを後追いする車掌車ではなく、GNPを牽引する機関車」にしたいと語った。「地球上で最も競争力がある企業」にするのだ。

ウェルチの講演は、GEとその数十万人の従業員にとって大きな変化の前兆だった。古いルールはもはや適用されないと、彼は明言した。競争相手を一掃できない事業はGEファミリーから追放される可能性がある。また、利益に直接貢献しない従業員はクビになるだろう。その講演には、ウェルチの計画の別の手掛かりが埋め込まれていた。そこには彼の人生のすべてとなる野心が垣間見える。彼はGEを世界で最も競争力があり、最も価値ある企業にしたいと考えていた。アナリストが知る従来型の製造業のコングロマリットではなく、どこにでも成長を求める日和見主義的で攻撃的な企業としてGEを位置づける、過激な変革を目指していたのだ。

ウェルチはさまざまな情報源から着想を得ながら、数週間かけてこの講演の準備をしていた。その数カ月前にフォーチュン誌は、一九世紀のプロイセンの将軍、カール・フォン・クラウゼヴィッツとヘルムート・フォン・モルトケから経営者が学べることに関する記事を連載していた。二人の将軍が提唱したのは「総力戦」という概念だ。綿密な計画策定を避け、状況の変化に合わせて絶えず対応を進化させていく。それはウェルチにとって、どんな手を使ってでも利益を生み出すことを意味した。彼は、何十年もGEを研究しコンサルティングをしてきた経営学者のピーター・ドラッカーの著作物も参考にした。「仮にその事業にまだ参入していなかったとしたら、今日、その事業に参入するか」と最初に問いかけていたのはドラッカーだ。

ウェルチは、この果敢な戦略でウォール街をあっと言わせ、強烈な第一印象を残せるだろうと信じていたが、講演の途中で自分の話が聴衆にうまく伝わっていないことに気づいた。アナリストが期待していたのは、壮大で新しい哲学的な枠組みではない。GEの多様な事業が過去一年間でどれだけ成果を上げたかという従来どおりの最新情報だ。ウェルチは顔色を失い、自分のパフォーマンスに対して聴衆が上の空で、戸惑っている様子に苛立ちを募らせた。質疑応答で、あるアナリストが「銅の価格が来年度の業績にどのような影響を与えるか」と質問した。「それでいったい何が変わるんだ」と、ウェルチは言い返した。「私が会社をどうしたいかを聞くべきだろう[24]」

講演は大失敗だった。会場を出る時に、あるアナリストは「彼が言っていることはさっぱりわからない」と話していた。

アナリストには評価されなかったかもしれないが、ウェルチは時代精神の重大な変化を巧みに捉えていた。彼が着任する数年前から、学術、経済、法律、政治の世界では、知的革命が進行していた。冷戦時代の東欧社会主義への反発から、オーストリアの経済学者、フリードリヒ・A・ハイエクをはじめとする研究者が提唱し始めていたのが、自由市場だけが社会のニーズに応える最善策だとする理論だ。企業は規制に邪魔されずに競争できてこそ、最高のアイデアが先頭に出てくる。利潤追求の動機は、良いアイデアと悪いアイデアを識別し、社会全体に恩恵をもたらす製品、サービス、システムを生み出す完璧な選別メカニズムだ。競争は人間の活動を整理する卓越した方法であり、人々はウェルビーイングを確保するために、政府、ましてや雇用主に頼ることをやめなくてはならない。福祉、社会のセーフティーネット、過剰な労働者保護はどうしても凡庸さと無気力につながると、彼らは考えていた。こうした理論は、戦後にヨーロッパの知識人たちの間で支持を得て、やがてシカゴ大学の新進気鋭の経済学者であるミルトン・フリードマンに影響を及ぼすようになった。

フリードマンは、ハイエクの中心的な命題を受け継ぎ、企業にとっての意義に照準を定めた。フリードマンの見解では、企業は収益性の高い財とサービスの生産だけに集中し、他の義務とされることはすべて無視すべきだという。一九七〇年のニューヨーク・タイムズ紙への寄稿論文では「企業の社会的責任は利益を増やすことだ」と明言し、大きな影響を及ぼした。企業は何よりも利益を最大化すべきだとするシンプルな論理展開は、二〇世紀後半における最強の概念の一つとして、社会契約を全面的に書き換えることを知的に正当化した。企業は金儲け以外のことをすべきだと考える人々をフリードマンは軽蔑した。『企業』に責任があるとはどういう意味か。責任を持てるのは人間だけだ。そんな話をするビジネスマンは、この数十年間で、自由な社会の基盤をむしばんできたインテリ勢に知らないうちに操られている人形だ」。それは資本主義的な訴えであり、経営者には利潤追求の動機を持つことを、政府にはその邪魔をしないことを求める。このドクトリン（教義）は何世代にもわたって最も影響力のある経済論文として語り継がれていった。

フリードマンがこの論文を発表した同じ年に、ルイス・パウエルという企業弁護士が南部のビジネスマン向けに行なった講演は、企業が政治に口を挟む新しい時代の幕開けとなった。パウエルはフリードマンの言葉を引用しながら、自分たちの生活様式は包囲されており、アメリカを地球上で最も偉大な国にした理想そのものを、急進派、共産主義のシンパ、自由企業の敵が台無しにしかねないと語った。その翌年、パウエルはこのスピーチを文書にまとめて、アメリカ企業の利益を代表する有力なロビー団体である全米商工会議所に提出した。ここでもやはり、環境保護運動、新しい社会福祉プログラムへの支持、消費者運動家のラルフ・ネーダーなど、アメリカ企業に迫り来る脅威について警告し、「ビジネスと企業制度には深刻な問題があり、我々は後れをとっている」と書いている。それは、持てる力を何としてでも守れという、富裕層に向けた檄《げき》だった。パウエルはただ警鐘を鳴らすだけでなく、行動計画を提案していた。企業は早急に、政治、学術、メディア、法曹界に対して影響力を強めるべきであり、大金持ちは守りに徹する代わりに、攻めに出て、権益を守り、政府の政策を自分たちの意に沿う形に整えていく必要がある、と。

経済界はすぐに注意を向けるようになった。その後数年で、かつてないペースで政治に資金が流れ込み始めた。億万長者たちは自由市場経済を推進する新しい保守系シンクタンクに資金を提供し、政策環境を整備した。一九七三年に、GEをはじめとする大企業が設立したのが、ビジネス・ラウンドテーブルだ。これはフリードマン・ドクトリンを事実上、大企業の法典として成文化するロビー団体だった。パウエルの影響力は強まる一方であり、一九七二年には連邦最高裁判事に就任し、企業に有利な有名な判決をいくつも下した。長い間、大企業に対してチェック機能を果たしていたワシントンの政府は今や、大企業の言いなりだった。

その間も、「企業は株主を儲けさせるためだけに存在する」というフリードマンの大前提は影響力を持ち続けた。一九七六年、マイケル・ジェンセンとウィリアム・メックリングが発表した「Theory of Firm（企業の理論）」はフリードマン・ドクトリンを発展させたもので、経営者の責任に関する考え方を根本から覆す画期的な論文となった。そこで論じられていたのは、企業が利益の最大化に十分に注力しなかった場合、「慈善活動の種類や金額」「従業員との個人的関係（友情や尊敬など）」といった取るに足りないことに気を取られ、傾注しすぎる恐れがあることだ。企業は利益に専念すべきであり、地域社会や従業員すら気にかける必要はないし、他のものは一切排除すべきだという。ジェンセンとメックリングは、経営幹部が尽くすべき対象の概念をも作り変えた。彼らの理論によると、株主は「プリンシパル（依頼人）」、経営者は「エージェント（代理人）」である。故に、CEOは投資家のために働き、いかなる犠牲を払ってでも株主利益を最大化する必要がある。さらに、CEO自身のインセンティブが企業業績と一致するように、株式による報酬が豊富に与えられるべきだとし、その後の過剰な役員報酬時代の基礎を築いた。

それから一〇年も経たないうちに、ジェンセンとメックリングは別の論文でこれをさらに発展させ、企業のパフォーマンスを測る唯一の指標は株価であり、利益よりも重要だと論じた。それは、フリードマン・ドクトリンに輪をかけた極論であり、企業が株価を上げるために必要とあらば、あらゆる手を尽くすように呼びかけていた。その後何年も、さらに多くのビジネススクールの教授がこの概念に磨きをかけ、経営幹部が投資家と自分たちのために富の大部分を維持し、従業員にはわずかな賃金しか支払わないことを擁護する武器として使える教義へと強化していった。ウェルチをよく知るトロント大学ロットマン・スクール・オブ・マネジメント元校長のロジャー・マーティンは次のように指摘する。「彼らが言っているのは基本的に、株主価値の最大化に努めないなら、お前は悪者で、資本提供者からお金をくすねている、ということだ。この道徳に関する議論は実際にウェルチのようなCEOには重宝された。『これが私の仕事だとおっしゃいますが、これが私自身に関する評価基準です』と言えるからだ。この町やこの工場を閉鎖せざるを得ないのは悲しいことかもしれないが、それは道徳的なことで、やるべきことなのだと[25]」

フリードマンの地位も上がり続けた。一九七六年にノーベル経済学賞を受賞し、株主至上主義という教義に絶大なお墨付きが与えられた。ウェルチがCEOに就任した一九八〇年に、公共放送のPBSがフリードマンとその理論について「選択の自由」という一〇回シリーズの番組を放送した。全米の数百万世帯に放映されたこの番組は、自由競争を賞賛し、過剰な規制に警鐘を鳴らし、労働組合を軽視し、教育の質の低下からインフレに至るまで、何もかも政府の責任にしていた。

この頃、留まるところを知らぬ大企業の力に対する他のチェック機能も支持を失っていた。一九七八年に、イェール大学法学部教授で、後に最高裁判事候補となるロバート・ボークが『The Antitrust Paradox（反トラスト法のパラドクス）』を出版し、合併の可能性を評価する際に最も重要な検討事項は、その組み合わせが短期的に消費者価格を引き上げる可能性があるかどうかだと論じた。それは、独占的な行動がもたらし得る損害に対する狭い解釈であり、産業集中度が高まれば、長期的に価格が上がる可能性についてはほぼ認識していなかった。理論的には、この変化は日常的にアメリカ人を保護することを目的としていた。しかし実際には、歯止めの利かない企業統合時代の幕開けとなり、大企業はますます巨大化していった。当初は単なるアイデアだったが、その後、GEの宣伝マンだったロナルド・レーガンが大統領に就任し、任命した反トラスト法責任者にニューディール時代のM&A（合併買収）に関する規制を緩和させたことにより、それが現実のものとなった。

レーガン政権ではパウエルの文書が盛んに用いられた。レーガンは政権の中枢に企業からシンパを集めた。ジョン・シャッドは過去五〇年間でウォール街のバンカーとして初めて証券取引委員会（SEC）委員長に就任した。メリルリンチCEOのドナルド・リーガンは財務長官に、ゴールドマン・サックス上級幹部のジョン・C・ホワイトヘッドは国務副長官に任命された。冷戦時代に生まれた規格外の発想だった自由市場の教義が、欧米の政治経済を形成する支配的な知的勢力として台頭した。経済右派は勢いづき、金融規制緩和の時代が本格的に始まったのだ。

しかし、これらの教授や政治家は単なるイネイブラー〔悪気はないが、陰で問題行動を助長してしまう人〕にすぎない。彼らは論文、記事、シンクタンク、法律の改正を通じて、企業の行動方法を定める一連の新しいルールと期待を呼び起こした。企業はもはや、すべてのステークホルダーの最善の利益のために行動する必要はない。利潤のみ追求することが許され、むしろ奨励すらされる。従業員を大切にするのではなく、利益率向上という名目で従業員を切り捨てることがまかり通るようになったのだ。

これが遺伝物質となって、ウェルチズムを進化させた。しかし経済界では、一九八一年になってもこの狡猾なイデオロギーの受け入れ先はなく、その真の力はまだ完全に発揮されていなかった。経済成長の鈍化とインフレの進行により、投資家は落ち着かない様子で、株式市場は停滞していたが、脆弱な労働力と性急な投資家を最大限に利用するための野心、権力、カリスマ性を兼ね備えた人物は今のところいなかった。また、明確かつ容赦なく従業員、地域社会、環境よりも、株主をあえて優先させる人物もいなかった――ウェルチが登場するまでは。ウェルチは大企業で初めて株主至上主義を打ち出したCEOである。GEの総力を挙げてそれを実現し、アメリカ資本主義の苛烈な新時代を主導していった。GEで長年広報を担当してきたゲーリー・シェーファーによると、「この株主重視は、ジャックが発明したようなものだ。こと株価のためとなれば、障害になるものは何もなかった」という。[26] ウェルチがフリードマンの原著を読んだかどうかはさておき、それが彼の発想の源になったことに疑いの余地がない。ウェルチは自伝の中で、社会における企業の役割について、フリードマンとそっくり同じことを述べている。「CEOの第一の社会的責任は会社の経済的成功を保証することだ[27]」

第二章　ニュートロン・ジャック

「アンチ愛社精神キャンペーン」――制度化されるダウンサイジング

ウェルチはCEO就任の記者会見で、社内でさまざまな事業を担当する他のGE幹部について心温まる話をした。「私たちは皆、良き友人としてここに集いました。私の目標は、苦楽を共にしながら、みんなや自分がそこで成長でき、楽しい時間を過ごし続けられる雰囲気を作ることです[1]」。この話を聞く限りでは、GEは一〇〇年前からそうだったように、終身雇用が事実上当たり前で、礼儀を最も重んじる同僚がおり、仲良く平等な職場が維持されることになる。

だがひとたび権力の座に就くと、彼は露骨に中間管理職を厳しく評価するようになった。「官僚を冷笑し排除しなくてはならない」と告げて、即座に人々を選別にかけた。高い成果を上げても気に入らない人や、友人でも成果を出せない人を解雇した。本社では、主に長期的な戦略立案を行なっていた部門をそっくり廃止した。もっと解雇しろと部下に圧力をかけ、幹部クラスも冷徹で忠実な人材に入れ替えた。本社スタッフは時をおかずに二一〇〇人から九〇〇人へと半分以下になり、GEの秩序立った成長に長らく不可欠だった部門はすべて撤廃された。企業変革を急ぐウェルチは細やかな配慮をしなかった。その経営スタイルはもっぱら怒号とともにあり、共感性に乏しかった。ウェルチは記憶力が抜群で、機知に富み、不屈の労働倫理の持ち主ではあった。そのため管理職が自分よりも各自の仕事をよくわかっていないとみるや、激しく非難することが多かった。ウェルチのスピーチライターを長く務めたビル・レーンは、「礼節はもはやGEの美徳ではなくなった。会議室の壁には血しぶきが飛び散り、現場でのホラーショーが報告されるようになった」と回顧録に記している。(2)

やがて、全米のGE工場の現場では解雇通知が散乱するようになった。GEの従業員数は、ウェルチが着任した一九八〇年の四一万一〇〇〇人を頂点に減少に転じ、一九八二年末には全体の約九％に当たる三万五〇〇〇人が解雇されていた。ニューヨーク州スケネクタディで発電所を建設していた技術者や、ケンタッキー州ルイビルで食器洗浄機を組み立てていた従業員を解雇したのだ。翌年には、さらに三万七〇〇〇人を解雇している。かつてGEの事業活動のおかげで潤っていた地域社会は、ウェルチの下で衰退し始めた。

ウェルチの戦術が注目を引くまでに、それほど時間はかからなかった。一九八二年にCBSテレビのドキュメンタリー番組「60ミニッツ」は、GEが閉鎖を決めたカリフォルニア州オンタリオのスチームアイロン工場を取り上げた。一夜にして八二五人が職を失い、従業員は裏切られたと感じ、地元の宗教指導者は「不道徳」な動きとみなした。この番組が放送されると、GEは「人よりも利益を優先する」と叩かれた。数カ月後、GEの工場が毎週のように閉鎖されるなか、ニューズウィーク誌は彼に「ニュートロン・ジャック」というあだ名をつけた。それでも、ウェルチは揺るがなかった。建物は残っても、人影のない状況を表すこのあだ名に気分を害したが、おおむねそのとおりだと承知していた。「そう言われるのは不快で傷つくが、官僚主義は大嫌いで、無駄はもっと嫌いだ」と、彼は後に述べている。

ルイビルやスケネクタディ、その他の場所でも従業員に給料を払って雇用し続ける余裕が十分にあった事実を考えると、GEの突発的なダウンサイジングには何とも当惑せずにはいられない。GEの利益はフォーチュン500社の中で上から一〇位につけていた。ジョーンズの後を継いだ年、純利益は七%増加し、一五億ドルの利益を計上したばかりだった。しかし、「ジェネラス・エレクトリック」のスチュワードシップを受け継いだものの、ウェルチの胸のうちで資本主義の黄金時代は過去の話となっていた。ジェラード・スウォープやオーウェン・ヤングなど歴代GE会長が、従業員に対する会社の責任を受け入れていたのに対し、ウェルチはGEには従業員が多すぎるという盲信を抱いてCEO職に就いた。彼の見立てでは、より少ない従業員数はより大きな利益につながる――この二つは「切っても切れない」関係にあったのだ。[3]

従業員が安心と安定をGEに求めているという考えは、ウェルチを苛立たせた。「米欧や日本などの多くの大企業と同じく、GEは終身雇用を前提とした暗黙の心理的契約を結んできた。これは温情主義的かつ封建的で、曖昧な愛社精神を生んだ。自分の時間を割いて一生懸命に働けば、会社が一生面倒を見てくれた」が、ウェルチからすれば、この考えは失笑を禁じ得ないほど甘い。グローバル化した市場の競争的な性格が要求するのは新しいパラダイムだ。「市場で勝てなければ、どの企業も雇用における安住の地ではない」

「心理的契約は変える必要がある。どこかの企業体に『時間を与える』見返りに外界から遮断され保護されることは、私の考える愛社精神ではない。愛社精神とは、外の世界と闘って勝ちたいと思う人々の間の親和性だ」と、ウェルチは言う。[4]実際に、広報部門の部下に、プレスリリースや社内通知で「愛社精神」という言葉を使わないように命じた。この指示は「アンチ愛社精神キャンペーン」として知られるようになった。[5]これはウェルチの最優先事項だった。会社に期待しすぎず、常に職を失う不安とともに生き、上下のけじめを弁《わきま》えるように、GEの従業員を変えようとしていたからだ。
ウェルチが登場する以前、従業員は会社の最大の資産とみなされていた。一般社員がいなければ、ビジネスは成り立たないと理解されていたのだ。しかし、ウェルチにとって、従業員は資産ではなくコストとして最小限に抑えるべきものだ。ほかにも慣例から逸脱したことがある。大量解雇は存亡の危機に瀕したときにのみ許される最終手段とする考えを捨てて、むしろ積極的に活用したのだ。彼から見ると、ダウンサイジングは収益性を高める手段であり、毎四半期の利益目標を達成するための道具だ。個人の生活、ひいては地域社会全体に与えるダメージは眼中になかったようだ。

　絶えずダウンサイジングを実践することを制度化し、太陽の昇沈のごとく自然に見せたいと願って、ウェルチは無慈悲な命令を出した。毎年、GE従業員のうち業務成績の悪い下位一〇％を解雇せよと命じたのだ。管理職には、部下を上位二〇％、中間七〇％、下位一〇％の三グループに分けるように指示した。それぞれA、B、Cプレイヤーと呼び、Cグループには去ってもらうのだ。GE全体の業績がどれほど好調でも、毎年何万人もの従業員が確実に退職を迫られる。ウェルチはこれを「バイタリティ・カーブ（活力曲線）」と命名したが、従業員はこの婉曲表現に騙されなかった。社内では「スタック・ランキング」、あるいはより正確に「ランク・アンド・ヤンク」と呼ばれていた。GEは一〇〇年近く、従業員を最もうまく扱い、訓練し、成長させる方法を知る企業として評判を得ていた。それが今や、ウェルチの下で、従業員を解雇するために同じく高度な方法を編み出していたのだ。すぐにこれに追随する企業が続出した。ウェルチのために労使交渉を主導したデニス・ロシュローは「これはジャック・ウェルチのアイデアで、多くの人が採り入れた」と語る。「時にはひどい意思決定につながったが、誰もが真似した。ジャック・ウェルチは大きな存在であり、人々はひとえに『彼がそうしているなら、やってみよう』と言っていたのだ[6]」

ウェルチは専門用語を使ってGEの残酷な労働慣行をわかりにくくしながら、同時に、実は自分には思いやりがあるのだと主張した。「下位一〇%の従業員を排除するのは残酷きわまりないと思う人もいるだろう。そうではない。実際には正反対だ。成長も成功もしない人をそばに置き続けるほうが無慈悲で『偽りの優しさ』だと思う。キャリアの後半に差し掛かってから、あなたの居場所はないと告げられるほうがよほど酷いことだ。その時点では、仕事の選択肢が限られ、子どもを大学に通わせたり、巨額の住宅ローンを返済していたりしているのだ」。彼の考えでは、人生の最盛期に解雇するほうがましだ。失業は「人生における新たな転換点であって、高校から大学へ、大学から最初の仕事へというように、人生の新たなスタートを切れる」とし、[7]解雇は贈り物だと信じさせたかったのだ。先のない仕事という束縛から解放し、何か別のことを自由に追い求められるようにしてあげているのだと。職を解かれた労働者はみんなのために犠牲になり、一人解雇されるたびにその分の資本が利益プールの拡大に貢献し、同社の株価を押し上げていった。

それは、ウェルチストの巧みな常套手段だった。大量解雇ではないかのように取り繕い、容赦ないダウンサイジングは必要なことで、必然とすら思わせたのだ。ウェルチは個人的な責任を逃れ、人々の生活破壊は自分が決めたことではなく、神のみわざであるかのように仕立て上げた。そこからもう一歩踏み込んで、自分が解雇した人々は職を失ったことに感謝しているとまで言い張ったのだ。「ジャックはウォール街から認められるのが大好きだが、彼のアイルランド気質は職を奪われた従業員の承認と愛情をも強く欲していた。人々が解雇されたことに感激していると信じたかったのだ」と、スピーチライターのレーンは振り返る。[8]

制度的な従業員の選抜除去は、ウェルチの二〇年にわたる在任期間における特徴だった。彼の在任中に、GEでは何十万人もの人が職を失った。しかし、大量解雇だけでは限界があった。結局のところ、GEは工場の現場で働く最低限の人員を必要としていた。そこで、彼はGEのバランスシートから労働力を移す別の方法を見つけた。この戦略の最たるものがアウトソーシングだ。GEは可能な限り、他の誰かに仕事をさせるべきだと考えていたのだ。「カフェテリアは設けるな。食品会社にやらせろ。印刷業務はするな。印刷会社にやらせろ」と、彼は助言した。(9) 一九八〇年代を通じて、ウェルチはフードサービス従事者、警備員、清掃員などを解雇し、従業員を減らしていった。「これぞアウトソーシングだ」と言って、まるで何千人ものアメリカ人のキャリアが暖かい場所を求める渡り鳥であるかのように、仕事が「ほかの場所に移った」だけだと暢気に結論づけていた。

労働者は新しい雇用主とあまりうまくやっていけなかった。ダウ・ジョーンズ工業平均株価をしっかりと支え、まともで頼りになる雇用主であるGEに就職する代わりに、労働者はたいてい給料が下がり、福利厚生は手薄で、雇用保障をしてくれない請負業者に雇われることになった。コーネル大学のルイス・ハイマン教授は次のように指摘する。「一九八〇年代には、誰が社内で誰が社外の人か、という考え方が本当に浸透していた。その結果、職場でみんな机を並べて仕事をしていても、一流市民や二流市民にみなされる人が出てくる。それは清掃員やフードサービス従事者から始まったが、一九八〇年代後半になると、あらゆる労働者、特にオフィスワーカーがそうなった」(10)

ウェルチはアウトソーシングで目的を達成できないときには、オフショアリングに目を向けた。その際に、「理想的にいうと、所有するすべての工場を艀《はしけ》に乗せて、通貨や経済の変化に合わせて移動できればいい」という印象的な表現を用いている。そうすれば、GEの工場は世界中を移動し、有利な為替レート、税控除、優遇措置、低賃金を求めて海を越えた競争を徹底的に繰り広げられると想像していたのだ。これはウェルチにとって自由市場におけるプラトニックな企業の理想像だった。無国籍で、どの共同体にも縛られず、完全にチャンスに乗じて労働者を雇用できる。地域社会を非常に大切にしていた黄金時代のCEOにとってはディストピア（反理想郷）の悪夢だが、ウェルチからすれば、それは尽力すべきことだった。そしてそれをおおむね達成し、インディアナ州フォートウェイン、ペンシルベニア州エリーなどの都市から、メキシコやブラジルへと大規模な製造機能を移転させたのだ。

GEの労働組合員と時に対立的な関係にあったにもかかわらず、ウェルチはこのすべてをやってのけた。一九五〇年代、GEの労務及び地域関係担当バイスプレジデントだったレミュエル・ブルウェアは交渉の席で強硬な態度を示した。「そのまま受け入れるか、拒むか」という交渉手法は「ブルウェアリズム」（一発回答主義）として知られるようになり、今日でもこの言葉は労働組合の界隈に残っている。一九七〇年代に労使関係が改善されたことで、GEは一九六九年以降、全国的なストライキに遭遇しなかった。ウェルチは、労働者がピケラインを張るほど彼らを敵に回すことにはまったく興味がなかった。労働組合と戦うことなく、何とか持続的かつ全面的にアンチ愛社精神キャンペーンを遂行したので、在任中に大規模なストライキは起こらなかった。とはいえ、ウェルチが組合員の味方だということではない。ブルウェアの失敗の二の舞で労働組合に会社の条件を呑ませるのではなく、むしろ、労働者寄りの地域でなるべく雇用を抑制することで、GEの組合員比率を大幅に減少させたのだ。

ここでも再び、ウェルチが先鞭をつける形となった。アメリカ国内では、労働組合が力を失いつつあった。レーガン大統領は一九八一年にストライキを起こした組合加入の航空管制官を一万一三五九人解雇し、それを追い風に企業は組合員に厳しい態度で臨むようになった。一九八五年、食肉加工会社のホーメルが黒字下で従業員の賃金を引き下げると、従業員はストライキを起こし、その状態が一年も続いた。工場は閉鎖され、緊張が高まり、平和維持のために州兵の出動を要請せざるを得なくなったのだ。ウェルチにとって、この一件は、組合員数が減れば、GEは——少なくともGEの投資家は——より良い状態になるという直感を証明するものとなった。一九八八年、ウェルチはマサチューセッツ州議会でマイケル・デュカキス知事と面会した。そこでウェルチは、近隣の工場で働く組合員がGEの最新の契約を拒否したことを訴えた。組合員がこれほど扱いにくいならば、GEはこれ以上この州に雇用をもたらすつもりはないと、デュカキスに告げたのだ。ウェルチの話では、「人々が望んでいて、それにふさわしい場所に工場を建設できるのに、なぜ問題のある場所に雇用と資金をつぎ込まなければならないのか」と聞くと、デュカキスは苦笑し、GEと労働組合の関係を円滑にするために使者を派遣したのだという。

ウェルチはこの時期、この言葉を実行に移し、可能な限り、労働組合のある国内工場から外国へと雇用を移していった。一九八〇年代末から九〇年代初めにかけて、GEの総従業員数はほぼ横ばいだったが、その地理的分布は大幅に変化した。他国での雇用は二万人増え、特にインドでの事業に多額の投資をした分、国内の従業員数は二万人削減した。

容赦ないダウンサイジングによって、GE社内の士気は低下した。どの部門も、どの職種も、安泰ではなかった。「ジェネラス・エレクトリック」は消え去り、代わりに、組織に蓄積された記憶を失ったようで、いかなる副産物があろうともコスト削減と売上増進に夢中な会社となったのだ。一九八八年に、あるマネジャーはウェルチに「これが世界最高のビジネスなら、なぜこんなに惨めな気持ちで家路につくのだろうか」と言った。[11] それは、残留社員の間で広く共有されていた心情だった。オランダのある工場で、技術者がウェルチにそのことを訴えた。「工場は以前とはまるで変わってしまった。一〇年前ほど楽しくない」と。すると、ウェルチはかつて工場で楽しかったことを全部リストに書き出して持ってこいと言い返した。それは拒絶であり、相手にするつもりは毛頭なかった。その証拠に、このやりとりの直後に彼はパリ行きの飛行機に乗っている。ウェルチの戦術により何年も焼き畑方式を続けるうちに、かつての誇り高き会社から喜びが奪いとられた。「ここでの忠誠心は二四時間で終わる。ウェルチは数十万人の従業員の献身を失った」と嘆く幹部もいた。ウェルチでさえ、従業員が幸せではないことを知っており、「職場内のうわさ話は芳しくなかった」と回想している。(12)

ウェルチの企業変革のやり方以上に衝撃的だったのが、その実践方法だ。CEOは組織の雰囲気を決定づけるが、ウェルチは大声を張り上げ、気難しく、無情だった。同僚に招集をかけて、秘書に「あの間抜けを電話口に呼び出せ！」とわめき立てるのだ。部下のプレゼンテーションが気に入らなければ、他の上級幹部にその不運な部下をクビにしろと指示した。「こんなひどい間抜けは追い出してしまえ」(13)。そのリーダーシップスタイルは、男らしさの有害な特徴をすべて備えていた。弱い者を見下し、全面的な忠義を要求し、莫大な富を築きつつ、常に不満を持っていた。同僚に対する仲間意識は競争心に取って代わった。愛社精神が失われ不安に転じ、恐ろしいことにCEOは予測不能で無慈悲だという理解に至ったのだ。

要するに、ウェルチはいじめっ子だった。プラスチック部門の担当幹部が数字を達成できなければ、「お前らは何をやっているんだ！」と腹を立てた。ウォール・ストリート・ジャーナル紙によると、ウェルチの「罵声合戦方式」では、たとえウェルチの意見に同意していたとしても、マネジャーたちは激しい議論をふっかけられたという。ウェルチが交代させたあるマネジャーは「ジャックに挨拶するのにさえ、対立を避けられない。ジャックと正面からぶつかり、とことんまで腹を割って自分の主張を論じようとしなければ、相手にしてもらえない」と語る。ウェルチは猛烈に働き、社内の全員が同じように働くことを期待した。キャリアを通じて、レイオフの議論では暴力的な比喩をよく用いた。誰かを解雇するときに好んで使ったのが「銃を撃て」という表現だ。気に入らない従業員の話になると、「銃を一発食らわせろ。やつらは撃たれて当然だ」と言うのだ。

ウェルチはGEを根底から揺るがした。一九八四年、フォーチュン誌は彼を「アメリカで最も厳しいボス」と呼び、その行動を痛烈に批判した。「ウェルチが実施する会議はあまりにも攻撃的で、みんな震え上がってしまうほどだ。批判し、面目をつぶし、嘲笑し、辱め、知性を使ってボコボコにする」。ある従業員が同誌に語ったように、「ジャックはまるで象の群れのように来襲してくる。反論があれば、批判を覚悟で言わなければならない」のだ。「彼のために働くのは戦争のようだ。多くの人が撃ち殺され、生き残った人が次の戦いに臨む」という声もあった(14)。

裕福な権力者の多くがそうであるように、ウェルチには打たれ弱いところがあり、この記事にひどく落ち込んだ。キャリアの中でも最悪の出来事に挙げられると、彼は語った。しかし、ニューズウィーク誌で「ニュートロン・ジャック」と言われたときと同様、評価された内容に異論はなかった。実のところ、自分には厳しさが足りていないと、彼は信じていた。というのも、GEは根底からひっくり返ったが、自分の戦術は期待に応えていたからだ。利益は堅調で、売上は成長著しく、何より重要なのが、株価が急上昇していたことだ。そこで少しでも利益率を押し上げようと、最後まで雇用の削減を続けた。彼曰く「残念ながら、終わりはない」のだ。

ウェルチのアンチ愛社精神キャンペーンが成果につながっていることに、他社は気づいた。すぐに、GEの前例もあって、収益性を高めるために企業が従業員を削減することは受け入れられ、日常的に行なわれるようにもなった。一九六〇年代後半、アメリカの労働者の二七%が労働組合に加入していた。その数字は一九七〇年代には着実に減り始め、一九八〇年代には急減した。一九九〇年代初め、組合加入率は一三%に低下し、やがて一〇%を割り込んだ。労働組合の衰退に伴い、アメリカ人が毎日手にする経済的なパイはますます小さくなり、労働者の賃金は伸び悩んだ。一九六〇年代後半から一九八一年までブルーカラーの賃金は年率五〜九％で上昇していたが、その増分が帳消しになった。ウェルチが在任した二〇年間、工場労働者の賃金が年四％以上増えることはなかった。多くの場合、二％増に留まり、インフレに後れをとることもあった。二〇世紀最後の四〇年間、総所得のうち中産階級に分配される割合もほぼ同じ軌道をたどり、一九六〇年代後半の約五三％から二〇〇一年には四七％未満に低下した。GEを筆頭に、アメリカ企業は労働者を置き去りにしながら突っ走っていった。「当初は少し不安を抱いている人が多かった」と、アナリストのニコラス・ヘイマンは振り返る。「GEの行動が呼び水となって、一九八〇年代後半から九〇年代にかけて、アメリカの産業界全体で似たような積極的なコスト削減策がたくさん行なわれた[15]」

「パックマン・モデル」——買収、成長、また買収

ダウンサイジングによってGEを小さくしてきたウェルチは、GEを大きくする別の方法を模索した。のどから手が出るほどほしい着実な利益成長を実現するには、GEを急拡大させる必要があったのだ。既存事業でより多く売る方法を考えるのは、いわゆる有機的成長で、それはそれでよい。しかし、GEのような企業の場合、漸進的な動きでは限界がある。発電所、ジェットエンジン、家電製品で毎年売れる数量は知れていた。GEを思いどおりに素早く成長させるためには非有機的成長、つまり他社の買収が必要だと、ウェルチは気づいていた。GEのマーケティング担当役員を長く務めたベス・コムストックによると、「ジャックが用いたのは、実はパックマン・モデル〔『パックマン』は同名の主人公を操作してモンスターを避けながら、迷路内のエサを食べていくゲーム〕だった」という。「とにかく企業を食い尽くせ。成長を勝ち取れ。成長を勝ち取れ。成長を勝ち取れ、というモデルだ[16]」。

ウェルチは着任して最初の数年の間に売上を伸ばしたり、GEの予測不能な利益を取り繕ったりできるだろうと、何社か買収した。それは成長のための成長であり、傘下に加える企業が文化的に合うかどうかはたいして気にしなかった。また従業員を削減して十分な収益を上げていない事業を取り除こうと、一部の事業を売却した。しかし五年経っても、いまだに真に変革につながるディール、つまり、地球上で最も価値ある企業をつくるのに役立つ動きは見られなかった。その状況が一変したのが、マンハッタンで過ごしたある晩のことだ。ウェルチは飲みに誘われて、著名な投資銀行家のフェリックス・ロハティンの豪邸に行った。そこで、タキシード姿のRCA会長と面識を得たのだ。RCAは一九八五年にはまだ絶大な力を誇っていたコングロマリットで、NBCテレビネットワーク、大きな家電事業、さらに航空宇宙、衛星運用、半導体製造などの事業を展開していた。しかし、ウェルチが最も欲しがったのはNBCであり、数週間のうちにRCAを六三億ドルで買収する交渉をまとめた。これは当時、石油業界を除けば、史上最大のディールとなった。

この買収が実現したのはレーガン政権の支援あってのことだ。半世紀以上、GEがRCAを保有することは明示的に禁じられていた。この規制は一九三〇年代の反トラスト法執行の名残である。当時、両社は直接の競合相手とみなされていた。さらに、GEは別件でも規制当局と衝突していた。しかし一九八五年になると、自由市場の教義と規制緩和の精神が政府に広がり、共和党は大企業を縛る法律を緩和しようとしていた。GEがRCAに買収を提案する数カ月前には、好都合なことに、レーガン政権が両社を長い間隔ててきた同意判決を破棄した。そうしたテクニカルな問題が片付いていたので、ディールはすんなりと成立したのだ。

RCAの買収により、GEの売上は年間二八〇億ドルから一気に四〇〇億ドル超に膨れ上がった。RCAを傘下に収めれば、GEは「とびきり抜群な企業」になるとウェルチは語った(17)。しかし、ほぼすぐにRCAの切り売りを始めた。RCAレコードはドイツのメディアグループのベルテルスマンに、衛星運用はプライベート・エクイティ（PE）ファンドに売却した。ニュージャージー州プリンストンの研究センターは減税目的で手放した。レイオフや売却を通じて、八万八〇〇〇人近くいたRCAの従業員を数ヵ月間で三万六〇〇〇人未満に削減した。

売却されなかった事業も激しい圧力にさらされた。RCAを加えた今、GEの家電事業はより大きくなり、理論上は強くなった。しかし、目の前では日本や韓国勢との競争が激化し、競合他社は極めて低コストで優れた製品を生み出していた。ウェルチら経営陣は、GEが競争力を取り戻すチャンスにしようと、従業員を説得し賃金面で譲歩を迫った。給料のカット分が同部門の利益の足しになるかもしれないからだ。家電部門が「自前で稼げる」ことを証明するために数年の猶予を与えようと、ウェルチは言ったものの、すぐに我慢しきれなくなり、家電事業をフランス企業トムソンの医療機器部門と交換することに同意した。これは衝動的なディールだったが、素早い意思決定で正しい対応をしたことに鼻高々だったのだろう。「本社に戻って戦略的な分析をしたり、報告を山ほどしたりする必要はなかった。概念的にこの取引は妥当だと約三〇分で判断し、それからトムソン側の人間と会って二時間程で基本的な条件を詰めて、五日後に基本合意書に署名した」(18)

ウェルチの表現ではこのディールは大成功であり、絶望的な事業を明るい未来につながる事業と交換したと強く思っていた。しかしすぐに、もっと詳しく見ておけばよかったことが明らかになった。買収した医療システム事業は、GEが当初理解していたよりも脆弱だった。受注はすぐに途絶え、利益は消え失せ、倒産寸前の組織だと判明したのだ。もっとも、ウォール街の逆説的な理屈では、それはたいしたことではない。重要なのはGEを大きくすることであり、それはまさにウェルチがRCAとのディールで成し遂げたことだった。GEのテレビ事業は今や世界最大級となり、一九八一年にピエール・ホテルでウェルチが説明した、どのグループもそのカテゴリーで一位か二位であるべきだというミッション（使命）を果たしていた。

RCAの買収は、GEがアメリカの三大放送ネットワークの一つ、NBCを支配下に置くことも意味した。ウェルチは突如、メディア界の大物になった。彼はGEがNBCを所有している状況を大いに楽しみ、嬉々として有名人と雑談した。名司会者のデビッド・レターマンやニュースキャスターのトム・ブロコウのような人々のために自分が小切手を切った事実は、すでにあり余るほどだった彼の自尊心をさらにくすぐった。NBCがオリンピック放映権を獲得するためにウェルチが金銭的に援助したのは、主に顧客や友人をもてなすための檜舞台にしたかったのだろうと、社内では広く信じられていた。

しかし、メディア事業には、ウェルチを戸惑わせる側面もあった。三大放送ネットワークに挙げられるNBCには国民に対して大きな責任があるという考え方は、彼には受け入れがたかった。方々でやってきたように、NBCニュースのコスト削減に努め、NBCは「国民の信頼」に応えるべき公益性の高い事業であり、GEの他部門と同じ利益目標からは免除されるべきだという考えを一蹴した。その代わりに、NBCブランドを独立系プロデューサーや他のテレビ局にライセンス供与して新たな収入源をつくりたいと思い、番組に出演しているトップタレントを大勢解雇すれば経費を節減できると考えていた。

NBCの力がどれほど強かろうがウェルチには通用しなかった。彼は折に触れて報道に口を挟もうとした。一九八七年一〇月一九日のブラックマンデーで株式市場が暴落したとき、トム・ブロコウは「NBCナイトニュース」で不吉なレポートを伝えて、今後さらに経済が大混乱しそうだと警告した。ブロコウは否定的すぎると思ったウェルチは、報道部門長のローレンス・グロスマンに電話で文句を言った。「すべての株価を暴落させる気か?」とまくしたてたのだ。

「こういう議論は適切ではありません」と、グロスマンは答えた。[19]

それから一〇年以上経った二〇〇〇年の大統領選投票日の夜、ウェルチはNBCの報道室に潜り込み、ディシジョン・デスクの近くをうろつき、ジョージ・W・ブッシュへの投票を呼びかけるよう幹部に圧力をかけたと伝えられている。「いいか。ろくでなしのお前らにいくら払えば、ブッシュのためにこれを言うのか!」と、深夜に怒鳴りつけたという。[20]

NBCを掌握したことで、ウェルチはキャリア上で最も運命的な意思決定もできるようになった。一九九三年、NBCの出演タレントやプロデューサーを入れ替える中で、ロジャー・エイルズをビジネスニュース・チャンネルCNBCの経営者に起用した。ウォール街のニュースを専門とする放送局を運営するうえで、保守派工作員のエイルズは型破りな人選だった。エイルズはジョージ・H・W・ブッシュ大統領の顧問を務めたことがあり、直近ではラッシュ・リンボー〔保守派の論客として著名な司会者〕のテレビ番組のエグゼクティブ・プロデューサーだった。しかし、GE傘下に入ると、お得意の軋轢《あつれき》を生む政治エンタテインメントをNBCに注入する方法を見出した。早々に試みたのが、政治ニュースを一日中流す「アメリカズ・トーキング」というチャンネルをつくることだが、これは短命に終わった。その後、立ち上げたMSNBCは、政治ニュースをひたすら流す初の専門チャンネルとなった。一九九六年、人事部の調査で不適切な行動が発覚し、エイルズは更迭《こうてつ》された。ウェルチはそれでもエイルズと交友を続けた。ウェルチが競業避止義務契約の規定を緩和することに同意したため、エイルズは身を翻してメディア王のルパート・マードックの依頼を引き受け、FOXニュースを立ち上げることができた。

ウェルチが次に行なった大型買収は、GEの祖業からさらに遠ざかるものだった。一九八六年、製造業からメディアと金融への転換を急ぐために、投資銀行のキダー・ピーボディを買収した。このときは、GEのエンジニアリングのノウハウを強化するふりさえしていない。ウェルチがキダーを欲しがったのは、同社の評価が高いからでも、アメリカの消費者とのつながりが深いからでもなかった。むしろ、活況に沸くLBO（レバレッジド・バイアウト）事業でGEがより大きな役割を果たせるようになると考えたのだ。PEファンドが投資先企業を上場廃止にし、その過程で多くの場合、法外な手数料を獲得するバイアウトは当時のウォール街で非常に流行っていた。GEキャピタルはすでにバイアウト事業を手掛けており、大型案件にいくつか融資をしていた。しかし、ウェルチが求めていたのはそれ以上のものだ。「キダーがあれば、ウォール街の他の証券会社に多額の手数料を払わずに、より多くのディールや新しいディストリビューション（売り抜け）が可能になると考えていた」[21]。キダーの買収は、GEを金融業界に深く入り込ませる計画の重要な要素だった。面倒な工場や労働組合という重荷を背負わず、何もないところから利益を生み出せる業界だと信じていたのだ。

ウェルチの目には手っ取り早い儲け話のように映ったが、キダーとのディールは最初から破滅の道をたどった。契約締結からわずか八カ月で、キダーは金融界最大のスキャンダルの爆心地となった。それは花形トレーダーのマーティ・シーゲルの告白から始まった。当時最も聡明な投資家に数えられていたアイヴァン・ボウスキーに機密情報を不正に提供したというのだ。シーゲルは社内ですでに巨額の報酬を得ていたが、情報提供の見返りにボウスキーから現金の詰まったブリーフケースを受け取った。そして史上最大級のインサイダー取引スキームにGEを巻き込んだのである。シーゲルは二つの重罪を認め、若き日のルディ・ジュリアーニ〔その後、ニューヨーク市長となった〕率いる連邦検事への捜査協力に同意した。その後、武装した連邦捜査官がキダーの事務所に強制捜査に入り、さらに逮捕者が出た。ウェルチの最新のディールにして最初の金融化への大々的な進出は、早くも大失敗に終わった。

この混乱を少しでも収束させるため、それまで工具会社を経営してきたが財務の経験はないGE取締役を抜擢し、キダーの経営に当たらせた。しかし、製造業一筋の手堅いやり方では、状況はたいして好転しなかった。その翌年に株式市場が暴落すると、キダーのビジネスは行き詰まった。一九八七年に七二〇〇万ドルの損失を出し、同社の全従業員の二〇%に当たる一〇〇〇人を解雇した。最終的にシーゲルは収監されたが、ウェルチの代理人がジュリアーニと交渉し、GEは無傷で済んだ。GEはわずかな罰金を支払い、特定タイプの取引を中止し、より厳格な管理や手続きを導入することに同意した。

ウェルチがキダーの不祥事の責任を負うことはなかった。犯罪はGEの買収前に起こったことだ。キダーのトップであるラルフ・デヌンツィオは健全な倫理観を持っており「スキャンダルとは無関係だ」と、ウェルチは信じていたという。このディールはウェルチの発案で、一部の取締役の反対を押し切って通したという経緯があったが、この問題が表面化した瞬間に、ウェルチは全面的に手を引こうとした。シーゲルの大失態について「あいつらにとっては災難だった」と、なぜかキダーはGE傘下ではないかのように語っていた。CEOに就任してまだ数年だったが、その見事なまでの責任逃れぶりはすでに顕著に示されていた。

それから数年後、キダーはウェルチにまたもや不意打ちを食らわせた。債権売買のスキームで架空利益を積み上げていたのだ。このことが発覚すると、GEは二億一〇〇〇万ドルの支払いを求められ、貸借対照表から一二億ドルが吹き飛んだ。この衝撃的なサプライズでGEの株価は下がり、めったにはずれない四半期の業績予想が狂い、金融事業がどれほど深く会社全体を揺るがすかという予告になった。ただし、それはウェルチを最も悩ませた企てではない。その程度であれば許容できた。本当に頭を抱えたのは、株主が驚いたという事実である。「この非難すべきスキームによって（中略）一〇年以上連続していた『サプライズなし』が途絶え、全員で怒り狂っている」[22]
そうした頭痛の種はあったものの、ウェルチの計画はうまくいっていた。RCAとキダーを加えたことにより、GEは従来の製造業から離れて多角化し、周期的な設備投資の波に左右されにくくなり、既存顧客への依存度が下がった。さらに重要なのは、ディールによってテレビ広告と銀行業務は簡単に儲かるということがわかったことだ。維持すべき工場もなく、なだめるべき組合員もいないキダーとNBCの利益率は魅惑的だった。ウェルチは当時、他のCEOたちがおぼろげにしか理解していなかった現代経済の根本的な真実に意識を向けていた。つまり、本物のマネーはアメリカの中心地の工場ではなく、金融の中心地であるウォール街と、広告会社が集まるマディソン街でつくられる、という真実だ。GEがますます金融業に乗り出すようになるにつれて、投資家はウェルチのもくろみを理解し始め、株価が上昇し始めた。一九八七年には、ウェルチ着任時点から二五〇％も上昇している。
RCAとキダーの買収は、別の意味でも極めて重要だった。ウェルチにとって、成長は築き上げるよりも、買ってくるほうがよいことが証明された。革新的な方法をとらなくても、トップになる方法が手に入ったのだ。GEは一夜にして、国内最大のディールメーカーとなり、大企業を買収しては、バラバラに切り刻んだ。GEを相互につながったひとまとまりとして見ることがますます難しくなった。代わりに、資産運用会社のように、互いにあまり関係のない多様な事業を監督するようになっていたのだ。
それ以降も、ウェルチはすぐに利益が出そうな事業を手当たり次第に買収した。GEで長く働き、ウェルチと一緒に労使関係に対応してきた幹部のロシュローは「我々はヘマをやらかした。買収した企業がうまくいかず、いくつかの分野で大失敗した。しかし、ウェルチにはビジョンがあった。『市場はどこに向かっているのか。どこに行けば、より高いマージンが得られるのか』と話していた」という。[23]ウェルチ自身も認めるように、絶え間ない買収は、研究開発、有機的成長、社内のイノベーションを犠牲にして成り立っていた。「新規事業を育てることには興味がない」と述べていたとおり、ウェルチの長い在任中、GEが記録した画期的な新製品といえるものに最も近いのはCNBCが初めて乗り出したビジネス専門ケーブルニュース・ネットワークであり、株価ウォッチをゴールデンタイムの娯楽に変えたことくらいだろう。

ウェルチが巻き起こした事業売買ブームは、GEをはるかに超えて経済全体を変えていった。ウェルチ着任前、M&Aは比較的珍しく、年間で数千件、総額は数百億ドルだった。しかし、ウェルチがGEを率いるようになってからはその数が爆発的に増加し、在任期間を終える頃には、年間で約一万四〇〇〇件、総額一兆ドルを超えるまでに激増した。一九八〇年のフォーチュン500社のうち、一九八〇年代末までに、なんと一四三社（全体の二八%）も買収されていたのだ。[24]

同時に、企業の乗っ取りも横行した。カール・アイカーン、T・ブーン・ピケンズ、ネルソン・ペルツらが資金を集めて、無防備な企業に激しい買収攻勢をかけ、ひとたび支配権を掌握すると、人員削減やコストカットで利益を絞り出した。貪欲に利益を追求する投資家の言うことを企業側が聞き入れないときには、経営陣に交代を迫り、自分たちやその取り巻きが取締役となって経営陣を従わせることもあった。そうした手柄は『ウォール街』などの映画で美化され、俳優のマイケル・ダグラスが演じた投資家のゴードン・ゲッコーはあざ笑いながら「ほかに良い言葉が見つからないが、貪欲は善である」と言い放った。

PE業界も活況を呈していた。バイアウトを手掛ける投資会社は、借入金で企業を買収し、負債を積み上げた後、コストを削減し、一銭残らず搾り取ろうとした。投資会社のコールバーグ・クラビス

・ロバーツ（KKR）はRJRナビスコを買収し、実業家のロナルド・ペレルマンはレブロンを追い回した。門前には野蛮な侵略者がいたのだ〔RJRナビスコの買収の顚末は『Barbarians at the Gate（野蛮な侵略者）』という本に詳しく書かれ、映画化（邦題は「企業買収／二五〇億ドルの賭け」）もされた〕。それは、企業にとっても、従業員にとっても、新たに目にする恐ろしい光景だった。いつ何時、見知らぬ企業が現れて、人員削減、コストカット、多額の利益を要求してくるかもしれないのだ。しかし、GEはそのような問題と無縁だった。なぜなら、乗っ取り屋や巨大PEファンドは外側から企業に強要するのに対し、GEではウェルチが内側からそれを行なっていたからだ。「GEはベンチャーキャピタル企業だ」と、NBCニュース元社長のグロスマンは語る。また、ウェルチの目には事業売買が「光を放つもの」に見えていたとも付け加えた。「人や製品へのコミットメントは皆無だった」[25]

「自分の母親を食らう」——企業の価値を上げるスキーム

GEを地球上で最も価値ある会社にしようとするならば、GEキャピタルが必要だとウェルチは心得ていた。一九七〇年代後半に初めて金融部門で働いたときから、冷蔵庫を製造するよりも、一と〇を入れ替えたほうが手っ取り早く儲かるという、シンプルだが強力な真実を理解していた。「生まれてこの方ものづくり一筋で、叩いて削って五セント玉を儲けようとしてきたので、これは信じられないほど簡単に『見えた』」と、ウェルチは投資銀行、LBO、デットファイナンス（銀行借入など負債による資金調達）の世界に初めて触れた時を振り返る。「途方もなく大きなチャンスになると確信していた。このビジネスを船の後方から前方に持っていくだけで事足りる」[26]。ウェルチは自社のCFOに宛てたメッセージに、製造業ではなく金融業が会社の未来だと書いた。「ファイナンスほど飛躍的な変化が必要な場所はない。ファイナンスは制度ではなく、（中略）GEを『地球上で最も競争力のある企業』にすべく背後で支える原動力にしなくてはならない」

一九八三年、ウェルチは果敢に保険事業への参入を始めた。まず、住宅ローンの保険を扱うアメリカン・モーゲージ・インシュアランスを九〇〇〇万ドルで買収し、翌年には、再保険会社のエンプロイヤーズ・リインシュアランスを一一億ドルで獲得した。それが象徴することは、この上なくあからさまだった。GEを代表するエアコンや小型家電事業を売却したその瞬間に、製造業とは無縁の企業を呑み込んだのだ。さらにウェルチはこの直後に、キダー・ピーボディを買収している。自分の采配の下、GEが経験することになる最も抜本的な変革、つまり、高い技術力に依拠する製造業の会社から金融工学に依拠する会社へと進化していく足場を築きつつあったのだ。

ウェルチは最初の一〇年間で、GEキャピタルを緩やかなペースで成長させた。同部門の資産は着任当初一一〇億ドルだったが、一〇年後に七〇〇億ドルに達し、アメリカだけでなく他の国々にも事業を拡大した。キダー・ピーボディには問題があったものの、GEにとってウォール街への足掛かりとなった。しかし、真の成長はまだ先にあった。ウェルチの在任期間の後半、GEキャピタルは巨大企業へと成長を遂げた。退任する頃には三七〇〇億ドルという途方もない資産総額となり、約五〇カ国に展開していたのだ。

基本計画はなく、金融部門は有望だと見ればどこへでもマネーを追いかけることによって成長を遂げた。ウェルチもそのことを認め、「GEキャピタルについて偉大な戦略的ビジョンを掲げたことはない」と白状している。その結果が多頭の怪物であり、次第に、監視はおろかコントロールすらままならなくなった。GEキャピタルはタイの自動車ローン事業に参入したり、ホーム・デポなど非金融企業の消費者向けクレジットカードを発行したり、ヨーロッパでは商業用不動産開発の引受業務を手掛けた。また、九〇〇機以上の飛行機、二〇万両近い鉄道車両、七五万台の自動車、一〇万台以上のトラック、一一基の人工衛星を保有する世界最大の設備リース会社になった。[27] コダックなどの企業向けに与信業務を行ない、新しいコピー機が必要な顧客のためにファクタリング（請求書先払い）サービスを提供した。貸付金ポートフォリオを買い占め、難解な貸付市場に参入して、野心的な開発者に多額の貸し付けを行ない、薄利だが膨大な量を取り扱った。さらに、集客力のある不動産業にも進出した。一九九〇年代半ば、GEキャピタルはセントラルパークの南西端にある金色に輝く超高層ビルを所有するようになり、ドナルド・トランプと一緒にこの物件をトランプ・インターナショナル・ホテル＆タワーとしてリブランディングする契約を結んだ。

ウェルチは社内の他の事業部門では支出を抑える一方で、GEキャピタルでは雇用を増やした。一九七七年、GEキャピタルの従業員は七〇〇〇人未満で、利益は六七〇〇万ドルくらいだった。しかし、ウェルチの退任時には、八万九〇〇〇人以上となり、利益貢献は五二億ドルにのぼった。最盛期にはGE全体の利益の半分以上を占め、GEキャピタルの貢献がなければ、一九九一年から九六年にかけてGEの売上は年率四％しか伸びなかっただろう。しかし、金融マジックでGEの売上成長率は倍増し、年率九％を超えた。これは株価に活気をもたらした。一九九五年から九七年の二年間でS＆P500の上昇率が六三％に留まる一方、GEの株価は一二三％上がった。GEキャピタルは、ゴールドマン・サックスに匹敵するほどの名声を誇り、全米のMBAプログラムから優秀な卒業生が集まってきた。また、経営幹部の働きに対して気前よく報酬を出した。同社で長く責任者を務めたゲーリー・ウェントは、「ジャックが開く企画会議はどれも常に同じだった。他の人々はコスト削減を命じられ、私は事業成長を命じられた」と回想する。[28]

しかし、ウェルチにとってGEキャピタルは単に利益を生むエンジン以上のものだった。低金利を保証し、GEの節税に役立ち、四半期業績を取り繕うツールでもあったのだ。GEがその聖なるAAの信用格付けを最大限に活用できたのも、その一例だ。GEはピカピカの財務上の健康診断書により、競合他社よりも低コストで資金を借りることができ、わずかなパーセント・ポイントが投資の成否を分けるこの業界で優位に立った。GEキャピタルは、安定した利益と有形資産を持つGEの製造業の既存事業とも密接に関係していたので、GEは過剰な資本を持たずにこの格付けを維持することができた。会社のほかの部分が十分な担保になっていたのだ。

それはコングロマリットとして二つの世界の良い所取りで、GEキャピタルは重厚なバランスシートに縛られることなく積極的に取引し、機敏に会計処理を行なうことができた。「GEは、金融サービスと事業会社を併せ持ったユニークな企業だった」と、ウェルチの下で長年働いた元NBC経営幹部で、その後ティーヴォのCEOになったトム・ロジャースは言う。「これらの事業が連携することで生じるフライホイール効果〔小さな積み重ねが大きな力に発展する状況〕は、ジャックが生み出したユニークな組み合わせの一部だ。金融サービスと事業会社を連携させて、よりスムーズな利益アプローチを生み出した」(29)

ウェルチがCEOに指名される前から自分の成功に極めて重要だと認識してきた「一貫した利益成長」を実現できた最大の要因はGEキャピタルだった。無秩序に広がった金融事業のおかげで、当時、あるアナリストが言っていたように「オンデマンドで利益」を生み出せたのだ。GEの電球や航空機エンジンなどの製造部門は黒字だとしても、ピンチの時に売上成長を実現するのは容易ではない。金融資産の場合は違った。世界のローン市場は常にオープンで、GEキャピタルは、親会社のGEがウォール街の期待に応えられるように必要に応じて利益を追加したり、リストラ費用を計上したりと、各四半期の末日に慌ただしい動きを示すことが多かった。

GEの複雑さが増すにつれて、四半期ごとに売却、買収、特別利益、一時的な負債などの新しい渦が巻き起こり、九〇日ごとにウォール街のアナリストが見たいと思っている数字が奇跡的なまでにぴったりと生み出された。タイミング良く関連性のない出来事が起こり、魔法のようにバランスシートを取り繕ったのだ。GEキャピタルは膨大な保有不動産の一部であるモンゴメリーワード・チェーンの閉鎖費用を引き受け、それと同時期にペインウェバーの株式を売却して利益を計上した[30]。さらに、年金基金の投資ポートフォリオの成長を収入として計上することさえあった。

その結果、年金基金が株式市場に投資したおかげもあって、GEの四半期業績は上昇しているように見え、それがGEの株価を押し上げた。GEは世界最強の企業なので、GEの株価が上がれば、市場全体がさらに上昇する。この無限ループの投機によって、GEの利益は安定的かつ予測可能なペースで成長を続け、株価急落を招くようなつまずきや、一年後には再現しにくい例外的な四半期を回避することができた。GEで長くマーケティング担当役員を務めたベス・コムストックは「透明性はほとんどなかった。GEは発表どおりに四半期を終えられる財務軍団を擁していた」と語る[31]。

利益調整は時として従業員の解雇を意味することもあった。一九九七年、GEは軍事企業のロッキード・マーティンと複雑な取引を行ない、一五億四〇〇〇万ドルの利益と、六億ドル相当の節税を実現した。これは棚ぼたで転がり込んだものだが、GEはこの巨額の黒字を四半期決算に含めたがらなかった。残りの事業が好調だったため、ロッキードとの取引で得た利益を追加すると、GEの利益が急拡大し、ウェルチが長い時間をかけて築き上げてきた一貫性のある上昇軌道が崩れてしまう。そこでGEはある解決策を見出した。業績不振の工場がいくつかあったので、一九九七年後半にその閉鎖費用として二三億ドルという巨額の損金処理をするプランを思いついたのだ。この意思決定はGEの四半期業績には好都合だったが、一〇〇〇人以上が職を失う結果となった。GEにとって、それは事業を行なうコストであり、同社の広報担当者は感情を排した冷徹な言葉でその関連性までも認めている。「利益を相殺するのが当社の慣行だ」[32]

ウェルチは、株価を上げ続ける道具としてGEキャピタルを使っていることを否定した。「私たちが行なったのは事業経営であって、利益調整ではない」と尊大な口調で言った。ところが、ウェルチの部下の話は違っていた。多くの買収を考え出したのは、フェアフィールドの本社でウェルチら経営陣が設定した極めて高い利益目標を達成しようと躍起となっていた幹部だという。GEキャピタルのCFOは「もちろん、買収では利益を買っている」と語った。[33]会社全体を統括しているCFOは、M&Aの多くを推進したのは健全な戦略的合理性というよりも、野心的な財務目標を達成することへの容赦ない圧力であることも認めていた。「誰かが『いいか、私には今年の利益目標がある。それを達成するためには、たぶん買収が必要だ』と言ったとしても、まったく問題ない。その人が良い買収案件を思いつくなら構わないのだ」。GEキャピタルを経営していたゲーリー・ウェントでさえ利益調整を公然と認めたが、「少々やっているが、たくさんではない」として、その重要性を控えめに言っていた。少々であれ、たくさんであれ、ウェルチはそれで逃げ切ることができた。彼の在任期間中はおおむね、会計規則が比較的緩く、投資家も規制当局もそれほど質問攻めにしなかった。元ティーヴォCEOのロジャーズは「ジャックが去った直後に、収益認識基準からその他のことまで、多くのことが変わった」と述べ、ウェルチが「その後の環境に置かれていたら、これほど予測可能な利益を出す化け物になること」は難しかっただろうと付け加えている。

金融事業部は利益を取り繕うことに加えて、GEの節税にも貢献した。一九九七年、GEと他の企業は法改正を勝ち取り、内国歳入庁に数十億ドルを納税するのを回避できた。「アクティブ・ファイナンス」の例外として知られるこの新しい法律のねじれにより、GEは国際的な財務活動から得た資金を実際に海外で生み出されたものだと主張できるようになったのだ。たとえば、GEキャピタルがインドで発電用タービンの販売資金を手当てした場合、利益が海外にある限り、金利収入に対してアメリカで税金を支払う必要はない。その結果、GEは世界中で拡大し続ける融資事業に対する税金を実質的に回避し、一方で税額控除、減価償却、評価減をさらに積み上げて、社内の他の場所で得た利益を相殺するために活用することができた(34)。

ひとたび付け替えが行なわれると、GEではアイルランドやシンガポールなど低税率国での利益計上が大幅に増えた。これらの国々はGEが最も盛んにビジネスを行なっていたわけではなく、ウェルチが自分の会計士に利益を計上させていた場所である。付け替えが本格化する前の一九九六年から九八年にかけて、GEのアメリカ国内における売上と利益はほぼ一致していた。GEの地域別売上は全体の約七三%をアメリカが占め、総利益の約七三%がその売上分に起因していた。ところが、アクティブ・ファイナンスの例外規定が施行されると、この数字に乖離が見られるようになった。間もなく、アメリカは依然として最大市場であるにもかかわらず、国内の売上から得られる利益は微々たるものだと報告するようになったのだ。ウェルチの弁護士軍団は、国に納める税金が必要最小限になるように全力を尽くし、他社もGEという前例に倣った。アメリカ企業がアメリカ政府に納める税金の割合は着実に低下していったのである。

GEキャピタル内部で何が起こっているのかを問う試みは、GEが金融事業の業績結果を示す情報量を大幅に減らし、あえて社内の収益エンジンの内部構造を見えにくくしていた事実により、複雑化していた。ウェルチの下で、GEが数字を達成することはほぼ確実になった。キャッシュフローは保たれ、GEの株主も、GEの儲け方を理解するのが仕事であるウォール街の専門家も、そもそもどうしてそうなったのかと疑問を呈する人はいなかったのだ。

投資家があまり問題視しなかった一因として、そもそもその機会がなかったことも挙げられる。四半期決算発表には必要最低限の数字しか記載されておらず、ウェルチは、他の多くの上場企業では「お決まりの」慣行である決算説明会を避けてきた。GEキャピタルはブラックボックス状態であり、投資家は出てくる結果はわかるが、内部で何が起きているかは見当もつかなかったのだ。一九九〇年代にウェルチと密接に働いたGE幹部のスティーブ・カーによると、「私たちは法的に要求されることを行なっていたが、事業分析はしていなかった。GEキャピタルが全体の売上に占める割合は非常に大きく、その多くは有機的成長ではなかった。企業合併を通じて成長を実現し、ひと頃は二週間に五社のペースだった。そのいずれも公表されなかった」[35]。ウェルチはそれを「スライム」と呼んでいた。つまり、一定の形を持たずに絶えず変化する金融資産の集合体であり、瞬時に親会社に最も有利な調整を図れるというのだ。

GEは詳細な財務情報を入手しづらくしていたが、ウェルチはストーリーを売り込む術を心得ていた。一九八〇年代後半から、同社のトップ人材をIR（インベスターリレーションズ）部門に流用するようになった。IR部門はそれまで「財務畑の人が最後のお勤めとして就く仕事」（ウェルチの言葉）だったが、ウェルチ自身はこのバックオフィス部門の役割について異なる考えを持っていた。IR部門はもはや、単に自社とウォール街をつなぎ、アナリストに最新の業績結果を伝えるだけではない。むしろ、IRチームは「常に投資家訪問に繰り出してGEのストーリーを売り込む、GE株式の最高マーケティング責任者」になるだろうと見定めていたのだ。ここでも再び、GEは常識を打ち砕き、歯止めのない企業の自己宣伝という新時代を切り拓いた。これはウェルチ自身も言っていたことだ。IRチームは製品を売り込むのではなく、ストーリーを売るのだ。IR機能の重視は全社的な優先事項に直ちに影響を及ぼした。突然、従業員は「毎朝起きると、GEの株価で自分が評価されることを実感するようになった」と、ウェルチは語る。

とはいえ、ストーリーを売り込むには、株価を上げ続けることが一番だ。そのために最も手堅い方法は自社株買いだとウェルチは学んだ。自社株買いとは、上場企業が自己資金を使って、他の投資家から高い値段で株式を買い取ることだ。理論的には、自社の株式が割安だと思われるときに、企業が発行済み株式数を減らすことにより、魅力的な価格で所有権が集約され、残りの公開株式がより高く売買されるようになる。ただし、ほかにも恩恵がある。ウォール街のアナリストはとかくEPS（一株当たり利益）――公開株式数に対してどれだけ利益を上げているかという指標で企業を評価する。ある企業が自社株買いをすると、自動的にEPSが向上し、往々にして株価が跳ね上がるのだ。トロント大学ロットマン・スクール元校長のロジャー・マーティンは「自社株買いで分母を小さくすることで、EPSがもう一セント増えるとすれば、願ってもないことだ」と語る。

企業が自社の株価を事実上操作することになるので、自社株買いは半世紀にわたって禁じられてきた。株式市場が大暴落して世界恐慌を招いた後に制定された一九三三年の証券法では、企業が意図的に自社の株価に干渉することを禁じていた。自社株買い自体は違法ではないが、実施すれば株価操作の疑いをかけられやすかった。その後、一九八二年に証券取引委員会は法律の変更を歓迎し、企業の自社株買いにゴーサインが出た。これもレーガン政権から経済界への贈り物といえる。企業は新しい製品やサービス、従業員に投資するのではなく、利益を使って単純に自社株を買い戻すことで、株価を高められるようになったのだ。それは、アメリカの夜明けであり、株式市場の駆け引きにおける新時代の始まりだった。ウェルチはこのチャンスを逃さずに、当時のアメリカ企業では過去最大となる一〇〇億ドル規模の自社株買いプログラムを発表した。それはGE株をさらに押し上げる戦略の呼び水となった。

研究開発や設備改善、従業員の賃金ではなく、自社株買いに多額の資金を使うことは、当時の多くの巨大企業には馴染みがなかった。ウェルチが自社株買いを推し進める中、GEと同じくアメリカを象徴する一握りの企業であるUSスチールのCEOは、自社株買いの実践を「自分の母親を食らう」ことになぞらえた。[36] しかし、やがて他のアメリカ企業も同調するようになった。一九八〇年代後半になると、大企業は利益の約三〇%を自社株買いに充当し、一九九〇年代にその数字は約五〇%に増加している。理論的には、自社株買いや配当金に回った資金は、退職金専用口座を潤す形で一般市民にトリクルダウン〔富裕層から低所得層に徐々に滴り落ちる〕効果で浸透していくとされていた。というのも、GEの株式を大量に保有するファンドマネジャーが責任を持って一般市民の401kプラン〔アメリカの確定拠出年金制度〕の価値を高めるからだ。しかし実際には、自社株買いは不平等を悪化させることが調査で明らかになっている。

自社株買いに関して影響力のある研究を行なったウィリアム・ラゾニックは著書で「企業の収益性は幅広い経済的繁栄にはつながらない」とし、その主な要因は自社株買いと配当にあると指摘した。S&P500を調査すると、二〇〇三年から一二年までの間に、企業は利益の五四%にもなる約二兆四〇〇〇億ドルを自社株買いに投じていた。また、この期間の利益の三七%が株主の配当金に当てられていた。「そのせいで、生産能力や従業員の所得向上への投資はほとんど残らなかった」という。401kについてはどうだろうか。労働者は結局のところ、ほとんど株式を保有していないので、自社株買いや配当の恩恵には与れない。それでは、なぜ企業の幹部は自社株買いや配当金にこれほど夢中になったのか。「彼らの報酬の大部分は株式ベースになっている」と、ラゾニックは簡潔に説明する。「自社株買いをすれば、短期的に株価は上昇する」。こうした力学を考慮すると、「私たちの共通の繁栄を増進する生産能力への投資を任せた人々が、こともあろうにさらなる利己的な繁栄につな

がる用途に自社の利益の大部分をつぎ込んでいた」のだ。(37)

過去四五年間にわたって、企業が生み出した富の多くが、自社株買いや配当という形で投資家に「逆配分」されなかったとすれば、また、給料が生産性と歩調を合わせて伸びていたとすれば、平均的なフルタイムのアメリカ人労働者の年収は、現在の約二倍の一〇万二〇〇〇ドルくらいになっていただろう。しかし、このような受け入れがたい統計データがあるにもかかわらず、アメリカ企業の間で自社株買いはいまだに人気がある。また、GE以上に多額の資金を長きにわたって自社株買いに費やしてきた企業は少ない。

GEの金融サービスでの成功を見て、他の多くのアメリカ企業もこのゲームに参加した。ジョンディア、キャタピラー、ヒューレット・パッカードは金融事業に乗り出し、製品を売るのではなく、お金を貸付けることで大きな利益を上げた。多くの場合、この戦略は裏目に出た。ウェスチングハウスは長年、事業の規模と範囲でGEに匹敵する数少ないコングロマリットだったが、リスクの高い不動産ローンを倍増させる一方で、従来の家電事業を捨て去った。GEのミニチュア版だが、うまくはいかなかった。同社は一連のM&Aを経て、最終的にCBSコーポレーションに社名変更したが、その間に何千人もの雇用が破壊された。ナショナル・スチールはカリフォルニア州のユナイテッド・フィナンシャルを買収し、同じく鉄鋼会社のアームコは保険事業に参入した。ファイナンスが勝利を収めたのだ。ニューヨーク証券取引所やナスダックで栄光を追求することは新たな国民的娯楽となり、CEO、投資家、さらに一般社員までもが野球のスコアのように株価を追いかけた。マイクロソフトでは、従業員のコンピュータにアプリがプリインストールされ、画面上に自社の株価が上がれば笑顔、下がればしかめ面の顔マークが表示されるようになっていた。

他のアメリカ企業はウェルチに倣い、金融はアメリカ経済で最も急成長した分野となった。大手銀行はさらに大きくなり、貿易会社が急増し、ウェルチが火つけに一役買ったM&Aブームによって、何千人ものバンカーや弁護士が企業売買に従事するようになった。金融サービスがアメリカのGNPに占める割合は、一九八〇年の五%弱から数年後にはその二倍近くにまで拡大した。ウォール街で働くことを選んだ人々は不釣り合いな報酬を享受し始めた。ウェルチの着任当時、金融サービス従事者の給料は他の業界の人々とほぼ同じだった。しかしやがて、バンカーやトレーダーの報酬は急上昇した。お金があれば、人材が集まる。ウォール街は新しい経済の中心地となり、一流大学卒の優秀な人材はもはや医者や弁護士を目指さなくなった。それよりも、ゴールドマン・サックス、リーマン・ブラザーズ、ベア・スターンズ、GEキャピタルといった企業で働きたがったのだ。

ウェルチの在任期間が終わる頃、マネー誌はGE株式の市場への影響力を取り上げ、「GEは利益調整が並外れてうまく、間違いなく他社よりも優れている。しかし、同社だけではない。それどころか、利益と期待値の調整はアメリカ経済界では標準的な業務手順になっている。ある四半期業績が株式の命運を左右する世界において、GE方式は企業が従うモデルになってきた」と書いている。[38] フォーチュン誌はウェルチとコカ・コーラCEOのロベルト・ゴイズエタを表紙に載せて「チャンピオン！　株主の富を創出することにかけて、この二人は別格だ」という見出しをつけた。ゴイズエタは自社株買いや配当で投資家を厚遇し、自分の包括的目標は「時間とともに株主価値を高めること」であり、「寝ても覚めても」そのことで頭がいっぱいで、「ヒゲ剃りの間も考えている」と語った。[39]

株主価値の追求以外は眼中にないウェルチとその仲間にとって、レイオフ、絶え間ない売却と買収、曖昧な会計処理はすべてゲームに参加するためのコストだった。際限なく利益を増やし続け、世界で最も価値ある会社にすることが自分の目標だと明言し、勝つために必要なことは何でもする覚悟だった。「ジャックは極めて競争心が強かった」と、ロットマン・スクール元校長のマーティンは指摘する。「ゲームは確立されており、彼は勝ちたかった。彼はルールを理解し、成功に必要とあらば手段を選ばず、自分の行動を修正しようとした。経営戦略の観点――企業の長期的な持続可能性の観点では間違ったことだとしても、彼は株主を豊かにするために合法的なことは何でも行なった」

その策略はことごとく成功した。金融化により、GEはより少ない従業員でより多くの利益を上げられるようになり、一九九三年の暮れにウェルチは長年の夢を成就させた。ニューヨーク証券取引所のビッグボードに示されたGEの時価総額は約一〇〇〇億ドルにのぼり、エクソンを抜いて世界で最も価値ある企業になったのだ。GEはそれ以降、ウェルチの在任期間中はほぼずっとその座を維持し、さらなる成長を遂げ、時価総額は最高で六〇〇〇億ドルに達した。それはウェルチにとって絶頂となる偉業だった。数年後、引退間近の彼は、世界中に広く展開する企業で過ごした数十年間を振り返りながら、これ以上の功績はないと思ったことだろう。ウェルチは言う。「この時期のGEを語るうえで一番良いことは、世界で最も価値のある会社になったという紛れもない事実である(40)」

第三章　だから彼らが採用された

「仕事はやってきては去る」——ウェルチズムに染まるアメリカ企業

戦後、GEが他の追随を許さず、経済界の牽引役だったことは誰もが認めるところだが、そこに近づいてきた企業がIBMだ。同社はGEと似たような歴史や影響力を持ち、「ビッグブルー」の愛称で知られる。コンピュータが登場するはるか前からテクノロジーのパイオニアであり、最も成功したアメリカ企業として名前が挙がるようになっていた。IBMは二〇世紀中、GEと同じく「ゆりかごから墓場まで」の文化を育み、終身雇用をほぼ保証していた。ニューヨークから北へ一時間のところにあるIBM本社で働く従業員は、手厚い福利厚生、インフレが加味された給料、カントリークラブの会員権までも享受していた。戦後にIBMのCEOを務めたトーマス・J・ワトソンは「顧客サービス」「卓越性（エクセレンス）」「個の尊重」という三つの企業理念を根付かせた。これはJ&Jのクレド（信条）のIBM版で、ワトソンはこのテーマで『IBMを世界的企業にしたワトソンJr.の言葉』（英治出版）という本を執筆し、従業員の愛社精神に対する同社の考え方を詳しく解説した。ここ「雇用の安定に関するIBMの方針は（中略）従業員にとって非常に大きな意味を持ってきた。

から社内で育て上げる方針が生まれた。人材を育成し、職務要件が変われば再教育し、現職で苦戦していれば別の機会を与えるために我が社は手を尽くしている」

ウェルチがGEでアンチ愛社精神キャンペーンを進めていた一九八〇年代、IBMは依然として模範的な雇用主というレガシーを堂々と固守していた。IBMでは、レイオフを目にすることはなく、一九八五年にはGEと差別化を図るためにマーケティング活動も一新して「仕事はやってきては去るかもしれない。しかし、人材はそうあってはならない」というコピーで新しい広告キャンペーンを打った。それは明確なウェルチズムへの非難であり、やみくもにダウンサイジングを崇拝する経営者への反論だった。

ところが一九九〇年代初めになると市場の圧力に押され、さすがのIBMも抵抗しきれなくなった。四半期業績で大幅な損失を計上した後には、低迷する株価に勢いをつけようと、ウェルチ流マジックが使える新しいCEOを探し始めた。IBMの取締役会はある時点で、ウェルチにも声をかけた。ウェルチには断られたものの、ルー・ガースナーをくどき落とすことができた。ガースナーは元アメリカン・エキスプレス幹部で、PEファンドのコールバーグ・クラビス・ロバーツ（KKR）がレバレッジド・バイアウトしたRJRナビスコで数年間CEOを務めていた。ガースナーが就任して数カ月も経たないうちに、ビッグブルーでは六万人の従業員が一度に解雇されるという前代未聞のことが起きた。それは当時、過去最大の大量解雇であり、アメリカの労働者に集団不安という新しい時代の到来を告げるものとなった。

IBMが急にダウンサイジングに乗り出したことで、資本主義の黄金時代を代表する最後の砦ともいえる一社がついに陥落した。「従業員は資産ではなくコストだ」とするウェルチによる労働観の転換は今や完全に受け入れられ、アメリカ企業が従業員の扱い方を全面的に見直す知的根拠になったのだ。一九八〇年代だけでも、アメリカの上位五〇〇社は合計三〇〇万人を削減し、中間管理職の約三分の一が姿を消している。ウェルチが道を切り拓いたことにより、企業は利益を押し上げるためにますます大量解雇に走った。「彼は従業員の三分の一以上を解雇し、私の在職中に、世の中はGEのやり方を真似するようになった。ジャックが橋から飛び降りれば、フォーチュン500社の半数が後に続いただろう」と、ウェルチに任命されてGE初の最高人事責任者を務めたスティーブ・カーは語る。

別の例として、一九八〇年代から九〇年代初めにかけてクライスラーを経営したリー・アイアコッカは年収二〇〇〇万ドルをもらいながら、工場閉鎖や本社の人員整理を行なった伝説的なCEOだ。AT&Tの場合、業績は良好だったが、株主価値向上を目指して部門を再編し、四万人の解雇を決めた。「AT&Tはまだ健全で、市場リーダーなのに、なぜ今このような措置をとるのかと首をかしげる人もいるだろう」と、CEOのロバート・アレンは認めた。一九九四年には、ティッシュペーパーやトイレットペーパーを製造するスコット・ペーパーも、人員削減によって利益を押し上げることで評判の「チェーンソー」ことアル・ダンラップを雇い入れた。

スコットにおける大量殺戮は直ちに始まった。ダンラップは従業員の三分の一以上、経営幹部の四分の三以上を解雇する計画を発表したのだ。研究開発部門も半分以下に縮小し、長年フィラデルフィアの経済界の大黒柱となってきたスコットの本社を、自分が住むフロリダ州ボカラトンへと移転させた。その冷酷な戦術は当初はうまくいった。年間四億二〇〇〇万ドルの経費が削減されると投資家に語ると、スコットの株価は三倍以上になった。従業員を見捨てることで、まるで魔法のように六三億ドルの新たな価値を創出したのだ。彼はその後、スコットをキンバリー・クラークに九四億ドルで売却し、自分は一億ドルの報酬を受け取り、「ほとんどのCEOはとんでもなくもらいすぎだが、私には一億ドルの価値がある」と語った。(1)

ダンラップはそこで止まらなかった。一九九六年、小型家電メーカーのサンビーム・プロダクツを買収し、スコットで超高額報酬を獲得した戦術を再び用いたのだ。従業員を解雇し、取引先に圧力をかけ、コストを低減するにつれて、株価は上昇していった。しかし、証券取引委員会は二〇〇一年に、「不正なスキームを画策し、サンビームの再建がうまくいっていると錯覚させて、高値での売却を手助けした」と、ダンラップを粉飾決算で提訴した。(2) ダンラップは投資家を欺いたとして解任され、サンビームは破産申請を余儀なくされた。

ダンラップは人員削減を厭わないだけでなく、好戦的な態度をとる点でもウェルチにひけをとらない。「私がこれまで会った中で最も不愉快で、個人的に嫌悪感を抱くようなビジネスマンだった。どの会話も普通の調子で始まるが、目の前にいる誰彼構わず、真っ赤な顔でわめき散らして終わった」と、ある同僚は回想する。(3) それはウェルチを彷彿とさせる気質だ。ダンラップはウェルチを敬愛していた。ビジネスの世界で誰を心から尊敬しているかと尋ねられると、二人の名前のみを挙げた。当時、権力独占の絶頂にあったビル・ゲイツとジャック・ウェルチである。「私自身やジャック・ウェルチのような人は本当に今では存在しなくなった。人は好かれたいと思うものだ。ビジネスでは尊敬されるようにと、私は常々言ってきた。好かれたければ、犬でも飼うことだ」と、ダンラップは引退後に述べている。(4)

一九九〇年代を象徴する他の経営者もニュートロン・ジャックを手本としていた。一九九九年にフォード・モーター・カンパニーのCEOに就任したジャック・ナッサーは、同社が絶望的なほど時代から取り残されていることを確信しながら、その職務を受けた。GEをはじめ、株主至上主義に徹している企業が利益を上げているのを目の当たりにし、フォードならその方程式を再現できると信じていたのだ。ナッサーはウェルチの熱烈なファンで、自分の仕事にひらめきを与えてくれると述べ、ウェルチ本人から学ぶためにGE詣でまでしている。

ナッサーはGEの株価をこれほどの高さに急上昇させた戦略を見倣うことに全力を尽くした。不採算工場を閉鎖し、事業をいくつか売却し、M&Aを駆使して中古車販売や修理工場などへと多角化を図った。フォードの従業員はこうした動きに動揺したが、ナッサーを破滅に追い込んだのは、従業員をA、B、Cプレイヤーに分類するウェルチのプロセスを導入したことだ。スタック・ランキングを実施し、フォードの管理職が数人の中年の白人男性社員に低い評価をつけたところ、年齢差別訴訟へと発展した。フォードは不正行為を認めなかったものの、一二〇〇万ドルで和解することになった。

ナッサーは更迭され、ヘンリー・フォードのひ孫のビル・フォードがCEOに抜擢された。フォードは経営陣の交代を発表する記者会見で、ジャック・ウェルチを尊敬する人物の影響下にあった二年間、社内は悲惨な状態だったと説明した。「私たちは人間関係を非常に大切にしているが、その多くが壊れたり、健全でなくなったりしている」と、フォードは集まった報道陣に語った。ナッサーは社内の士気を低下させ、重要な構成員を外部に遠ざけたが、同社はその状態にもはや耐えられなくなっていた。「我が社の構成員やメディアからの圧倒的なプレッシャーと耳障りな騒音のせいで、私たちは注意散漫という表現では言い足りないほどひどい状態に達していた。経営陣と従業員の多くがほぼ麻痺状態に陥っていたのだ[5]」

ウェルチが解き放ったダウンサイジングの波は瞬く間にアメリカ中で富の分配を変え始めた。これまで生産性と労働者の賃金は多かれ少なかれ連動していたが、もはやそうではなくなった。今では、企業の利益が爆発的に拡大し始め、CEOの収入は飛躍的に増大したが、一般労働者の富はほとんど増えなかった。何千もの人々が突然失業し、収入と購買力を奪われたにもかかわらず、その元雇用主たちの報酬は株式市場とともにせり上がり、投資家には何十億ドルもの新しい価値をもたらしていた。

この動向がどこよりも顕著だったのがGEだ。ウェルチが多くの従業員を解雇すればするほど、株価は一層上がっていくように見えた。

このような不条理な経済は、数十年前にハイエク、フリードマンら極右の自由市場経済学者が新バージョンの資本主義を夢見たことから始まった革命の必然的な結果といえる。ウェルチはGEで何ができるかを示し、人よりも利益を優先することで大企業の経営が可能なだけでなく、儲かることを証明してみせた。しかも、これはまだ始まりにすぎなかった。GE内で培養されたウェルチズムというウイルスは今や、拡散されつつあったのだ。他社の経営者は従業員を取り除けば手っ取り早く儲けが増えることを理解し、熱心にウェルチに倣おうとした。こうして始まった伝染病に、アメリカ中の企業が瞬く間に感染したのである。

「私が求めているのは革命だ」——幹部育成のための「GE大学」

ウェルチが登場するはるか前に、GEはその一〇〇年の歴史の大半において、組織設計と幹部育成にかけては国内で最も影響力のある企業だった。一八九二年にGEを任されたチャールズ・コフィンは「プロフェッショナル・マネジメントの父」として知られている。一九〇〇年、ウォール・ストリート・ジャーナル紙は「GEは今や、投資家の間で最も経営巧者として知られる製造業の企業になった」と報じた。[6] 二〇世紀前半、GEの規模と複雑さが増す中で、経営陣は何万人もの従業員を組織化し、効率的な管理職層をつくり、その中から最も優秀な人材を発掘して昇進させる高度な手法を編み出した。

ハーバード・ビジネススクールでは、GEがどのように「アメリカの経営実践の旗手」になったかを年代順に追ったケース教材が作成され、大きな影響を及ぼした。それによると、GEは一九三〇年代、「当時の高度に中央集権的で、厳しく管理された企業形態のお手本だった。その二〇年後、戦後の事業多角化に伴い、「GEは数百人の部門長に権限を持たせて、分散化を推進するトレンドを先導した」。一九六〇年代は成長しつつも利益が伸び悩んだため、「本社スタッフを強化し、高度な戦略立案システムを開発する」ようになった。転換点ではその都度、他社がGEを参考にし、同社の人事戦略や組織図を模倣した。幾度となく「GEはいつの間にか経営実践の最先端にあった」として、ケースは締め括られている[7]。

　GEはますます複雑化していく組織を支えるために必要な経営教育プログラムに多額の投資を行なってきた。一九五六年だけでも年間約四〇〇〇万ドルと、税引前利益の一〇%近くを経営教育に使っている[8]。組織図の好きな人が愛読するマネジメント・トゥデイ誌は「大企業の経営に関する技や仕掛け、視点、テクニックにおいて、GEほど並外れた貢献をした企業はない」と絶賛した。GEは他社の経営者が経営方法の手本にする企業であり、ヘッドハンターが人材を探しに行く場所だった。フォーチュン誌はかつて「企業は借入金が必要なら銀行に行き、CEOが必要ならGEに行く。ウェストポイント（陸軍士官学校）が将軍を輩出するように、GEはビジネスリーダーを輩出する」と報じた[9]。

　GEは有望なスター人材向けのエリート養成所まで自社で保有しており、ホワイトカラーの剣闘士が腕を磨く合宿研修を行なっていた。「クロトンビル」として知られるそのキャンパスは、ニューヨークの北側にあるウェストポイントからほど近いクロトン・オン・ハドソンという田舎町の五二エーカーの土地にある。一九五〇年代にGEによって建設され、企業幹部が継続的な教育を受け、企業文化に浸ることのできる社内ビジネススクールだ。クロトンビルは当初、中間管理職がGEの斬新かつ体系的な事業運営の手法を学ぶ場所だった。一九七〇年代には、インフレ対策やグローバル化に取り組むための教育も行なわれた。この種の施設として初めてのもので、IBM、日立、ボーイングなども次々と同じようなセンターを設立した。しかし、ウェルチ着任時のクロトンビルは、GE社内で精彩を欠く場所だった。優秀なマネジャーが腕を磨く選抜クラブどころか、物足りない社内の視察旅行、退職までの休憩所とみなされていたのだ。

ウェルチはその状況を変えたかった。クロトンビルを冴えない企業研修センターではなく、会員制プライベートクラブのように、社内の優秀な人材が見たい場所、また見られたい場所にしたいと考えたのだ。「最後の報酬を求める疲れた人材ではなく、これから伸びていく優秀な人材を求めていた」と、ウェルチは語る。CEOを拝命したものの、まだ正式に引き継いでいなかった一九八一年一月、ウェルチはフロリダ州ベレアの社内会議で、GEの報酬及び人材開発部門の責任者に強く迫った。「私が求めているのは革命だ。それはクロトンビルから始めたい」。ウェルチの号令により、七五〇〇万ドルをかけてキャンパスを改修し、豪華な宿泊施設、最新式のジム、ハイテク会議センターなどを増設した。(10) なかでも、ウェルチがこだわったのがヘリポートだ。これがあれば、GE本社から一時間ほどで移動できる。町の役人は当初、自治体の条例に抵触するとして、ヘリポートの設置を認めなかった。しかし、ウェルチは最後通牒を突きつけた。ヘリポートをつくれないなら、経営開発研究所として知られるクロトンビルの施設を他の場所に移すつもりだ、と。町側は譲歩し、ウェルチはヘリコプターで行き来するようになった。

毎年何万人もの従業員を解雇していた時期に、このような投資を行なったので、GEの一般社員の怒りを買ったが、ウェルチは気にしなかった。世界最高の会社を経営するつもりなら、経営部隊の上位層には最高のアメニティを提供したいと考えていたのだ。「支出も削減も私たちが進むべき方向と一致していた。エンゲージメントのルールを変えて、より少人数でより多くを求めたのだ」

改装されたクロトンビルは「ジャックの大聖堂」として知られ、その中心には一一〇席の講堂があった。そこでは経営幹部が経営手法を徹底的に論じ、戦略について議論を戦わせた。ウェルチはノースセーラムの荒れ地にあった遊び場にちなんで「ピット」と呼んでいた。小柄な少年だったウェルチが、年上で身体の大きな近所の子どもとけんかすることを覚えた場所だ。ウェルチは数週間おきにやってきてはマスタークラスを開き、幹部を自ら執拗に質問攻めにすることもあった。

ボスがその場にいないときでも、クロトンビルでは常にビジネスの荒っぽさが見られた。ロッカールームで交わされるような下品な冗談が蔓延し、ピットでの成績が悪ければ、くしゃくしゃに丸めた紙が雨あられのように降ってくる。カフェテリアでのフードファイト（食べ物を投げ合う光景）も珍しくなく、ライバルグループは互いに爆竹を投げつけ合った。一九八五年のある晩、オブザーバーが教室に立ち寄ると、GEでマネジャー職に就いたばかりの大卒新入社員一〇人がテーブルを囲んでいた。前方のフリップ・チャートに書かれた二つの文章をめぐって、議論を戦わせていたのだ。

ジャック・ウェルチはGEにおける過去最高のCEOである。
ジャック・ウェルチはろくでなしである。

また別の晩には、経営幹部たちがピットに集合し、クラスに二人のみの女性参加者を部屋から追い出し、照明を落としてレズビアンのポルノ映画を上映した。こうした悪ふざけを聞いたウェルチは「ご満悦だった」という。[11] まさに男性ホルモンに突き動かされるような仲間意識を求めていたからだ。礼節を欠くウェルチは、子分にも礼節を要求しなかった。これは資本主義ブートキャンプであり、目の前の嫌なタスクに対して十分な気概を持たない人々を排除する意図がある。「クロトンビルは意図的にエバンジェリスト（伝道師）的になり、卒業生は全員口コミを広めなければならなかった」と、ウェルチのためにプログラムを運営したミシガン大学ビジネススクール教授のノエル・ティシーとフォーチュン誌記者のストラトフォード・シャーマンが一九九三年の共著書『ジャック・ウェルチのGE革命――世界最強企業への選択』（東洋経済新報社）で書いている。しかし結局のところ、そこで叩き込まれたのは長期的な価値を出すための健全なビジネス実践ではなく、なりふり構わぬコスト削減と利益最大化の短期集中コース――ウェルチズム入門と、経済を作り変えようとしている世代の経営者のために知識を授けるカリキュラムだった。

「無能なやつは要らない」――ウェルチの弟子と超ウェルチズムの実践

GEの名高い経営の系譜と、GE大学とよく言われるクロトンビルの研修施設はウェルチに多大な信用を与えた。GE幹部はアメリカ経済界の絶対的基準とみなされ、ウェルチと一緒に働く経営幹部は同社製品と同じくらい頼りになると信じられていた。他社はなるべくウェルチの部下を引き抜こうとした。ウェルチはCEOだった二〇年間に、彼の戦術を習得した弟子集団を個人的に育成し、全米の数十社に送り出した。

彼らは製造業や医療業界（3M、アムジェン、アークティックキャット、ボーイング、クライスラー、フィアット、グッドイヤー、グレートレイクケミカル、ハネウエル、メドトロニック、マクドネル・ダグラス、オーウェンス・コーニング、ポラリス、ラバーメイド、SPX、スタンレーなど）、メディアやテクノロジー業界（ディスカバリー・コミュニケーションズ、インテュイット、ニールセン、ノーテルネットワークス、シマンテック、ティーヴォなど）、金融業界（セリディアン、コンセコ、エクイファックスなど)、小売業界(アルバートソンズ、ホーム・デポなど)の企業経営を任された。二〇〇〇年代初めの一時期、ダウ平均の上位三〇社のうち五社が、ウェルチの元部下によって経営されていた。メドトロニック元CEOのビル・ジョージは「GEは誰もが採用活動で訪ねる場所だった。GEが供給源となって、アメリカ産業界にGE流思考が広まった」と語る。[12]

エグゼクティブサーチ会社スペンサー・スチュアートの会長であるトム・ネフによると、ウェルチが結果を出したおかげで、GEは「狩場」となり、「他社に好まれる専門学校」と目されていたという。GE出身幹部を雇えば、短期的には、企業の株価に有利に働くという事実もあった。上場企業がGE出身幹部を新しいCEOに任命することを発表すると、株価が跳ね上がることが何度もあったのだ。ウェルチの一番の側近が経営を引き継ぐと発表したアライドシグナルでは株価が一三％上昇し、タイヤを手掛けるグッドイヤーが別のウェルチの側近が引き継ぐことを発表すると、株価が一二％急騰した。ウェルチ支持者が次期CEOに決まった3Mでは時価総額が約四五億ドルも増加した。GEで人事責任者を長年務めてきたウィリアム・コナティによると、「だから彼らが採用された。というのも、彼らにはプレイブックがあり、GEのツールキットを持っていたからだ。当時の取締役会はそれが答えだと思っていた」という。[13]

ラリー・ボシディの場合、ニュートロン・ジャック時代のウェルチと切っても切れない縁があった。二人とも非効率性を軽蔑し、収益性を渇望するところが共通していた。ウェルチの影に隠れて一〇年を経て、自分の会社を経営したいと思ったボシディは一九九一年に、苦境に陥っていた自動車部品や化学品のコングロマリットであるアライドシグナルのCEO職を引き受けたのである。

アライドシグナルでは何年もお粗末な経営と冴えない売上が続き、社内は停滞していた。ボシディはすぐにウェルチのイメージに沿って企業改革に乗り出した。設備投資を削減し、従業員六二〇〇人を解雇し、サプライヤーには厳しい態度をとり、社員を選別し、より良い価格を要求した。すでに士気の低下に悩まされていた同社にウェルチの無愛想な経営スタイルを持ち込み、業務成績が悪いと思しき従業員を解雇し、「この組織に無能なやつは要らない」と言い放った(14)。一度、その高額な報酬パッケージをめぐって、現場主任がボシディに食ってかかった。「あんたは報酬に値するのか」

ボシディは怒鳴り返した。「するとも！　お前はどうなんだ(15)」

ボシディのロールモデルが誰であるかは疑うまでもない。彼の株主への手紙は、ウェルチがGEで作成していた年次書簡をほぼコピーしていた。その押しの強い経営スタイルに文句をつけられると、彼は師匠の名を挙げた。「単刀直入にもの申すことは長い間、プラスとみなされなかった。ジャック・ウェルチの下では、それが流行になった」

ボシディは時折、ウェルチのプレイブックに背く策も講じた。たとえば、配当金をほぼ半減させて、現金は内部留保に回した。新しい事業分野に展開して浅く広げすぎるのではなく、自社の中核市場を強化したのだ。会社を根本的に変えるような大型ディールは行なわず、ほとんどの場合、自社のポートフォリオの穴を埋めて統合しやすい小さめのディールを探した。一九九九年、アライドシグナルはハネウェルを一四〇億ドルで買収した。統合会社はより知名度のあるハネウェルの名を冠し、段違いに多角化した製造業のコングロマリットとなったのだ。GEの規模には遠く及ばないが、ボシディはGEの中核事業分野の多くで強力な事業運営を行ない、繁栄する企業を創り出した。アライドシグナルは再建され、ボシディの成功はウェルチの弟子がとびきり優秀な証とみなされた。

ハネウェルとアライドシグナルの合併時、ウェルチは引退を間近に控えていた。GEは世界で最も価値のある企業であり、絶頂期に去ることもできた。しかし、ウェルチは最後の大勝負への魅力に取りつかれていた。ボシディが築き上げた企業を品定めしながら、旧友の手柄を遠くから賞賛することに満足できなかった。それどころか、我が物にしようと、GEはハネウェルの買収を試みたのである。このディールによって重要分野でGEの市場シェアが拡大し、収益性の高い製造業の事業に新たに参入を果たせるはずだった。アメリカの反トラスト法当局も、両社の組み合わせを承認するとほのめかした。この頃になると、当局は自由市場という福音の呪縛にとらわれており、一般消費者向けの価格を直ちに引き上げるものでない限り、市場集中度を高める買収に異を唱えたがらなかったのだ。しかし欧州の規制当局は、過度の市場集中という問題について微妙に異なる見解を持っており、この買収を実質的に阻止した。一年にわたって拷問のような苦しい交渉を重ねた挙げ句に、GEは手を引き、最後のクーデターを成功させようとするウェルチの試みは失敗に終わった。

ハネウェル社内では、GEの買収攻勢が大きな動揺を引き起こしていた。士気は下がり、売上は伸び悩み、株価は下がり、不安な雰囲気が漂っていた。最終的にディールが中止されたとき、入念に再建戦略を立てて、何年もかけてそれを達成していくのを、ボシディは待っていられなかった。自分が作り上げた会社の株価を回復させるために、完全にニュートロン・ジャックを決め込んだ。それによって彼自身にもラリー「ザ・ナイフ」というあだ名がつけられた。ディールが決裂してから一年間で、ハネウェルの従業員の一三％に当たる一万五八〇〇人を解雇し、五一の工場を閉鎖した。「彼の戦略は、切って、切って、切ることだ。それが非常に得意だった」と、当時を知るアナリストは言う。(16)

他のウェルチの弟子たちは最初から騒動に巻き込まれた。GEメディカル・システムのトップに上り詰めたジョン・トラニは、一九九七年に退社して、コネティカット州ニューブリテンに本社を置く工具メーカーのスタンレー・ワークスのCEOに就任した。トラニには工具事業の経験がなかったが、スタンレーの取締役会はウェルチの魔法の粉を信じ、巨額の報酬パッケージとともに経営を託した。

スタンレーは、一八四三年にフレデリック・T・スタンレーにより「卓越した顧客サービス、製品イノベーション、誠実さ」を備えた企業になることをミッションに掲げて設立された。ニューイングランドの製造業の主力企業として、フォーチュン500社に名を連ねていた。トラニはそうした歴史にほとんど敬意を払わず、華々しくスタートを切った。コストを削減し、より安い地域に雇用を移し、中間管理職をリストラした。また、時給一四ドルで働いていたコネティカット州の数千人の従業員を、時給三〇セントの中国の労働者に置き換えた。ニューブリテンの本社組織を解体し、世界中に諸機能を放出し、より安い労働力を求めて再編した。「この会社から絞り出すべきコストは多すぎるので、何年もかかるだろう」と、トラニは語った。(17)

このニュースにスタンレーの株価は急上昇した。投資家はGEのようなロケットスタートを期待していたのだ。ところが一年も経たないうちに、再建には予想以上に時間がかかることが明らかになり、スタンレーの株価は再び下落した。トラニはそれに対応して、数百人規模の人員削減を何度か行ない、できる限り海外に雇用を移した。最終的に、トラニはボシディと同じく「ニュートロン・ジャック」ばりのあだ名をつけられ、「ザ・カッター」として知られるようになった。間もなく、従業員は激しく怒り、売上は横ばいを続け、株価は暴落した。(18)

GE本社から遠く離れた場所で株主総会を開催することで、従業員や他の扇動しそうな人々の出席を阻んだウェルチからヒントを得て、トラニも同じことを行なった。一九九九年、スタンレーの株主総会を本社のあるコネティカット州ではなく、オハイオ州コロンバスで開いたのである。数十人のスタンレー従業員はそれにめげずに、バスに乗り込み、一二時間かけて移動した。トラニの経営、絶え間ない削減、オフショアリングとアウトソーシングについて抗議するのが目的だ。ある引退した従業員はトラニに対して、「ニューブリテンはスタンレー・ワークスを中心に構築されたが、今はバラバラだ。あなたはスタンレーの名前だけでなく、都市までも殺している」と告げた。スタンレーの発祥地である都市が、トラニのリーダーシップの下で廃れかけていると訴えたのだ。株価が下がって従業員は苦しみ、会社側は401kプランの資金をすべて自社株買いに投じている事実を嘆く声もあった。「我々は職も株式も失いつつある。我々の401kプランは紙くず同然だ」。さらに、「あんたのアメリカ人としての誇りはどこにあるのか」と、立ち上がってトラニに問いただす人もいた。トラニはボシディと同様、また、ウェルチがいつもそうだったように反論した。「私は毎日鏡を見て、アメリカ人であることを誇りに思っている。見ている世界が違うだけだ」[19]

実際は、トラニは今にも経済的な裏切り行為を企てようとしていた。二〇〇一年にビジネスウィーク誌の記事で、インガソール・ランドやクーパー・インダストリーズなど一部の企業が節税目的で本社をバミューダに移転していることを知って、CFOにこの件を調査するように指示していたのだ。この動きに追随するための計画が直ちに具体化された。スタンレーの本社を移転すれば、アメリカ政府に納める年間約三〇〇〇万ドルを節税することが可能だが、それには投資家の三分の二の賛成が必要となる。そこで株主総会の決議にかけられた。大口機関投資家はこの移転を喜んで支持するように見えた。ただし、この議案の最終承認を得るためには、同社の401kプランの保有株式分の投票が必要だった。この時点で、トラニからひどい目に遭わされていた従業員にとって、スタンレー発祥の地であるコネティカット州からさらに遠ざかる移転を支持しようとする動機はなかった。彼らは当初、保有分を投票しなければ反対票とみなされると言われていた。ところが、土壇場になって会社側がルールを変更し、401kプランの保有株式の未集計分を賛成票として数えることにした。こうして議案は可決され、スタンレーはあわやバミューダに移転するところだったが、そこである問題が生じた。

スタンレーが従業員に誤解を与える説明をしていたというニュースが広まる中で、コネティカット州司法長官のリチャード・ブルメンタルが同社を提訴したのだ。罰則は厳しく、計画に関与した経営幹部は上場企業の取締役に就任することを禁じられる恐れがあった。折悪しくも、まだ同時多発テロで動揺していたワシントンの議員たちは、トラニの納税忌避の試みを愛国心に欠けると断じた。マサチューセッツ州選出の民主党下院議員リチャード・ニールは「この戦時下で、愛国心よりも利益を選び、アメリカ合衆国に背を向けた」とし、アイオワ州選出の共和党上院議員チャック・グラスリーは「グラウンドゼロ〔ワールドトレードセンタービル跡地〕の片付けもろくに終わっていないのに、手を引こうとする企業がここにいる」と述べた。[20]トラニとその仲間は引き下がり、移転を断念した。その翌年、トラニはいきなり早期退職し、後任者を指名しないまま去っていった。

「ウォール街は彼がGE出身というだけで、拙速に買いかぶりすぎた」と、あるアナリストが当時語っていた。蓋を開けてみると、ウェルチの下で働いた経験が自動的には企業経営に携わる資格にならなかったのだ。トラニが去って五年後、スタンレーは相変わらず彼の不始末に悩まされていた。二〇〇八年のクリスマスの直前に、同社はさらに二〇〇〇人を解雇することを発表した。この頃になると、従業員は人員削減に慣れきっていた。夜勤中に記者からその知らせを聞かされた技術者は「別にショックでもない。今では日常茶飯事となり、毎年のように起こっていることだ」と語った。

元GE幹部のリーダーシップの下で苦しんだのは、アメリカ国内だけではない。ウェルチズムは国際化も遂げていたのだ。一九九八年、ウェルチの側近で生粋のイタリア人のパオロ・フレスコは、GEを退社してイタリアの産業コングロマリットであるフィアットの会長に就任した。フレスコは一〇年間ウェルチの近くで、GEの家電とトムソンの医療用画像処理との事業交換、ハンガリーの電球メーカー、タングスラムの買収をはじめとするディールの締結を手伝った。こうしたディールはどれもたいして成功しなかったが、フレスコにとっては自分が大きな変革を成し遂げられるという自信となった。

フレスコは最初からフィアットでの自分のミッションを明確にしていた。終身雇用、手厚い福利厚生、合理的な労働時間など、アメリカの資本主義の黄金時代の特徴がまだ色濃く残るイタリアに、ウェルチズムを輸入しようと考えたのだ。それはつまり、労使関係に揺さぶりをかけ、ディールを成立させ、金融などの新しい産業へ攻め込むということだ。「変化しない企業は生き残れない」と、ウェルチのダーウィン主義的な産業観でフレスコは語った。また、フィアットの取締役になってもらおうと、ウェルチに声までかけた。ウェルチがGEのCEO時代に他社の取締役を引き受けたのは、唯一この時だ。「彼はアメリカで最高の経営責任者であり、近くにいてもらえるのは素晴らしいことだ」[21]

フレスコが真っ先に取り組んだのは、買収しまくることだった。ミシガン州の工具メーカーに三億五〇〇〇万ドル、ウィスコンシン州の重機メーカーに四三億ドルを投じた。ボルボを一五〇億ドルで買収しようとしたが、断られた。社内で財務業務の拡大を推し進めるのと同時に、可能な部分では人員を削減した。すべて自分の唯一のミッション、つまり「株主価値を最大化したい」という思いを遂げる一環として行なわれた。[22]

しかし、GEで成功したことはフィアットではあまり効果がなかった。ダウンサイジングはイタリアで怒りの抗議を引き起こし、ストライキに発展した。士気が揺らぎ、経営が悪化し、フィアットは市場シェアを失い始めた。株価はフレスコの就任で急上昇した後、下落し始めた。この危機に対するフレスコの答えは、さらなる削減だった。二〇〇二年に自動車事業でさらに一〇億ドルのコスト削減策と、六五〇〇人の工場労働者のレイオフを提案したのだ。しかし、それもうまくいかず、二〇〇三年になると、フィアットの株価は六五％下落した。フレスコは予定より早くCEOを退くことに同意した。

ボシディ、トラニ、フレスコはGEを超えたウェルチズムの末路を、世の中に知らしめた。CEOとなった彼らはウェルチの戦術を体得し、それを迅速かつ積極的に使ってそれぞれの企業の株価を押し上げようと決意していた。しかし、彼らの上げた成果はいずれも束の間のものにすぎないことが判明した。ウェルチの追随者は、他社で彼のプレイブックを使おうとしたが、師匠の成功を再現するのが予想以上に難しいことに気づいた。そして、これは序の口だった。わずか数年後、ウェルチが引退すると、タガが外れたように、数十人もの弟子が実業界に解き放たれた。

ウェルチには確かに長所があった。無限のエネルギーを持ち、他の人に絶えず努力をするように触発した。エクセレンス（卓越性）を要求し、しばしばそれを手に入れた。部下はウェルチのほうが自分よりも担当事業のことを熟知しているのではないかと恐れ、駆り立てられるように物事に精通し宿題をこなそうとした。ウェルチは官僚主義を縮小し、その結果として雇用が失われることも多かったが、効率性や意思決定のスピードは向上した。彼は残酷なほど率直で、戦略の才覚と新しいトレンドに対する鋭い嗅覚を備えていた。彼の弟子の多くはウェルチが図らずも提示した最悪の事柄を模倣したが、ウェルチの長所を取り入れて公共の利益のために活用できた者もごく少数ながら存在した。

スタンリー・ゴートはグッドイヤーで売上を伸ばし、協力的で革新的な文化を築き上げた。ウェルチの後継者として最終候補者六人に選ばれた上級幹部のデビッド・コートは、ボシディが去った後、ハネウェルで善戦を続けた。コートは一〇年以上にわたって、大規模なレイオフや金融工学に頼ることなく、自社の中核事業の持続的成長を監督する粘り強いリーダーとして頭角を現したのだ。ハネウェルの株価は彼の在任中に急上昇し、投資家に持続的な成長をもたらした数少ないウェルチの弟子の一人となった。同じく弟子のオマー・イシュラックはイノベーションと新製品開発に対する支援が得られないと感じたからGEを去ったのだと、彼を雇い入れた医療機器会社メドトロニックのビル・ジヨージは言う。[23] イシュラックは成功を収めて、最終的に同社のCEOとして市場シェアを伸ばし、画期的な新製品を世に出した。

ミネソタ州を拠点にスノーモービルと全地形対応車を製造するポラリスでは、ウェルチとともに一五年間働いたトム・ティラーが以前にも増して珍しくなっている偉業を成し遂げた。アメリカ企業を成長させると同時に、大部分の製造機能をアメリカ国内に留めたのだ。ティラーは中西部北部の工場を維持し、安価な海外労働力で車を作る誘惑に抵抗することにより、雇用を積極的に行ない従業員の帰属意識を維持すると同時に、買収ではなく有機的成長でポラリスの売上をほぼ倍増させた。ウェルチズムがポラリスでは通用しないことをティラーは了解していた。「私は共産主義者ではない。しかし、はるかに競争力のあるモデルがあり、ポラリスはそれを体現していると思う。コスト削減にひたすら専念すれば、多くの事業が実際に空洞化してしまう。私たちは長期的に正しいことをしてきたつもりだ。それがアメリカに必要なことだ」

ティラーはGE時代の経験から、CEOが工場労働者と論争を巻き起こすような動きをすれば、組織がどれほど弱体化してしまうか承知していた。「ジャックは時給で働く個々人に対し愛情を持って接していたわけではない。常にやや敵対的な関係だった」。そこで、最初から工場労働者と親密な絆をつくっていこうと決意していた。「ポラリスでは、根本的に異なる見方をしていた。生産性が非常に高かったのは、我々が工場の閉鎖やメキシコ移転を検討したからではない。みんなが経営陣を尊敬しているからだ」。ティラーにとって、それは従業員に適正な賃金を支払いつつ、自分の報酬を抑えることも意味していた。「私はネジを回す人よりも稼いでいたが、みんな同じエレベーターに乗っていた」[24]

ティラーは一〇年強でポラリスの売上をほぼ倍増させた。ティラーの良識あるスチュワードシップによって株主も報われた。同社の株価は着実に上昇し、年間リターンは平均一五％だった。ちなみに、同時期の市場の平均リターンは二％なので、実質的にウェルチ的な偉業といえる。ただし、ティラーはダウンサイジング、事業売買、金融化ではなく、従業員を第一に考える意図的な戦略によってそれを成し遂げていた。「GEをそっくり真似ようとした人たちは、ウェルチのプレイブックを使い、GEから大勢の人を引き抜き新会社に連れてきて、GEのコピーをつくろうとしたが、そのほとんどが失敗している。私がポラリスで同じ戦略を使おうとしていたならば、偉大な会社を台無しにしていただろう」

「ボーイングでなければ、行かない」――ボーイング崩壊① 世界一の旅客機メーカー

GE本体のほかに、ウェルチズムの影響を最も直接的に受けた企業がある。それはボーイングだ。一九一六年にウィリアム・ボーイングが創業した同社は、第二次世界大戦では爆撃機を製造し、月面着陸を支援し、707、737、747などの民間旅客機をマス市場にもたらした。二〇世紀の大半において、ボーイングは技術者が技術者のために経営する企業だった。博士号を持つロケット工学の研究者から工場現場の技術者まで、従業員は組合が保護する強力な契約、充実した福利厚生、目的意識を満喫していた。意思決定プロセスでは品質と安全性が最優先で、実質的にコストは後回しだった。会社のことを家族であるかのように話す人が多く、男女を問わず、大勢の従業員が生涯ずっと同社で働き続けた。父と息子が一緒に、あるいは家族が何代にもわたって同社で働いているケースも珍しくなかった。パイロットはボーイングの機体をこよなく愛し、「ボーイングでなければ、行かない」と他の機体で飛ぶことをよく断っていた。同社の上層部の間でも同じ精神が貫かれていた。幹部は技術

畑から昇進し、ウォール街にはあまり関心がなかった。要するに、ボーイングの経営陣は投資家に利益をもたらすことよりも、良い飛行機づくりに重きを置いていたのだ。

ボーイングは二〇世紀の最後の数十年間で本領を発揮した。航空機での旅行が流行し、新しい市場が広がり、ボーイングは業界で支配的勢力となった。めぼしい競合相手は、欧州大陸に対抗馬をつくる意思表示として欧州の政府が設立したエアバスと、国内勢のマクドネル・ダグラスだが、後者はじり貧だった。エアバスは力強く成長していたが、一九九七年の大型旅客機市場はボーイングが六〇％以上を占めていた。しかし、ウォール街はせっかちだった。ウェルチがGEで実現させたことを見てきた投資家は、自分たちのポートフォリオの全構成企業により大きな利益を求めていたのだ。そこでボーイングはマクドネル・ダグラスを一三三億ドルで買収することにした。表面的には、このディールは理にかなっていた。ボーイングは民間旅客機市場を統合し、マクドネル・ダグラスの軍用機事業を獲得する。ボーイングにとって国内最後のライバルを呑み込む、ある種の勝利の瞬間だ。しかし、このディールはボーイングが予見しなかった形で、同社を変えてしまうことになる。

マクドネル・ダグラスは当時、ウェルチのお膝元で学んだ元GE幹部のハリー・ストーンサイファーが経営していた。ウェルチと同じ年にGEに入社したストーンサイファーは航空機エンジン部門で頭角を現した。ウェルチと瓜二つの彼は、利益を上げることに熱心で、すぐにコストを削減したがり、従業員には冷淡だった。彼は一九八七年にGEを退社し、航空機や産業用部品メーカーであるサンドストランドの社長になり、一九九四年にマクドネル・ダグラスの経営を任された。彼はCEOとして経費を削減し、株価を上昇させた。投資活動は少ないが、セントルイス郊外の二八六エーカーの土地にフランス風カントリーハウスを購入してサイファー流クロトンビルに仕立てた。

この戦略は短期的には増益をもたらしたが、数年も経たないうちにマクドネル・ダグラスは再び低迷した。カリフォルニア州ロングビーチの主要工場は大々的な改修を必要としており、同社製の飛行機は欠陥だらけだった。納期に間に合わせる必要があれば技術者を大量に雇用し、利益目標を達成する必要が生じれば解雇した。ボーイングが買収に名乗りを上げると、マクドネル・ダグラスの取締役会は迷うことなく合意した。

両社を統合する一環として、ストーンサイファーはボーイングの社長兼COOに就任した。ボーイングは買収対価をすべて自社株式で支払ったため、彼は保有していた大量のマクドネル・ダグラスの株式をボーイング株式に交換することができ、瞬く間に合併会社の大株主の一人となった。ボーイングCEOのフィリップ・コンディットの二倍以上の株式を手にすると、ストーンサイファーはすぐさま社内に絶大な影響力を及ぼすようになった。CEOではなかったが、その場を仕切っているように見えたのだ。コンディットは囚われの身で、自分のオフィスで人質に取られているようだと、関係者はこぼした。ボーイング幹部は当時「落ち目の会社を経営していた男がこれほどの権力を持つとは、少し驚いた」と語っていた。不満を持つ従業員は「マクドネル・ダグラスはボーイングの金でボーイングを買った」と冗談を飛ばした。(25)

ストーンサイファーがひとたびボーイングに腰を据えると、直ちに変化が見られた。まず、長い間ボーイングの家族的な文化の基盤となってきた労働組合に対して、企業側は厳しい態度で臨むようになったのだ。マクドネル・ダグラスの買収に巨額の資金を投じた翌年の一九九八年に、ボーイングは約五万三〇〇〇人を解雇し、アウトソーシングを導入することを発表した。その後、同社が発信するメッセージには陰鬱な変化が見られるようになった。ストーンサイファーの下で、ボーイングは「値頃感への情熱」について語り始めたのだ。それは、収益性とコスト削減を強調するための新たな隠語であり、けちけちすることよりも安全が最優先の航空業界では最も心強いメッセージとは言いがたい。

その後、ストーンサイファーはウェルチのアンチ愛社精神キャンペーンを自分なりにアレンジして遂行した。「家族のように振る舞うのをやめて、もっとチームらしくなれ。成果を出さない人は、チームにいられない」と、従業員に告げたのだ。実際に、「家族」という言葉を使うことまで禁じた。それはまさに師匠の受け売りであり、結束の固いボーイング社員の士気を低下させる結果となった。彼はボーイングの技術者に攻撃的な態度をとり、お前たちは傲慢だと声を張り上げ、民間機の責任者を追放した。技術者が反発すると、まるでウェルチが乗り移ったかのように無慈悲な率直さを発揮した。「怒鳴りつけたのではない。私は真実を述べたまでで、彼らはそれを地獄のように思ったのだ」と、ストーンサイファーは言う。

買収から一年後、ボーイングは時流に合わせることをウォール街に知らせた。大規模な自社株買いの実施により、同社の株価はさらに上昇したのだ。たとえ深い社内ナレッジを持った数千人の従業員を切ることになっても、である。二〇〇〇年、たまりかねたボーイングの技術者はストライキに突入した。単に賃金を上げろと迫ったのではない。自主性を取り戻したかったのだ。彼らは突然、小銭稼ぎに執着する企業文化に取って代わられたと感じていた。ストライキは四〇日間続いたが、技術者が職場に戻ってくると、事態はさらに悪化した。管理職と技術者は今や相互に不信感を抱き、関係はこじれ、数カ月後には長年勤めていた従業員がごっそりと辞めていった。

その後、二〇〇一年にボーイングが下した決断はアメリカ実業界を驚かせた。一〇〇年近くシアトル地域にあった本社を、主力工場から離れた郊外に移転することを決めたのだ。「株主価値を重視して、よりスリムな新しい本社センター」をつくるのが目的だという。この移転を思いついたきっかけは、ほかでもないGEにあった。GEはスケネクタディ、シンシナティ、エリーなど歴史ある製造拠点から遠く離れたフェアフィールドに本社を構えていた。この発表に際して、コンディットとストーンサイファーは行き先を公表せずに、シアトルからジェット機で飛び立ち、上空でようやく重大な事実を明らかにした。ボーイングはシカゴに向かっていたのだ。

ボーイングはウィンディ・シティ（シカゴの愛称）に主要なオフィスや工場を置いていなかった。実際に、最も近い民間ジェット機工場でも、本社から一七〇〇マイルも離れた場所になってしまう。なぜそれでもボーイングはシカゴに移転したのかというと、それは税制上の優遇措置にあった。ボーイングは、各都市を互いに競わせ地元の政治家を説得して同社を誘致する補助金を引き出したのだ。経営幹部たちは、従業員から離れていたほうが、管理職はより良い判断ができるはずだという不合理な信念も抱いていた。「シアトルでそうだったように、本社が主力事業に近ければ、企業の中心は必然的に日常業務に引きずり込まれる」と、まるでそれが悪いことであるかのようにコンディットは語った。

ボーイングの元技術者で労働組合のリーダーでもあるスタン・ソーシャーは事の次第を見守りながら、自社の「安全文化」が「財務的にデタラメで、集団浅慮《グループ・シンク》の文化」に置き換えられたと嘆いた。[26] ボーイングに長年勤めてきた従業員の目には、進行中の状況がはっきりと見えていた。「マクドネル・ダグラスにいたのは企業忍者の集団だ」と、ボーイングで工場現場や管理に携わってきた二世代目の従業員のカイル・スミスは言う。「彼らは絶えずダウンサイジングを続けて、資産を売り払い、自分たちや一部の株主のために大金を稼ぎ出したが、企業を衰退させた。ただし、利益は出続けていたので、ウォール街からは愛された[27]」

当時でさえ、実業界の著名人はその顛末を予見していた。二〇〇〇年、経営学者のジム・コリンズは次のように語った。「逆買収によって実際にマクドネルの精神がボーイングに浸透するならば、ボーイングは平凡な企業になる運命にある。ボーイングがずっと真に偉大だったのは、ある一点に尽きる。自分たちはエンジニアリング重視の会社であって、財務重視の会社ではないことを常に理解していたことだ。自社の中心的なミッションとしてそれを尊重しなくなったとすれば、時とともに別の会社になっていくだろう[28]」

二〇〇三年、マクドネル・ダグラスから移籍した別のボーイング幹部が政府調達にまつわるスキャンダルに巻き込まれて、コンディットは辞任に追い込まれた。コンディットが去ると、ストーンサイファーがCEOに抜擢された。ウェルチ本人から学んだ弟子が今やボーイングを任されたのだ。権力を持ったストーンサイファーはウェルチの戦略をさらに強化し始めた。コストを抑制し、株主を最優先にする。自社株買いを増やし続け、その額は研究開発費をはるかに上回る年間一〇〇億ドルに達した。ストーンサイファーはそのすべてを自慢に思い、二〇〇四年にはこう語っている。「私がボーイングの文化を変えたとみんなから言われるが、それは意図したことであり、偉大なエンジニアリング会社ではなく一つの事業として経営するためだ。ボーイングは偉大なエンジニアリング会社だが、人々は金儲けをしたいから企業に投資する[29]」

株価は上昇したものの、社内は動揺していた。コンディットを追放したスキャンダルをきっかけに、ボーイングが空軍の要請で倫理審査を実施したところ、従業員は「ほぼ例外なく」マクドネル・ダグラスとの合併前の日々を懐かしんでいることが明らかになった。報告書には「あの頃は、人々は数字ではなく、人間として扱われていた」という従業員の言葉が引用されていた。

「二〇世紀最高の経営者」

二〇世紀が終わろうとする中、ウェルチは絶好調だった。GEは世界で最も価値ある企業となり、自分の考えがアメリカ経済界に浸透し、自身の名声と富は絶頂にあった。正真正銘のセレブとなり、経営者としての成功を通じて当時の文化の殿堂に名を連ねていた。マーサズ・ヴィニヤード島でクリントン大統領とゴルフをしたかと思えば、テレビのトーク番組「ザ・トゥナイト・ショー」でコメディアンのジェイ・レノと冗談を交わし合った。一九九九年に大統領選への出馬をちらつかせていたドナルド・トランプは、CNNのアンカーマンのウルフ・ブリッツァーに、副大統領候補としてウェルチを検討すると語り、「おそらく大企業の歴史上で最も偉大な企業リーダーだ。本当に素晴らしいやつだ」と評した。

ウェルチの名言集が出版され、その功績を讃える本もヒットした。『ジャック・ウェルチのGE革命——世界最強企業への選択』（東洋経済新報社）と『GEの奇跡——ジャック・ウェルチのリストラ戦略』（同文書院インターナショナル）はベストセラーになっている。彼の写真はニューズウィーク誌、フォーチュン誌、フォーブス誌、ビジネスウィーク誌、サクセス誌などの表紙を飾った。GEでの最後の年に、ウェルチを取り上げた英文記事が年間八〇〇〇本も書かれたが、そのほとんどは媚びへつらうトーンだった。

ウェルチはビジネススクールのカリキュラムの題材になった。ハーバード・ビジネススクールは将来の企業リーダーの育成においてアメリカで最も有力な教育機関だ。同校の教授陣はウェルチを神格化し、その功績を称えるケース教材を一〇本以上も作成した。二人の学者がウェルチに関する文献をレビューし、「ウェルチに関する出版物はかつて伝説や讃美歌が果たしてきたのと同じ機能を果たしているだけでなく、その構造も似ている」と結論づけた。[30]「勝つ方法」といった見出しがよく用いられ、通常は経営者個人の評価に慎重なエコノミスト誌がウェルチを「過去二五年で最も成功した経営者」「経済誌のダイアナ妃」と持ち上げ、ビジネスウィーク誌は「他のCEOを評価する絶対的基準」だと太鼓判を押した。フォーチュン誌も負けじと、ウェルチに「二〇世紀最高の経営者」という究極の資本主義者の称号を与えた。

とりわけ最大の勝者はウェルチ自身だった。コネティカット州の一万七三三平方フィートの敷地内にある彼の住居には、運転手用の部屋、スカッシュコート、ロングアイランド湾を見下ろす景観の良い庭があった。前任者のジョーンズが住んでいたコロニアル様式のレンガ造りの家とはまるで違う。ウェルチはプライベートジェットで移動し、最高級ホテルに泊まり、GEの年次株主総会をジョージア州のオーガスタ・ナショナル・ゴルフ・クラブに近い南東部の都市で開催した。そうすれば、年配の白人男性で構成される取締役会は総会後にマスターズの本場で数ラウンドをプレーできるからだ。

大多数のアメリカ人がそうであったように、GEの取締役会はウェルチのマジックにかかっていた。ある年次株主総会で、一人の牧師がGEの取締役に対して、ウェルチに富を惜しみなく与えてほしいと熱弁をふるい、「そうしなければ、他社に奪われてしまう」と警告した(31)。GEの取締役会はその期待を裏切らなかった。一九九五年までに、ウェルチが保有するGE株式は二七五万株以上にのぼった（約一億四二〇〇万ドル相当）。一九九六年だけでも、保有株の価値は八三〇〇万ドル増え、資産総額は三億一六〇〇万ドルに達した。ただし、それは前哨戦にすぎなかった。

ウェルチは退任前の五年間、セーラムのアイルランド系移民の居住区で育った少年には想像もつかないほどの富が与えられていた。彼はGEを創業したわけではないが、まるで創業者のように処遇され、世界の超富裕層の一人となった。フルタイムでの最後の一年となった二〇〇〇年、ウェルチの報酬パッケージは一億二二五〇万ドルだった。株式ベースの報酬のキャリアが実を結んだのだ。ウェルチは最終的になんと二一〇〇万株も保有し、その価値はピーク時には約一〇億ドルに達した。二〇〇一年には、フォーブス誌の「アメリカで最も裕福な四〇〇人」のうち、ウェルチは三七六位となったが、これはすべて気前のよい退職金をもらう前の話だ。特別退職金の詳細は彼の引退後に初めて明らかになった。「ジャックは私の時代のロックスターのようなCEOだった」と、一九八〇年代に活躍した数少ない女性のメディア界の大御所であるリン・フォレスター・ド・ロスチャイルドは語る。「私たちは皆、ジャックがすることはすべて正しいし、成功とは、びた一文も違わずに四半期の利益目標を達成することだと思っていた[32]」

すべての人がここまで心酔していたわけではない。ウェルチの巨万の富と、アンチ愛社精神キャンペーンの犠牲者との激しい明暗は、GEの従業員には見過ごせないものだった。「GEが大好きだった。GEは私たちに住む場所を与えてくれた」と、スケネクタディの工場に長年勤めてきたある従業員は語る。しかし最終的に、この忠実な従業員はその茶番を見破った。「その後、重役がもらっている株式配当やボーナスを目の当たりにした。重役たちは身を翻して、従業員をレイオフせざるを得ない理由を説くようになった。彼らがこれほど高額の報酬パッケージをもらう一方で、私たちは解雇され、恩恵に与れないのだ」

GEに幻滅したのは従業員だけではない。ウェルチの下でGEの良き企業市民としての評判も失墜した。ウェルチはCEOとしての二〇年間、次々と起こる派手なスキャンダルを切り抜けてきた。GE内では、業績へのプレッシャーは容赦がなく、幹部は数字を達成するためなら手段を問わなかった。GE上層部の中には、政府を欺き、特定製品の価格を固定し、イスラエル向けの海外援助を横領していたとして逮捕された人もいる。ウェルチは、GEが有毒化学物質であるPCB（ポリ塩化ビフェニル）を投棄してハドソン川を汚染したことの責任を逃れるために、自ら数十年にわたる働きかけを監督していた。しかし、自社の違反についてウェルチが責任を問われることはなかった。それどころか、組織の成功は自分の手柄にし、失敗の責任は回避する術を習得していたのだ。また、その間もずっと

GE株価はより広範な市場とともに上昇を続けた。

レーガノミクスによって促進された、抑制の利かない資本主義は、フリードマンとその信奉者が約束したとおりの結果をもたらし、ほぼ二〇年にわたって、活況な強気相場が展開された。ダウ平均はウェルチの在任中に一〇〇〇ドル未満から一万一〇〇〇ドル超に高騰し、株主価値の最大化が有効だという考え方に、他のCEOは異議を唱えにくかった。一九九七年、経済界はウェルチ的な世界観を神の福音として体系化した。また同年、GEが二〇年前に設立を支援した有力な経営者団体ビジネス・ラウンドテーブルが、ミッションステートメントを再定義した。企業は従業員や地域社会のニーズと投資家のニーズのバランスを取るべきだという、かつての含蓄に富む見識は消え去った。その代わりに、利益の最大化こそが企業の目的だと主張するようになったのだ。ビジネス・ラウンドテーブルは「経営陣と取締役会の最も重要な責務はその企業の株主に対するものである」とフリードマン・ドクトリンへの忠誠を誓い、「他のステークホルダーの利益は株主に対する責務に派生する限りにおいて重要である」と宣言した。

この自由市場のイデオロギーを受け入れたのは、保守的な経済学者や企業寄りの共和党員だけではない。民主党も賛同し、市場が上昇し続ける限り、熱心にウェルチの政策を支持した。二期続いたクリントン政権は、企業に有利な経済政策を推進した。つまり、自由貿易を擁護し、労働組合をほとんど支援せず、連邦最低賃金を貧困水準に留めた。二〇〇六年にフリードマンが亡くなったとき、クリントン政権の財務長官とオバマ大統領の上級顧問を務めたラリー・サマーズは、共和党だけでなく民主党でも今や株主優越主義が定説になっていることを認めた。「正直な民主党議員なら、みんな今ではフリードマン派だと認めるだろう」と、彼は述べた。[33]

ウォール街の無限の利益とウェルチを絶賛する報道に紛れて、見えづらくなっていたのはウェルチの革命の代償だ。ダウンサイジング、事業売買、金融化、ルール回避をもって、ＧＥの株主利益を他のすべての懸念事項より優先させるという掟破りの態度で、ウェルチは偉大なアメリカ企業の意味を再定義した。先陣を切ったＧＥに続いて、より多くの大企業がアウトソーシングやオフショアリングに目を向け、高給取りの従業員を契約従業員や安価な海外労働力に置き換える措置を講じた。このような変化は国民心理に大きな影響を与えた。ウェルチがＣＥＯに就任した直後、大企業に勤めるアメリカ人を対象にした大規模調査では、レイオフの対象となることに不安を感じている人はわずか一四％だった。しかし、同じ質問を何年も続けていくうちに、不安の度合いは着実に高まっていった。一九九五年には、経済が活況を呈していても、約半数の人が失業の不安を感じていたのだ。一九九〇年代を通じて、アメリカの製造業では約八四万八〇〇〇人の雇用が失われた。ＧＥで始まったアンチ愛社精神キャンペーンは全米に広がっていた(34)。

　最も苦しむことになったのはブルーカラーの人々だ。ウェルチが引退すると、生産性と賃金の格差（この国の富の分配状況を測る極めて重要な指標だ）は深い溝に拡大した。二〇〇〇年代に入ると、アメリカの企業はかつてないほどの利益を上げ、シリコンバレーは数十年にわたる新たな好景気に沸いたが、平均的なアメリカ人労働者の給与はまったくと言ってよいほど上がらなかった。経済面で下位層が苦しみ続けるのと同じ瞬間に、経営層はこの上なく良い思いをしていた。ウェルチは、労働者の手から着実に富を奪い、経営者のポケットに入れるという報酬革命に相当するものを主導した一人だった。一九六五年にＣＥＯの報酬はその企業の平均的な従業員の約二〇倍だったが、ウェルチがＧＥを任された頃から、その比率は急上昇していった。ＣＥＯは平均的な従業員の五〇倍、一〇〇倍、二〇〇倍の報酬を得るようになったのだ。

　このような大盛況ぶりに警鐘を鳴らす反対派もいた。ドットコムバブルが膨張すると、当時、連邦準備制度理事会（FRB）の議長だったアラン・グリーンスパンが「根拠なき熱狂」と警告したことはよく知られている。レーガン政権とブッシュ政権で活躍したウィリアム・ベネットは、ウェルチの戦術を野放しにすれば、最終的に国の構造に大きなダメージをもたらす可能性があると問題提起した。ベネットは一九九八年に「気掛かりなのは、市場がやみくもに崇拝されていることだ。歯止めの利かない資本主義は人類にとって問題である。物事を歪めてしまうので、価値観や人間関係の領域で不具合が生じる」と述べている。

ウェルチのためにRCAとのディールを統括した投資銀行家のフェリックス・ロハティンは以前からこの茶番を見破っており、一九九一年に次のように指摘した。「一九二〇年代以降、投機と金融的な無責任の最たるものとなった一〇年の終焉を、私たちは目撃している。金融の規制緩和、安易な信用供与と規制の軽視が価値体系の劣化と結びついて、金と権力の宗教を生み出した。無限の富と名声を手に入れることが、いかなる代償を払ってでも達成すべき究極の基準となった。ジャンク債の売り手、強奪者、投機家、貯蓄貸付金詐欺師が、彼らのコンサルタント、ロビイスト、親しい政治家の大群とともに、この国を巨大なカジノに変えてしまい、犯罪が行なわれた。国家全体に対する犯罪だ。こうした犯罪は数千億ドルの損失をもたらすだろう。また、何世代にもわたって築き上げてきた制度に対する信頼も損なわれた。国家がこの狂気から回復するまでに長い時間がかかる[35]」

SECさえもついに、GEの株価上昇をこれほど長く可能にしてきた利益調整を批判的に見るようになった。一九九八年、SEC委員長のアーサー・レビットは、企業が四半期業績を「数字のゲーム」として扱っていることに警告を発した。レビットは四半期業績を追い求める企業を招集し、より厳格な執行が必要だと警告した。「ウォール街の利益に対する期待に応えようとする動機により常識的な商慣行がないがしろにされているのではないかとますます懸念するようになった。見て見ぬふりをしながらゲームに参加している企業経営者、監査役、アナリストが多すぎる。コンセンサスとなっている業績予想を満たし、順調な業績推移を期待するあまり、誠実な表現よりも希望的観測が勝っているのかもしれない。その結果、恐ろしいことに業績の質、ひいては決算報告書の質が損なわれている。経営は操作に道を譲り、誠実さは幻想に負けつつあるのかもしれない」

それは驚くべき発言だった。企業がルールに従っていることを確認する責務を負うSECのトップが事実上、市場が不正に操作されていると述べたのだ。「利益調整のような職権濫用は、人々がこの順応性につけ込むときに起こる。実際の財務変動を目立たなくするためにトリックが使われる。すると、経営判断の真の帰結が覆い隠されてしまうのだ。このような行為は、投資家の興味を引くのに苦労する小さな企業に限られたことではない。私たちが認知し賞賛している製品を手掛ける企業でも起こっている」と、レビットは続けた。[36] GEの名前ははっきりと示されなかったが、どの企業を念頭に置いているかは疑うまでもない。

しかし、警鐘を鳴らす声は少数派であり、ウェルチはいの一番に退散した。最後の出社日は二〇〇一年九月七日であり、GEはまだ世界で最も価値のある企業とされていた。「二〇世紀最高の経営者」としてのウェルチのレガシーは安泰に見えた。

CEOを退いて一カ月後、ウェルチは最後の経営会議で数百人のGEの上級リーダーに呼びかけた。血のように赤いカーテンを背に講演台に立ったウェルチは最後の暴言を吐き、二〇年間魅了し、かつ恐怖に陥れた会社に対する餞別の言葉とした。そのスピーチは、そのディストピア的な経営理念のハイライトの一幕だった。過剰に複雑な組織を非難し、ジョーンズから引き継いだ会社を否定する言葉を放った。「官僚主義を憎め。毎日それを憎め。『憎む』という言葉を使うのを恐れてはいけない。官僚主義を笑い飛ばし、階層をなくすことだ」。ここから、今までのダウンサイジングの実績を正当化する最後の努力が始まった。大規模なレイオフについて宗教用語で語り、人間の殺戮を道徳的要請であるかのように見せようとしたのだ。トップパフォーマーを失うことはリーダーシップの失敗だと指摘し、「下位一〇％の人を留めておくことも罪だ」とも言った。ウェルチはこれまでずっとキャリアを積んできた会社に対する最後の挨拶で、従業員がお互いを容赦なく非難し、仲間の中から弱者を探し出すように奨励した。会社にとって正しい価値観を持っていないと思う同僚を見つけたら「やつらに銃を一発食らわせろ」という愛用の比喩表現も持ち出した。

会場は静まり返り、GE支持者はその一言一句に耳を傾けていた。ウェルチは怠け者がまだ身近にいると警告し、そうした人々を一掃するキャンペーンを呼びかけた。「我々はまだ一人残らず見つけ出してはいないが、顕微鏡を使って探そうとしている。日々目を光らせろ。やつらを探し出し、排除するためだ。絶対に探すのをやめてはいけない」。こうした冷酷さを奨励しようと、「大きな昇給と大量のオプション」を提示し、金持ちになれる可能性をちらつかせた。締め括りに、自分の選んだ後継者であるジェフ・イメルトは間違いなくこの仕事を引き継ぐのにふさわしい人物だと断言した。「今後二〇年間、世界の経済界を導いてくれる最高のリーダーをみなさんが持てたことを一〇〇〇％確信している」。話が終わると、会場は拍手に包まれた。ウェルチは英雄として会場を後にした。(37)

第四章　GEの成長

「完璧な人選だ」――最高の後継者、ジェフ・イメルト

ウェルチ在任期間の最後の数年は、後継者問題の影がGEや経済界全体を覆っていた。GEの次期リーダーとして指名された人は誰であれ、即座に信認され、国家元首に匹敵する影響力と何百万ドルもの報酬パッケージを手にする。しかし、それは問題含みの職務でもあった。この上ないほどの重責であり、直ちに嫌と言うほど好奇の目にさらされることになるのだ。最終的に、このレースの参加者はボブ・ナルデリ、ジム・マックナーニ、ジェフ・イメルトの三人に絞られた。いずれも、ウェルチが全面的に変えた社内で昇進を果たしており、上司と同じく旺盛な意欲の持ち主だ。ウェルチの引退が視界に入ってくる中で、それぞれが必死にトップの座をつかもうとしていた。

小柄で、好戦的で、やる気に満ちたナルデリは「リトル・ジャック」と呼ばれていた。一九八二年にGEに入社し、機関車を製造する運輸部門のトップに上り詰めた。一九九〇年代初めに、ナルデリはサプライヤーに強硬な態度をとった。サプライヤーはGEへの請求額を六%引き下げ、次年度には一二%減とすることを呑まざるを得なかった。譲歩しなければ、取引を打ち切られるからだ。ナルデ

リは部下に対しても同じく厳しい態度をとった。一部商品について内製よりも外注のほうが安くつくことがわかると、その部門全体で次々とレイオフを行なった。

ナルデリはなるべく無駄のない組織運営を目指しており、部内で残業を禁じた。それによって短期的に経費が節減されたが、従業員は納期を守れなくなった。機関車は納入されず、不満を抱いた顧客は他社に乗り換えると脅してきた。ナルデリは意に介さず、アウトソーシングを強化した。その戦略はＧＥの従業員にとってマイナスだったが、短期的には効果があった。労働力を移転して人件費を削減し、業務におけるサプライヤー依存率を高めることで、彼の部門の年間売上は二倍になった。

ナルデリは一九九五年にはウェルチの後継者候補として認められ、スケネクタディを本拠とするＧＥの電力タービン事業の責任者に任命された。スケネクタディはＧＥの心の故郷ともいえる都市だが、ウェルチのダウンサイジングによって骨抜きにされてきた。ナルデリは着任早々、従業員と対面し、一連の最後通牒を突きつけた。タービン事業の生産性を数カ月のうちに飛躍的に向上させなくてはならない。同事業が「本社から少しでも信頼」を得たいのであれば、次年度の利益目標を「達成もしくは上回らなくてはならない」と告げたのだ。「数字を達成できなければ、他のことは実は重要ではない。我々は再び愚か者の集団として『広く知れ渡る』ことになるだろう」。この立て直しを迅速にやり遂げるために、レイオフを含めてコストを削減し、スケネクタディにおけるＧＥのプレゼンスを低下させるつもりだと、ナルデリは語った。間違いを犯す余地はない。「エンジニアリングはより速く、より効率的に、より生産的に、最初から正しく行なわなければならない」(1)

数字の上では、この取り組みはうまくいった。ナルデリが引き継いだ時点で、同部門は約六四億ドルの売上に対して利益が一〇億ドルに満たなかった。しかし、ウェルチの引退が近づく頃には、ナルデリは売上九七億ドルに対し一七億ドルの利益を引き出していた。利益は倍増し、売上は約一・五倍近く伸びたことになる。ダウンサイジングの見せかけの経済性が今一度示された格好だ。というのも、彼の成功の大部分はさらなる人員削減を通じて実現していたからだ。GEの利益は水増しされたが、窮地にあったスケネクタディの経済にさらなる打撃を与えた。

最終候補の二人目のジム・マックナーニはアイビーリーグ出身で、エール大学を卒業後、ハーバード大学でMBAを取得した。GEに入社すると、若い頃からトップの座を目指した。彼の父親は大手保険会社のブルークロス・ブルーシールドの社長だった。マックナーニはGE在籍中も定期的に他社やリクルーターに探りを入れ、大きなチャンスを探していた。一九九〇年代半ばに、シンシナティを本拠とするGEの照明事業の経営に携わった。買収判断を見誤り、アメリカでコストが高止まりしたことも相俟って、同事業部は常に赤字体質に悩まされてきたが、マックナーニはウェルチに気に入られるために別の方法を見つけていた。

一九九〇年代半ば、マックナーニは、ウェルチが社内で推進していた新しい品質改善手法であるシックスシグマの最も熱心な推進者の一人となった。シックスシグマとは日本の「カイゼン」の概念にヒントを得たもので、フィードバックと業界用語の複雑なシステムを使って、非効率性の名残を根絶しようとした。それが実際に役に立ったのか、多くの事務作業を生み出しただけなのかをめぐって、激しい議論が展開された。ただし、ウェルチ全盛期には、シックスシグマを支持することは上司の機嫌を取り続けたい幹部には必須事項であり、マックナーニも喜んでこの大義を受け入れた。「シックスシグマは私たちの新しいグローバル言語だ。インドでも、ハンガリーでも、アメリカでも、ブラジルでも同じテーマを同じ用語で話し合っている」(2)

シックスシグマのおかげか、市場環境が好調だったのか、はたまた、マックナーニ自身がレイオフやアウトソーシングを行なったからなのか、彼が照明事業を率いた時期に打った施策はことごとく当たった。次に担当したのがＧＥの航空機エンジン部門だ。ＧＥはジェットエンジンの最大手メーカーであり、彼の仕事の大部分は、同部門の最重要顧客であるエアバス、そして特にボーイングとの関係を管理することだった。

マックナーニが同部門を引き継ぐ少し前に、ＧＥとボーイングは、企業や億万長者向けに７３７のカスタマイズ機を販売する計画を練り上げた。ＧＥがエンジンを供給し、ボーイングが機体を製造することになる。これは、ウェルチ自身が当時のボーイングＣＥＯのフィル・コンディットと一緒に、酒の席でナプキンの裏に走り書きしたアイデアだった。ウェルチの考えでは、リアジェットやガルフストリームでは明らかに物足りない。企業が飛行機を買うつもりなら、ジャンボジェットを丸ごと一機買うはずだ。ボーイング・ビジネス・ジェットと命名し、一機三五〇〇万ドルにする。一〇年以内に一〇〇機にエンジンを搭載し、利益は数十億ドルになると、ＧＥ側は見積もっていた。また、ＧＥも真っ先に発注するので、ウェルチは贅沢な旅ができるだろう。しかし、マックナーニは広範なエンジン市場を成長させることはできても、ボーイング・ビジネス・ジェットに関するウェルチの大きな野望は実現できなかった。それから四年後、売れたのはわずか一一機だったのだ。それでもなお、マックナーニは航空機エンジン事業の拡大期を統括し、ウェルチの引退が近づくにつれて、確実にトップの座を争うようになっていた。

三人目は本命候補となったジェフ・イメルトだ。身長一九三センチメートルと長身で、一緒にいるとウェルチを見下ろす形になった。彼の父親はＧＥの航空部門で働いていた。イメルトはダートマス大学を卒業後、プロクター＆ギャンブルに就職し、後にマイクロソフトのＣＥＯとなるスティーブ・バルマーと同じ作業スペースで働いていた。その後、ハーバード・ビジネススクールでＭＢＡを取得し、ＧＥに入社した。キャリアの早い段階で、ウェルチのために冷蔵庫の大規模リコール問題に手際よく対処し、頭角を現した。その後、昇進を重ねて、ウェルチが名を上げることとなった登竜門ともいえるプラスチック担当へと出世した。一九九四年にイメルトはプラスチック部門アメリカ担当責任者に任命されたが、ウェルチが要求する野心的な利益目標を達成するのに苦労した。一つには、同部門が予測する飛躍的な成長が捏造された数字に基づいていたこともある。

プラスチック部門では長年、でっち上げた在庫数を報告し、部門利益をかさ上げする調整作業が行なわれてきた。ウェルチの圧力の下、同部門の工場の経理担当者は基本的に逆算しながら仕事をしていたのだ。[3] 上層部が期待している利益の額を知ると、自分たちが報告すべき売上を計算し、在庫を調整して帳尻を合わせる。ここでも再び、GEの従業員はウェルチの期待する大幅な収益増を実現するためには、ルールを曲げるしかないと感じていたのだ。

イメルトはウェルチに真実を打ち明けることもできた。つまり、以前のマネジメントは不誠実で、この事業は見かけほど強くなかった、と。しかし、彼は思いとどまった。GE幹部は社内でイタリアのマフィアのように「沈黙の掟」を守り、真実を語ることによりお互いを裏切るまいと決意していた。そのうえ、ウェルチは共感力のある上司とは言いがたい。イメルトが言い訳をしたところで、数字を達成するためなら何でもする人物にすげ替えられるだけだろう。

イメルトがウェルチの下で粉飾会計という黒魔術を受け入れるのに、それほど時間はかからなかった。アジアのGEプラスチック工場は、一次材料を自前でつくらず、欧米のGE工場から調達していた。しかし、GEの会計処理法によると、工場間の物資の移動は、新たなキャッシュが創出されなくても、売上として計上されていた。イメルトは、これを自分に有利に使う方法を見つけ出した。四半期の数字がうまく積み上がらない場合、アジア太平洋地域の責任者に、内部注文をもう少し増やせないかと頼み込む。そうすれば、四半期の数字を達成し、継続的に上司を満足させられる。イメルト自身は、このエピソードをそのような形で記憶していないと主張し、在職当時の活動をおおむね擁護していた。「この会社に対するメディアの取り上げ方で間違っていると感じることの一つは、社員が数字をでっち上げているだけだという考え方だ。そういうことのないように、システム内に何十ものチェック＆バランスを設けている」(4)

イメルトは最終試験としてＧＥの医療部門を任された。そこでの三年間で、売上を四二億ドルから六〇億ドルに伸ばした。これほどの急成長を実現させるために用いたのが、ウェルチのプレイブックのもう一つの常套戦術である買収だ。一三億ドルで大手三社を獲得して市場シェアを買うことにより、同部門単体でも巨大企業といえる状態になった。イメルトは金融化の技の習得に加えて、明らかに事業売買の扱いも心得ていたのだ。

ウェルチの後継者争いでは、ダークホース的な候補者も存在した。若かりしウェルチに顕著に見られた大胆さを持つ新星のデビッド・カルフーン、不振の家電事業を舵取りしたラリー・ジョンストンなどだ。しかし最終的に、ナルデリ、マックナーニ、イメルトの三人に絞られた。ウェルチによると、「三人とも期待以上の働きをしてくれた。それぞれのパフォーマンスはぶっちぎりだった」(5)。最終的にイメルトに決めると、「完璧な人選だ」と豪語した。

しかし内心では、イメルトの弱点を見抜いていた。イメルトが就任する前の週にクロトンビルで開かれたパーティーで、ウェルチはディレクターのケン・ランゴーンを脇に呼び、ひとこと警告した。「ケン、一つだけ覚えておいてほしい。ジェフは事業買収で高値づかみする癖がある。彼が手掛けるディールと、その対価として獲得する価値について、君たちが実際によく調べるんだ」(6)

「とびきり優秀な人材」――GEからの天下りラッシュ

後継者争いがナルデリ、マックナーニ、イメルトの三人に絞られていくにつれ、他の優秀なGE幹部は転職先を探すようになった。勝ち目の薄い候補者のうち、ラリー・ジョンストンはGEを退職し、二〇〇一年四月に食料品チェーン店アルバートソンズの経営を担うことになった。ジョンストンは家電事業の経営経験はあるが、食料品について何も知らなかった。しかし、アルバートソンズの取締役会にとって抗しがたい魅力のある候補者だった。この決定に対して、業界をよく知る人のほうが向いているとリクルーターは警告したが、取締役会は聞き入れなかった。一〇〇人の候補者を検討し、ウェルチから学んだ人物が最も適任だとする結論に至った。取締役の一人はこう述べている。「GEにはとびきり優秀な人材がいる。当社のビジネスはそれほど難しくはない。スペースシャトルを作っているわけではない(7)」

最初のうち、それは賢明な動きだったかに見えた。ジョンストンがCEOに就任することが発表された日に、アルバートソンズの株価は七・五%跳ね上がった。新任CEOは予想に違わず、不採算店舗の売却とコスト削減に着手した。エネルギー使用量を減らそうと、店舗の照明の二五～五〇%を消すことまで行なった。その結果はといえば、店内の通路が暗く薄汚れて見えるようになっただけだった。コア事業を立て直せないとなると、今度は他のチェーン店を買収し、何十億もかけて店舗数を増やしていった。しかし結局、リソース不足で立ち行かなくなり、一六五店舗を閉鎖し、全国で何千人もの従業員を解雇した。市場シェアが非常に分散している業界で優位に立つためには、どれもとるべき方向性が間違っていたのだ。「当社は一位でも二位でもなかったし、そうなれる明確な道筋がない市場から撤退した。そういう見方はGE在籍時には非常に役立った」と、ジョンストンは一連の目まぐるしい買収と閉鎖について説明している(8)。

打つ手が限られてきたジョンストンはＧＥで起用していたモチベーション講師を招き、大勢の従業員の力を結集させようとした。しかし、激励の言葉をかけても出血は止まらなかった。ジョンストンが自ら負わせた傷でアルバートソンズの破綻は確定的になり、最終的にＰＥファンドを手がけるサーベラス傘下のグループに売却されることとなった。このように手こずったものの、彼はゴールデン・パラシュート〔企業買収で解任される役員に支払われる割増退職金。敵対的買収の防止策として用いられる〕として一億五〇〇〇万ドルの報酬を受け取っている。

他のウェルチ信奉者も苦労していた。優秀なＧＥ幹部で製造業のＳＰＸの経営に携わったジョン・ブライストーンは、四半期決算が振るわなかったことを報告する少し前に株式を売却して二五〇〇万ドルの利益を得たことがスキャンダルとなり辞任した。ブライストーンはインサイダー取引で提訴されることはなかったが、重役や独立取締役に不当な報酬を与えるために取締役会がボーナス計画を調整したとして、ＳＰＸが投資家から訴えられた。その直後、彼は辞任に同意した。

ＧＥで二三年働いたスティーブ・ベネットはその後、インテュイットとシマンテックというテクノロジー企業でＣＥＯを務めた。しかし、ウェルチから学んだ戦略はどちらの企業でも通用しなかった。インテュイットの主力製品ターボタックスでデータベースの不具合が生じたため、何千もの人々が期日内に納税できなくなる事件が起きた後、彼は突然辞任し、「しばらく休んで人生の次なるチャレンジを探す」つもりだと述べた(9)。それから数年後、シマンテックで企業再建を図ったが、やはり失敗して解任された。

ウェルチの別の弟子であるケビン・シェアラーは、バイオテクノロジー企業のアムジェンを一〇年以上にわたって経営した。絶え間なく買収を繰り返して売上を伸ばしたが、株価はまったく動かなかった。在任期間中に彼が稼ぎ出したのは一億ドル程度にすぎない。

GEキャピタルで長年トップを務め、ウェルチの成功の多くで陰の立役者となったゲーリー・ウェントは最終的に、インディアナ州を本拠とするコンセコのトップになった。多くの負債を抱えた保険会社だ。彼の契約金は現金で四五〇〇万ドルにのぼった。着任後、無分別に買収を続けていたコンセコを立て直そうとしたが、無謀な借り入れを止められず、二八カ月後に破産法適用を申請することになった。ウェントは辞任に追い込まれたが、去るときには五三〇〇万ドルを手にした。

メドトロニックの元CEOでゴールドマン・サックスの取締役であるビル・ジョージによると、「GEのリーダーの多くはビジネスの天才だと思われていたが、単なるコストカッターにすぎなかった。コスト削減は成功への道ではない(10)」

それにもかかわらず、このパターンは際限なく繰り返されるように見えた。GE幹部が他社のCEOに任命されたというニュースが流れると、その企業の株価は急上昇する。新しい職務に就いたGE幹部は業績に関係なく、数百万ドルの報酬契約を結び、豊かな老後が保証され、贅沢三昧ができる。たいていダウンサイジングが一定期間続き、多くの場合、数四半期か数年くらいは増益になるが、ウェルチズムは必然的に代償を伴う。それでも、長期戦略にはほとんど目もくれず、四半期業績の達成にひたすら尽力するのだ。ロットマン・スクール元校長のロジャー・マーティンは「戦略にはっとさせられたとしても、彼らは理解しないだろう。知っているのはせいぜい、手にしたものを取り込んで改良し、オペレーションをより効果的にする方法だ」と言う(11)。やがて士気が低下し、事業が傾き、株価は下落していく。ホーム・デポやアルバートソンなど多くの企業を見ればわかる。GE出身のCEOを雇えば自社の問題が解決されると取締役会は信じていたが、十中八九が残念な結果に終わった。

「私は個人的にそれを間近で見てきた」と、マーティンは言う。「モトローラでも、ノーテルでも、ホーム・デポでも次々とそうなった。彼らの戦略には規律がない。あるのは基本的に『もっと儲けるために絞り出す必要がある』というオペレーション上の規律だ」

ウェルチが引退して数年後、ウォール・ストリート・ジャーナル紙は彼の弟子とその業績を調査した。株価向上に成功していたのは、３Ｍのジム・マックナーニとポラリスのトム・ティラーの二人のみだ。それ以外のＣＥＯは経営破綻を招き、アルバートソンズは二五％、グレート・レイクス・ケミカルズは四五％、インテュイットは四八％も株価が下落した。ウェルチはまだ引退したばかりだったが、その後に続こうとする人々の多くは、成功させる能力が十分に備わっていないことがすでに明らかになりつつあった。シカゴ大学ブース・スクール・オブ・ビジネスの教授でアントレプレナーシップを教えているジェームス・シュレーガーはこう指摘する。「取締役会はＧＥの威光に目がくらみすぎだ。電球や電化製品を小売店に卸すのと、それを消費者に売る店舗を経営するのとでは、大きな隔たりがあることを忘れてしまっている」[12]

「ジャックの誤りを証明する」——企業を破壊する二人の敗北者

ウェルチはイメルトに後を託すことを告げると、プライベートジェットに乗り込んでアルバニーに向かい、ナルデリにそのことを直接伝えた。二人は滑走路に近いラウンジで会ったが、飛行機のエンジンがまだ冷めきらないうちに、ナルデリは落胆することになった。イメルトに負けたことを知らされたナルデリは怒り狂った。ウェルチが自伝で語っているように、ナルデリは、他に何ができたのか、なぜ落とされたのかを知りたがった。そして、今後の身の振り方を考え始めた。

ナルデリがＧＥを去るのは当然の成り行きだった。ウェルチは、イメルトに引き継いだ後に内紛が起こるのを避けるために、最終選考で落ちた二人の候補者は異動することになると明言していた。ウェルチの独裁的スタイルの物差しでは、自分が去った後で、三人の弟子が協力することなど理解できなかったのだ。ナルデリは時間を無駄にしなかった。イメルトが後任に選ばれて二週間も経たないうちに、ホーム・デポはナルデリが次期CEOになることを発表した。

ナルデリに小売業の経験はなかったが、ホーム・デポとGEには密接な関係があった。ホーム・デポの大型店舗にはGEの家電製品や電球が並び、GEキャピタルはホーム・デポのクレジットカード・プログラムを管理し、ホーム・デポ共同創業者のランゴーンはGEの取締役だった。しかし重要な部分では、ホーム・デポはGEとはまったく異なる企業だった。ホーム・デポは長年にわたって分散型の経営文化で成功を収めてきた。地域差があり、店舗ごとにやり方が異なり、従業員は仲間意識を育む家族的な職場で楽しく働いていた。本社の幹部から見ると、少々カオス（混沌）のようでも、標準化されていないことが同社の基本パーパス「顧客を幸せにし続ける」ことにかなっていたのだ。

ナルデリが着任した二〇〇〇年、ホーム・デポの売上と利益は急上昇していた。アメリカは住宅ブームの真っ只中にあり、ナルデリの仕事はその勢いを保つことだった。ところが、GEの指揮命令系統にどっぷりつかってきた彼にとって、ともすれば無秩序にもなる文化は受け入れがたかった。規律を浸透させるために、GEからさらに剛腕をふるう人材を連れてきて、独自のアンチ愛社精神キャンペーンを展開し、長年働いてきた一般社員を減らして、知識の乏しいパートタイマーに入れ替えた。また、意思決定を中央集権化し、コストを削減し、中間管理職を骨抜きにした。閉店後に品出しを要求し、従業員のシフトの時間を伸ばした。効率性を高めようと在庫量を減らしたため、やがて顧客は品切れに対して不満を持つようになり、従業員は自社が期待に添えないことを恥じるようになった。

ナルデリは和気あいあいとした文化もダーウィン主義的な文化へと変えていった。在庫管理ツールを導入し、手触り感のある顧客サービスを禁じた。ＧＥで成功したように、サプライヤーに対してより良い取引を迫ったが、それは裏目に出た。主要サプライヤーの数社が譲歩しなかったのだ。こうした企業の製品はホーム・デポの棚から取り除かれた。「ボブ（ナルデリ）にいったい何が起こったのかわからない。簡単に実現できることをやり尽くすと、彼の性格は豹変した。彼は結果や数字にマニアックにこだわっていた。ホーム・デポは数字以上のものだ。人材あってのホーム・デポだ」と、ランゴーンは語る。(13)

この大混乱はホーム・デポを徐々にむしばんでいった。一部の店舗が閉鎖され、従業員は転居を伴う異動により長年の人間関係が弱まり、販売員は新しいマネジャーの下で働くことになった。士気は低下し、一般社員がナルデリの報酬の詳細を知ると、さらに悪化した。ランゴーンらホーム・デポの取締役は、ウェルチでさえ赤面するほどの報酬パッケージを彼に与えていたのだ。年間三八一〇万ドルもの高額報酬が保証されていた。これだけでも一般社員の怒りを買ったが、ナルデリがＣＥＯになって間もなく、一二台分の車庫がある豪邸の写真が公開され、社内にその噂が瞬く間に広まった。皇帝は突然、裸の王様になった。ナルデリは王侯貴族のように暮らしているのに、従業員は時給制なのだ。中には家族を養うのがやっとだという従業員もいた。

実業界に詳しい関係者によると、ナルデリはどうやら、ウェルチがイメルトを抜擢したのは人選ミスだと示すことに躍起になっていたようだ。「ボブはジャックの誤りを証明したかったのだ」と、当時を知るアナリストは言う。(14)リトル・ジャックは元上司を超えようと決意していたのだろう。「振り返ってみると、ボブの問題の一つは、自分がＧＥでポジションを得られなかったという事実を乗り越えられなかったことにある」と、ランゴーンも語っていた。(15)

ナルデリは、トップの座を勝ち取り脚光を浴びるようになったイメルトにも不満を抱いていた。ウェルチが関わらなくなると、GEとホーム・デポの同盟関係は急速に冷え込んだ。ホーム・デポでGEの電球の取り扱いをやめると、ナルデリは決定した。また、ホーム・デポブランドのクレジットカードを長年管理していたGEキャピタルから別のプロバイダーに変更した。こうした動きはイメルトを苛立たせるのが目的だったらしく、それは成功した。程なくして、イメルトはランゴーンにGEの取締役を退くように要請した。ナルデリが古巣のGEに公然と対立を深めているときに、ホーム・デポの共同創業者を取締役として受け入れられなくなったのだ。事態をさらに悪化させたのが、ランゴーンがニューヨーク証券取引所元会長のリチャード・グラッソーのために一億八七〇〇万ドルの報酬パッケージを承認して、スキャンダルに巻き込まれたことだ。それが発端となって、当時のニューヨーク州司法長官のエリオット・スピッツァーは、グラッソーとランゴーンを不正行為で起訴した。裁判所はその訴えを却下し、どちらも有罪にはならなかった。

数年も経たないうちに、不満を持った顧客はホーム・デポの主な競合であるロウズで買い物をするようになった。このような市場心理の変化により、ロウズは全国的に通用する競争相手として台頭し、ウォール街もそれに気づいていた。ナルデリの在任中、ホーム・デポの株価は八%下落したが、ロウズの株価は一八〇%上昇した。創造的《クリエイティブ》な財務戦略でさえ役立たなかった。彼の在任中、ホーム・デポは破損品の代金を納入業者に過剰に請求していたとして非難され、在任期間が終わる間際には、経営幹部の報酬パッケージの価値を高めるためにストックオプションのバックデート（有利な日付に付け替える行為）を日常的に行なっていたことを認めた。

五年にわたる杜撰な経営の後、二〇〇六年に開かれたホーム・デポの株主総会の場に緊張が走った。通常は一日かけて開く総会を、ナルデリは自社の投資家と二〇分ほど対峙する形に変更したのだ。彼の指示により、取締役会メンバーは姿を見せなかった。ナルデリは株主と対話するのではなく、単調な口調で通り一遍の見解を述べた。それに続けて、投資家向けプレゼンテーションを割愛し、質疑応答を拒んだ。総会は大失敗に終わり、その直後に、ナルデリは辞任することで取締役会と合意した。ただし、ゴールデン・パラシュート付きである。在任中にホーム・デポの投資家が損失を出していたにもかかわらず、報酬として二億一〇〇〇万ドルの退職金を手にした。

ジェンセンとメックリングによれば、ＣＥＯは株主価値を最大化するために株主に代わって働く代理人（エージェント）でなければならない。しかし、数十年にわたる巨額の報酬と最小限の説明責任によって、この最高責任者職のインセンティブは不適切に用いられてきた。ナルデリがホーム・デポで、トラニがスタンレーで示したように、ウェルチの下で学んだＣＥＯは自社の投資家を明らかに見下し、もっぱら自分の財産にしか興味がないようだった。

ホーム・デポを追い出された後、ナルデリは二〇〇七年にクライスラーの経営者に抜擢された。この斜陽のアメリカ車メーカーは、悪名高い略奪的なサーベラスに買収されていた。ナルデリに声が掛かったのには本人の功績だけではなく、縁故も多少関係していた。サーベラス幹部の数人はＧＥ時代に彼と一緒に働いたことがあったのだ。小売業の経験と同様、自動車産業の経験もなかったが、それでもナルデリはＣＥＯの座を与えられ、すぐさまウェルチズムの戦術を今一度実行することになった。

時代に取り残され、負の遺産に苦しんでいたクライスラーは、ナルデリの着任時には惨憺たる状態だった。金融危機が起きたとき、自動車メーカーはアメリカ政府に助けを求めたが、米財務省は最初の交渉の一環として、クライスラーに役員報酬の制限を受け入れるよう求めた。つまり、クライスラーを救済した場合、サーベラス幹部が大金を持ち逃げしないように政府は確証がほしかったのだ。サーベラスはこれを拒否し、代わりに非公開市場を活用したが、それははるかに高くつく債務となった。借入金の金利は高く、避けては通れない事態を早める結果となり、最終的にクライスラーは倒産した。

何としてでも自動車産業を崩壊させまいとして、政府は最終的にクライスラーに四〇億ドルを融資した。サーベラスが潤沢な資金を持ちながら、それをクライスラーに提供することを拒んでいる事実があったにもかかわらず、である。それでもなお、ナルデリとサーベラスはクライスラーの収益性の高い部門である金融サービス業を売却し、そもそもこの不幸な結末を招いた買収のためにサーベラスが調達した借入金の返済手段とした。その間ずっと、クライスラーの売上は減少し、ナルデリの初年度には三〇%、翌年にはさらに四五%落ち込んだ。

ナルデリは職責上の最後の行動として、救済策を精査していた上院議員の前で、自分と会社を擁護した。「破産の専門家になるとは予想外のことだ」[16]。それも彼にとって、とりたてて得意分野でもないことが判明した。トップに就任してから二年も経たないうちに、クライスラーはボロボロになり、彼は辞任に追い込まれた。クライスラーでのナルデリの業績、コンセコでのウェントの業績により、ウェルチの屈指の弟子である二人が図らずもアメリカのビジネス史に残る一〇大破産の二つに関わっていたことになる。

ウェルチの後継者争いに敗れたマックナーニは、GEを辞めてから、しばらくの間、順調そうに見えた。彼もイメルトの着任から一〇日以内に去り、二〇〇〇年末に、ミネソタ州を本拠地とし、化学薬品やスコッチテープ、ポスト・イットなどを製造する多国籍コングロマリット3MのCEOとして雇われた。3Mにとって外部から招聘した初のCEOであり、GE出身者とあって投資家たちは棚からぼた餅だと期待していた。発表後の数日間で3Mの株価は二〇%も上昇した。「彼の名前を口にするだけで、誰もが金持ちになった」と、ビジネスウィーク誌は報じている。

新しい役職に就いたマックナーニは、自分なりのニュートロン・ジャック流を発動させて、五〇〇〇人削減することを発表した。この数字はやがて八〇〇〇人、一万一〇〇〇人へと増えていった。これを皮切りに、３Ｍにウェルチのプレイブックを次々と持ち込んだ。シックスシグマを導入し、当時は自由に行動する創造的な文化だったものを型にはめ込もうとした。イノベーションを阻害するつもりはなかったと、マックナーニは言う。「この会社のＤＮＡはアイデア創出を支えている。それには私も賛成だし、殺したくはない。ただアイデアの評価をもっと厳格にしたいだけだ」[17]

その新たな厳格さは、新製品の評価をはるかに超えて広げられた。新たに導入した人事考課制度は業績の悪い人を特定し排除するためのもので、彼なりのランク・アンド・ヤンクだった。コスト削減熱も相変わらずで、全社的に予算を削減した。この戦略は当初、うまくいっているように見えた。利益が増え、株価もそれにつられて上昇した。部外者からは、マックナーニが３Ｍを再活性化させたように見えていたのだ。しかし社内では、一連の改革は徐々に活気を奪い去った。３Ｍの研究者はいろいろと試し、時には失敗しながら、新製品を開発していた。試行錯誤は、何がうまくいき、何がうまくいかないかを見つける方法だ。ところが、シックスシグマの登場により、間違うことがもはや許されなくなったばかりか、学習し成長する機会として賛美されなくなった。新体制に従わない従業員は排除され、間もなく、仲間うちで公然と反対意見が出てくるようになった。「ここは大家族のようだった。ＣＥＯはミネソタ出身であり、私たちにはずっと仕事があると感じていた。大切にしてもらえると思っていた。自分の仕事をきちんとこなし、毎日出勤して成果を上げている限り、職を失う心配はなかった」と、ある古参従業員は言う。[18] 間もなく、同社を熟知する人々は嫌な予感を抱くようになった。ポスト・イットを発明したアート・フライは当時、「文化が変化しつつあり、それが懸念の種になっている」と語っていた。

三年に及ぶ大混乱の末に、元３Ｍ従業員グループが反撃に出た。マックナーニの在任中に追い出された年配社員が、前代未聞の年齢差別訴訟を起こしたのだ。同社の新しい業績評価制度で機械的に低い順位がつけられ、不釣り合いに降格となり、それが積もり積もって給与、昇進、退職金などに深刻な悪影響を及ぼしたと、彼らは申し立てた。この訴訟では、シックスシグマが差別の手段であり、このプログラムの集中研修の受講者を選抜する際に、年配者よりも若手を優先させることが常態化していた状況も指摘された。３Ｍは不当な行為を認めることなく、わずか一二〇〇万ドルという少額で和解した。

マックナーニはそれほど長くＣＥＯの座に留まらなかった。３Ｍを率いたのはわずか四年間だ。その間に株価は上昇したが、３Ｍは道を踏み外したという声が多い。それでも、マックナーニはさらに大きな仕事をするチャンスに恵まれた。かつてＧＥの航空機エンジン事業を統括し、ボーイングを最重要顧客としていた彼は、今度はボーイング本体を経営するためにシアトルへと向かったのである。

マックナーニが去ると、３Ｍは昔の尖ったやり方に戻った。財務計画よりもイノベーションを再び重視するようになったのだ。技術者は予算ではなく、新製品を研究することが奨励された。金融工学は結局のところ負け組の戦略だと、３Ｍ経営陣はうちに秘めていた思いを吐露した。新しくＣＥＯに就任したジョージ・バックリーはこう語る。「発明とはもともと無秩序なプロセスだ。シックスシグマのプロセスをそういう領域に導入して、発明が遅れているから、水曜日に三つ、金曜日に二つ良いアイデアを出すようにスケジュールを組もう、というわけにはいかない。それは創造性のメカニズムではない[19]」

「思いも寄らなかった」――迫り来るＧＥ崩壊の足音

ウェルチの後継者の中で一番の難題を突きつけられたのは、最悪のタイミングでＧＥを引き継いだジェフ・イメルトだろう。着任して二日目が二〇〇一年九月一一日だった。この日、同時多発テロでアメリカ経済は麻痺し、ＧＥは全米のどの企業よりも厳しい状況に立たされたのだ。ウェルチはＧＥを地球上で最も価値ある企業にするために、考え得る産業にはすべて進出していた。つまり、経済全体がうまくいっていれば、ＧＥも恩恵を受けやすい。ところが、同時多発テロのようなあり得ないことが起こるブラックスワン現象に直面すると、ＧＥは他社よりも脆弱であることに俄《にわ》かに気づかされることとなった。「よりによってＣＥＯになって二日目に、私がリースした機体が、私が製造したエンジンで飛び、私が保険をかけているビルに衝突し、そしてそのビルには私が保有するネットワークが張り巡らされていたのだ」と、イメルトは言う。(20) さらに副次的な影響も波及した。株式市場が急落し、ＧＥの株式はもとより、ＧＥキャピタルが保有する他の資産の価値もそれにつられて下落した。

テロ事件後の数週間で、アナリストや投資家はＧＥを注視し始めたが、そこで目にしたものはいただけなかった。それまで認識していた以上にＧＥキャピタルは大きく、複雑で、ハイリスクだったのだ。航空機のエンジンから発電用タービンまで、製造系事業はひどく危うく見えた。一週間の休止後に株式市場がようやく再開されると、ＧＥの筆頭株主は保有株の半分を売り払った。

イメルトは情けを乞うために投資家に電話をかけた。「ここで勘弁してください。今日は参っています」

その投資家は同情心をみじんも示すことなく、イメルトに驚くべきことを伝えた。「ＧＥの保険事業がこれほど大きいとは、思いも寄らなかったよ」(21)

ＧＥの投資家たちが、ＧＥがどのように利益を得ているかを知らなかったという事実は偶然ではない。ウェルチは意図的に、ＧＥの不自然なほど順調な四半期決算について投資家にわかりづらくし、情報開示を制限していた。ＧＥは一貫して業績拡大を達成していたので、投資家は夢うつつで浮かれていた。ところが、同時多発テロをきっかけに投資家は目を覚まし、イメルトもまた自社の真の実態を思い知ったのである。設備投資や研究開発への投資を二〇年間怠ってきたため、新世紀を迎えても相変わらず革新的な新製品がなかった。二〇年間ひたすらコスト削減を続けたのだから、削ぎ落とすべき脂肪すらない。膨れ上がった金融事業は、実質的にバランスシートに新しいリスクをもたらし、GEはずっと利益が増え続ける企業だと専門用語を使ってウォール街を欺いていた。「二〇〇一年のGEの状況をつかんでもらうのは難しい。フォーチュン誌の『二〇世紀最高の経営者』に選ばれ、株式は利益の六〇倍で売買されているが、はっきり言って複雑な会社だ。要するに、犬の保険からテレビ番組まで、あらゆるものを手掛けていた」と、イメルトは語る。[22]

GEはかつてないほど展開領域を広げ、莫大な時価総額をはじめ、表面的に成功の証となるものをすべて持っていた。しかし、ウォール街のアナリストが本当に気にしていたのは、GEが常に彼らの期待に応えたり上回ったりする能力を持っていたことだ。これは主にGEキャピタルの創造的な会計処理によって達成されていた。

そのような状況が永遠に続くはずがない。無限の拡大と無限の利益成長という流れを断ち切るのは大変なことだ。しかし、同時多発テロの直後、イメルトにはそのチャンスがあった。市場が動揺し、投資家がポートフォリオを見直していたので、GEをリセットするまたとない機会にもなり得た。GEキャピタルを再編し、リスクの高い金融事業を売却し、製造業に再投資することもできただろう。あるいは、特別損失を計上し、GEキャピタルに重大な欠陥があり、それを正す必要があることを認めてもよかった。同時多発テロ以降、GEが厳しい四半期を送ることになったとしても、誰も驚かなかったはずだ。そのせいで株価が下落し、アナリストは心配するかもしれない。しかし最初は逆風にさらされても、GEの状態は改善され、GEキャピタルのマジックへの依存度が下がり、投資家に対して透明性が高まっていたことだろう。

イメルトにはどうやらその決断力がなかったようだ。特に同時多発テロの後では、華々しい決算報告を今一度行なうという強い魅力に抗えなかった。特に着任して間もない時期に、ＧＥのセンセーショナルな四半期決算の流れを断ち切りたくなかったのだろう。期待値をリセットし自社の位置付けを変えるという、厳しくも必要な作業ではなく、ピンチのときに利益を出すためにＧＥキャピタルに目を向けた。そして、業績予想を再び上回ってみせたのだ。他社はほぼすべてテロ直後の四半期業績が低迷したが、ＧＥは希有な例外となった。「世界的な不況と同時多発テロにもかかわらず、二桁の増益を達成した」とイメルトは言って、一四〇億ドルの四半期利益を計上した。「これは、当社の素晴らしいグローバルチームとＧＥのビジネスモデルの強さの賜物だ[23]」

これには誰もが納得したわけではない。ウォール街の百戦錬磨の投資家で「債券王」と呼ばれる億万長者のビル・グロスはイメルトに食ってかかった。グロスは主要な機関投資機関ピムコ（パシフィック・インベストメント・マネジメント・カンパニー）の共同創業者であり、多方面に及ぶコメントや、先を読むタイミングで知られていた。イメルトが就任して半年後の二〇〇二年初めに、グロスは自社のウェブサイトに爆弾発言を載せた。ＧＥの「誠実さに疑問が残る」と考えたため、ピムコはＧＥ債を一〇億ドル売却したばかりだと投稿したのだ[24]。ＧＥの最近の財務上の決定によって、自分たち投資家が損失を被ったことに、グロスは腹を立てていた。それだけでなく、より根本的な批評もしており、ウェルチの信頼性にはっきりと疑いの目を向けていた。ＣＮＢＣの番組でも次のように語っている。「ＧＥは何年も謎に包まれてきた。なぜ長年にわたって何四半期もの間、企業が一五％の利益成長を続けられるのかと、機関投資家は不思議に思ってきた」

グロスはそこで終わらなかった。ＧＥの成功は製造業の底力によるものではない。ＧＥキャピタルが扱う短期の手形ビジネスでの駆け引きや、自社株を使った絶え間ない買収によるものだと断じたのだ。GEは「ウェルチやイメルトが主張するように、経営者の才覚や事業の多様性ではなく、強力で株価収益率の高いGE株式か米国債の利回りに近く安価なコマーシャルペーパーを用い、過去五年間で一〇〇件以上のディールを行なうことで、収益を伸ばしている」。さらに、アメリカ最大の金融機関に挙げられるGEキャピタルの心臓部に決定的な脆弱性があることも突き止めた。GEキャピタルの負債額は一二七〇億ドルと途方もなく大きいが、同社の与信限度額は総額で三一〇億ドルにすぎなかった[25]。

グロスは胸のうちを声に出して明かしたのだ。危機が起きれば、GEは危険な状態にさらされることだろう、と。ウェルチが長い間用いて大きな効果を上げ、イメルトも自分のものとして採用した戦略が、ここにきて揺らいでいた。GE幹部を長く務め、ポラリスを再建したトム・ティラーは「ウェルチ個人の力量に頼るところが大きかった」と指摘する。「イエス・キリスト本人が彼の後任として入ったとしても、ひどい目に遭っただろう[26]」

「世界を尻に敷いたような気分だ」——ウェルチ、遊びまくる

ナルデリがホーム・デポであくせく働き、マックナーニが3Mの改革に挑み、イメルトがGEで格闘していた間、ウェルチは大いに楽しんでいた。引退したからといって、フロリダで隠居生活を始めて、ゴルフ三昧の日々を送るだけでは飽きたらなかったのだろう。それどころか、二〇世紀最高の経営者としての伝説を確固たるものにするために、第二幕の準備に取りかかっていた。GEを去って最初の数週間で、ウェルチはブックツアーに備えていた。二〇〇一年九月一一日に自伝『ジャック・ウ

エルチわが経営』（日本経済新聞出版）が発売された。その朝、ウェルチはロックフェラー・センターで、ＧＥが所有するＮＢＣが放送している「トゥデイ」という番組で同書を宣伝した。マット・ラウアーを相手に九分間、自分のＣＥＯとしての歩みについて軽口を叩き合った。ラウワーは「ニュートロン・ジャック」のレッテルについて聞いたが、元上司に対しておおむね敬意を払っていた。ウェルチはいつもの彼らしく、チャーミングであると同時に気難しくもあった。

その一時間後、ラウアーと共演者のケイティ・クーリックは通常の番組を中断して、世界貿易センタービルから流れ出る黒煙のライブ映像を視聴者に届けた。そこでウェルチの書籍宣伝ツアーは終わった。同日の午前中、ＮＢＣでウェルチの名前が最も目立ったのは、ニューヨーク・タイムズ紙コラムニストのトーマス・フリードマンが、ウサマ・ビン・ラディンは「チャールズ・マンソン〔ヒッピーのコミューンの指導者で殺人犯〕とジャック・ウェルチを掛け合わせたような変わり者だ」と発言した時だ。

「ジャック・ウェルチがそれを聞いてありがたがるでしょうか」と、メインキャスターのクーリックは言った。フリードマンは、ウェルチを「侮辱」する意図はなく、むしろビン・ラディンが「フォーチュン５００社に入る企業の経営者のような組織的スキル」を持っていることを示そうとしたのだと釈明した。(27)

このテロは世界経済を混乱させたが、ウェルチはほとんど動揺しなかった。詰まるところ、ＧＥはもはや彼の問題ではなかったのだ。七〇〇万ドルの前金を受け取って出版した本はベストセラーになっていた。常識では考えられないほど裕福になり、その後、夢のような女性との出会いも待っていたのである。

ウェルチは退任する前に、ハーバード・ビジネス・レビュー（ＨＢＲ）誌からインタビューを打診された。全米の企業経営者の必読書である同誌は、ウェルチを表紙に起用し、そのレガシーを振り返りたいと考えていたのだ。最初、ウェルチは断った。自分の話は自著の出版でコントロールしたかったのだ。しかし、HBR誌ではインタビュー対象者が掲載前に記事を読んで修正できることを知って、取材を受けることにした。一〇月、グラウンドゼロがまだくすぶる中、HBR誌編集者のスージー・ウェットローファーがボストンからやってきて、ニューヨークのオフィスでウェルチにインタビューした。彼女は地方新聞の記者からキャリアを始めて、『裁きの日』（扶桑社ミステリー）という小説を出版していた（魅力的で生意気な女性記者が、情報提供者のマイアミの麻薬密売人と恋仲になる物語だ）。そして今、ウェルチのオフィスに足を踏み入れ、企業の大物の中でも最大のキングと対面したのだ。ウェルチは一三年間連れ添ったジェーン・ビーズリーとまだ婚姻関係にあったが、すぐにウェットローファーに心を奪われた。二二歳の年の差があり、ウェルチが既婚者だったにもかかわらず、数週間のうちに二人はロマンチックな関係になった。その間も、ウェットローファーはウェルチのカバーストーリーの制作を続けていた。掲載号の編集後記用に、カメラマンに二人の写真を撮らせたりもした。

しかし、いざ印刷にかけようという段になって、ウェットローファーのもとに、不倫を知ったジェーンから電話がかかってきた。今寝ている男の追従記事を書くのは、ジャーナリストとしての誠実さを損なうのではないか、と。この電話に慌てたウェットローファーはHBR誌の上司に状況を伝え、記事を没にしたいと提案した。HBR誌の同僚はそれを知って憤慨し、編集者への信頼が失われたと責め立てた。ウェットローファーによると、「スタッフのうち何人かいる真のビジネス・ジャーナリストからすれば、私は敵と手を組んだようなものだった。報道対象のはずが、『なんだって。お前はそのうちの一人と駆け落ちするのか』と[28]」。彼女は休暇を取ることで同意し、最終的にHBR誌を辞めた。新しい記者チームがウェルチのプロフィールを書き直し、「Jack on Jack」として発表した。

ジェーンは離婚訴訟を起こした。過去に結んだ婚前契約はすでに失効していたので、ウェルチは月三万五〇〇〇ドルにプラス一時金一〇〇〇万ドルという和解金を提示した。しかし、贅沢な暮らしに慣れきっていた彼女には、その気前の良い提示金額でも足りなかった。そこで、ＧＥとの退職契約に関する新事実も含めて、ウェルチの妻として享受してきた特典を裁判所への提出書類に列挙し、増額を迫った。

二〇〇一年九月、ウェルチはＧＥのために働くことをやめたが、ＧＥはまだウェルチのために働くことをやめていなかった。「二〇世紀最高の経営者」と呼ばれたウェルチは退任する前に、アメリカ経済史において類を見ないような特別退職金を確保していた。退職後も死ぬまで同社の株主として恵まれた生活を送る権利を獲得していたのだ。この取り決めは難解な法律用語で文書化され、差し障りのないものに見えた。一九九六年に取締役会が契約書を書き直したときに、ウェルチは「残りの人生において、引退前に提供されたものと同等の会社の施設やサービスを引き続き利用できる」とする文言を付け加えた。(29) それはほんの一行で、何年も気づかれることはなかった。ところが、ジェーンが暴露したことにより、実はウェルチの贅沢な退職生活の費用をＧＥ株主が負担することだと急に発覚したのだ。

ウェルチは年間三〇日間のコンサルティングに応じる代わりに、ＣＥＯ時代の給与と同額の日当、年間コンサルティング報酬、数多くの特典を受け取ることになった。これらの中には、セントラルパークを一望できるトランプ・インターナショナル・ホテル＆タワーのウェルチのアパートメントの家賃のほか、生花、ハウスキーパー、ランドリーサービスなど豪邸にまつわる多額の関連費用も含まれていた。それだけで月八万ドルになったが、ウェルチ夫妻が外出するときの勘定もＧＥが支払っていた。リンカーン・センターではメトロポリタン・オペラのボックス席、マディソン・スクエア・ガーデンではニックス戦を見るためのコートサイド席を用意し、十数ものカントリークラブの会員権、ヘリコプターやリムジンサービス、レンタカーも負担した。コンピュータ、ファックス、自動車電話、携帯電話、衛星通信、家電製品、さらに電球まで提供し、造園家、建築家、警備員の人件費、さらには、マンハッタンのジャン・ジョルジュのようなミシュランの星付きレストランでの食事代まで支払い、ウェルチ夫妻が飛行機で移動する際には、GEが保有するボーイング・ビジネス・ジェット（ウェルチ自身が夢見た737型機）を提供した。ジェーンは訴訟の中で、737型機だけで年間三五〇万ドルかかると算定している。

こうした詳細が公表されると、大騒ぎになった。ウェルチの長年の盟友でさえ、この特別退職金は行き過ぎだと感じた。一時期シティコープのCEOを務め、ウェルチの巨額の退職手当を承認した当事者であるGE元取締役のウォルター・ウリストンは「取締役会があのような特典を与えたのは間違いだと思う。彼は年間七〇〇万ドルから八〇〇万ドルの年金をもらっていた。それなのに、なぜアパートやメイドが必要なのか。社用ジェット機を生涯無料で利用するのは、私には過剰に思える」と述べた(30)。ウェルチは悔い改めたふりをした。ウォール・ストリート・ジャーナル紙に、この取り決めを説明する論説を寄稿し、GEに経費の多くを返済することに同意した。しかし結局のところ、ウェルチは例のごとく反省しておらず、「この契約はオープンなだけでなく、GEとその株主にとって経済的に健全でもあった」と述べた。つまり、自分はそれに値すると言いたかったようだ。

ウェルチが行なった大半のことと同じく、彼の特別退職金も前例となった。数カ月もしないうちに、他社もCEOに対して同様の取り決めをするようになったのだ。それから一年足らずのうちに、ラリー・ボシディはハネウェルでほぼ同様の契約を結び、「退職前に提供されたのと同等の企業施設とサービス」を生涯にわたって利用する権利が与えられた。

離婚が成立しジェーンが一億八三〇〇万ドルを手に入れた後、ウェルチとウェットローファーは晴れて結婚した。特別退職金をめぐるスキャンダル、不倫、同時多発テロ後のＧＥの運命の急転換が起こる間、引退後数カ月でウェルチは現実の世界に引き戻されることになった。ニューヨーク・デイリー・ニュース紙がウェルチを表紙に使い、「強欲！」という大見出しをつけたのだ。マネー誌もウェルチを「市場急落の責任者」の一人に挙げた。(31) ほんの数カ月前に二〇世紀最高の経営者に選ばれたウェルチが突然、後ろから狙われる立場になったのだ。

しかし、少なくとも懐が豊かな人々にとって、ここは第二幕や第三幕がある国だ。一九世紀の悪徳資本家たちはその独占的な商習慣を慈善事業で償おうとし、財団や大学に何十億もの資金を寄付した。数十年を経て、ロックフェラー、カーネギー、メロンという名前は独占よりも慈善事業と結びついている。ウェルチの同輩にも同じく抜け目のない人物がいた。一九八〇年代のジャンクボンド王であるマイケル・ミルケンは、恐喝と詐欺で有罪判決を受け、一〇年の禁固刑を言い渡され、証券業界から締め出された。検察に協力して減刑された後、ミルケンは慈善家や自称識者としてセルフイメージを刷新し、主要な経済や政策のカンファレンスの費用を持ち、トム・ブレイディ〔当時プロ・アメリカンフットボール選手〕や元大統領のジョージ・Ｗ・ブッシュなどのセレブをもてなし、一緒に写真に収まることで自身の評判を取り戻した。ドナルド・トランプも二〇〇〇年代初頭には詐欺事件で有名な人物だった。倒産が後を絶たず、ほとんどの大手銀行から取引を断られ、その道化ぶりは伝説と化していた。それでも、当時イメルトの管轄下にあったＮＢＣは、リアリティ番組「アプレンティス」〔参加者はアプレンティス（見習い）として働きながら、課題を解決していき、ホストである実業家が経営する会社に本採用されることを目指す。トランプがホスト役を務めた〕にゴーサインを出し、同番組はトランプに新たな名声と富をもたらした。

それはウェルチにも当てはまる。引退後の最初の一年は紆余曲折があり、ＧＥの基盤に亀裂が入りかけていたかもしれない。しかし、強権的にＧＥを牛耳った、威張りくさって無愛想なスーパーボスのままであり続け、道徳的で耳障りな見出しにめげることはなかった。ＧＥを去って間もない頃に、雑誌編集者のティナ・ブラウンに、一九九〇年代半ばにＧＥキャピタルとトランプが開発した黄金色の巨大ビル、トランプ・インターナショナルの最上階に住むのがどれほど楽しいことであるか打ち明けている。夜分に窓から外を見て、セントラルパークを取り囲むマンハッタンのきらめく灯りを眺めていると、「世界を尻に敷いたような気分だ」と、ウェルチは語った。(32)

第五章　腐ったリンゴ

「ひどい行き過ぎ」――横溢する不正、連鎖する破綻

無限の成長をもたらすことへのプレッシャーの下、GEはルールを曲げ始めた。創造的な会計が常態化し、無秩序に広がった財務業務は広大かつ複雑だったので、少なくとも当面の間は不正行為について規制当局の目をくらますことができた。それはGEに限ったことではない。二〇世紀末から二一世紀初めにかけて、同じような不正な慣行に手を染める大企業は多かった。

ゴミ収集会社のウェイスト・マネジメントでは、創業者のディーン・バントロックが長い間、規制当局や株主を欺こうとしてきた。一九九二年から九七年にかけて、同社の幹部はウォール街のアナリストに確実に好印象を与えてきた。いかにも株価が上昇し続けそうな収益目標を予め設定し、その達成に必要とあらば、いかようにでも記録を改竄《かいざん》したのだ。ウェイスト・マネジメントの株価は四半期ごとに最高値を更新し、幹部はオプションを駆使して自分の個人資産を急増させた。ところが、一九九七年に新任のCEOが会計処理の見直しを命じると不正が判明し、同社は過去五年間の利益を一七億ドルも修正することになった。これは当時としては過去最大規模の修正である。株価は急落し、税

引前収支の修正再表示で三五億ドルの損失を被った。証券取引委員会（ＳＥＣ）はバントロックや関係者を提訴し、このスキームを「これまで見てきた中で最も悪質な不正会計に入る」と表現し、「帳簿を偽造して自分たちの懐を潤し、自身の雇用を守り、疑うことを知らない株主を騙した」としてウェイスト・マネジメントの幹部を訴えた。(1) バントロックとその共犯者たちは現行犯で逮捕されたが、不正を認めることも収監されることもなく和解に持ち込み、約三一〇〇万ドルの罰金の大半をウェイスト・マネジメントに負担させた。

次に、エネルギー会社のエンロンが破綻した。二〇〇一年に内部崩壊するまで、テキサス州を拠点とする同社は経営に長けたアメリカ企業とされていた。エンロンは素早くマネーを生み出した。創業者のケネス・レイとＣＥＯのジェフリー・スキリングは信じられないほど大金持ちになり、経済界でもてはやされた。二〇〇〇年代初め、エンロンの成功の多くは、秘密裏に行なわれていたコモディティ売買プログラムに起因していた。莫大な損失が生じると、その大失敗を隠蔽するために不正会計に走り、投資家や規制当局を欺いたのだ。最終的にエンロンは破綻し、レイとスキリングは逮捕されて有罪判決を受けた。エンロンの監査をしていた会計事務所のアーサー・アンダーセンは廃業に追い込まれた。

その翌年には、製造業のコングロマリットであるタイコ・インターナショナルが破綻した。同社ＣＥＯのデニス・コズロウスキーはビジネスウィーク誌の「今年の経営者の上位二五人」に選ばれ、ビジネス界のスーパーヒーローとして尊敬を集めていた。しかし数カ月後、破滅に直面していた。彼はウェルチのプレイブックを使って、つまり、絶え間ない企業買収とコスト削減によって、タイコを時価総額一一四〇億ドルの企業に変えてきた。自分の発想の源としてウェルチの名前を挙げ、「ジャック・ウェルチがＧＥでまとめ上げたものと、ウォーレン・バフェットの株主利益の創出方法に関する非常に実践的なアイデアを組み合わせたもの」を志向していると語っていた。[2] 合わせると九〇〇近いディールを次から次へと展開し、ホームセキュリティ・システムから潜水艦用部品まで、あらゆるものを製造する肥大化した企業を作り上げた。タイコは、GEキャピタルで当たり前のようになっていた利益調整も行なったが、多くの場合、さらに上手をいっていた。破竹の勢いの只中で、コズロフスキーは犯罪に手を染めた。すでに大企業のCEOとして何千万ドルももらえる立場にあったが、それでは飽きたりなかったのだ。会社のお金に手を付け、最終的に一億五〇〇〇万ドルも騙し取った。それが発覚すると、コズロウスキーは有罪判決を受けて収監された。CEOが逮捕された結果、投資家は、タイコに各部分を足し合わせた以上の価値はなく、実のところ、まったくまとまりのない異なる事業の集合体であることに気づいた。新しい経営陣に入れ替わり、コズロフスキーが獄中にいる間に、タイコは切り売りされた。

同じく二〇〇二年に、長距離通信大手のワールドコムが粉飾決算スキャンダルの最中に破綻した。同社の創業者であるバーナード・エバーズは自社の株価をつり上げるために、組織的に利益の水増しを行なってきたのだ。長期にわたって三八億ドルの架空利益を計上し、同社の資産を一一〇億ドル以上水増しする粉飾スキームを画策した。利益改竄や資産価値の虚偽報告は明らかな犯罪であり、エバーズは刑務所に収監された。ウェルチの例に倣って、さらに株価を上げなくてはならないという重圧がすべてを呑み込み、多くのCEOが成功のために手段を選ばなくなっていたのだろう。

その後の数年にわたって、不名誉な出来事が続いた。連邦住宅抵当貸付公社（通称フレディマック）では、二〇〇〇年から二〇〇二年にかけて五〇億ドルもの虚偽の利益を計上していたことが発覚した。この不正行為は、またしても無限の成長を印象づけて株価をつり上げ、その報酬を自分のものにしようとする経営陣の手で行なわれたものだ（フレディマックと同公社の経営陣は罪状の認否を明らかにすることなく和解した)。

二〇〇五年、ニューヨーク州司法長官のエリオット・スピッツァーは、世界最大手に数えられる保険会社AIGのCEOである「ハンク」ことモーリス・グリーンバーグを提訴した。AIGは準備金の規模や自社の全体的な健全性をめぐって世間を欺くために画策したというのだ。同社は四期分の決算修正を余儀なくされ、株主は数十億ドルの損失を被った。同社は罪状を認めることなく一六億ドル以上の和解金を支払った。グリーンバーグも和解に応じたが、最終的に不正への関与を認め、九〇〇万ドルの罰金を支払っている。

これほど多くのアメリカ企業がスキャンダルに見舞われる中で、さしものGEも監視の目を逃れることはできなかった。SECはGEが粉飾決算で利益(あるいは損失)を隠していないか調べ始めたが、その調査には何年も要した。二〇〇二年末にサーベンス・オクスリー法が制定された。企業の不正を厳重に取り締まり、企業や経営陣に新たなレベルの透明性と説明責任を求める包括的な法律だ。「エンロン以前は、アナリストも投資家もGEキャピタルの仕組みを聞いてくることはなかった」と、イメルトは言う。[3] しかし、全米のCEOが詳細な調査の対象となっており、イメルト自身も同じく投資家や規制当局からの新たな厳しい監視に直面していることに気づかされたのだ。

それまでの数十年間、大企業は悪いことができないものだと思われていたが、今や飽くなき策略によってアメリカ企業の輝かしい評判は地に落ちてしまった。有名企業の間でさえ深刻な腐敗が発覚する企業が出てきた。短期利益を渇望するあまり、経営陣がしばしば原則を曲げ、時には法を犯していたのだ。引退したばかりのウェルチが、このように不正が当たり前という文化の創出に対して自分の果たした役割を認めていたとは思えないが、彼の目にも良くない状況になっていることは明らかだった。「一般の人々にとっては、実業界は悪人ばかりで、リンゴがすべて腐った果樹園のように見えるだろう。長く続いた好景気はひどい行き過ぎを浮き彫りにし、一握りの人により不正な行為が泥沼化した」と、ウェルチは述べている。(4)

「従業員をまだ萎縮させることができる」――ボーイング崩壊②　コスト削減至上主義

二〇〇〇年代初めになると、長らくアメリカ産業界の模範となってきたボーイングもスキャンダルに巻き込まれていた。二〇〇四年、同社のCFOが国防総省の役人に賄賂を贈ろうとして逮捕された。その翌年には、マクドネル・ダグラスを経てボーイングCEOに就任したハリー・ストーンサイファーが部下と不倫して辞任に追い込まれた。ストーンサイファーの在任期間はわずか数年だったが、その間にボーイングを根本的に変えてしまっていた。誇り高き技術者文化は利益重視の文化に置き換えられ、従業員と会社を結ぶ強い絆には綻びが生じていた。当時、ボーイングの取締役会は新しいCEOを探す中で、ウェルチの後継者争いで勝利にあと一歩及ばなかった男に目をつけていた。ジム・マックナーニである。

マックナーニは3M在任中に社内で物議を醸したが、株主に対しては結果を出してきた。彼自身は技術者ではなかったが、GE時代に最後に経営を任された航空機エンジン事業で、ボーイングの上層部と強い信頼関係を築き、航空機市場の実践的な知識を身につけていた。とはいえ、機体を設計し製造する企業の経営はまったく異なるタスクだ。ボーイングの全盛期には、徹底的な透明性、間違いを指摘することを厭わない姿勢、物事をきちんと遂行するために時間とお金を費やす自由度の上に、技術者文化が花開いていた。それは、マックナーニが3Mでほとんど忍耐強さを示さなかった類いの、手間のかかる革新的な取り組みだ。シックスシグマの導入とコスト削減で、3Mのイノベーションを阻害したと非難されたマックナーニだったが、二〇〇五年にボーイングの経営を引き継ぐとすぐに、3M時代と同じような手段を講じた。

彼はウェルチと一緒に働いた経験から、報酬がどれほど企業文化の変革に役立つか心得ていた。ボーイングの中堅社員にコスト削減を優先させるために、同社の給与制度にさりげなく強力な変更を加えた。新制度では、管理職の報酬は株価だけでなく、自分の事業グループの財務的な業績とも連動することになった。直感的には、チーム単位で高い成果を上げれば報酬が得られるので悪くなさそうに見えるが、逆の効果もある。管理職は突然、可能な限りコストを削減する個人的な動機を持つようになった。会社のためになる素晴らしい製品や安全な飛行機をつくることよりも、その過程でいかに支出を削るかを考えるようになったのだ。この新しい報酬制度により、当初は狙いどおりにコストが下がり、効率性が高まった。しかし、コストに一喜一憂するよう従業員に促したことは、やがて悲惨な結果を招くことになる。

マックナーニはほかにもボーイングの家族的文化を抑制する施策を打っていた。賃金を大幅に削減し、年金制度を廃止し、シアトル以外での雇用を増やして労働組合と対立した。サプライヤーを締めつけ、価格を下げなければボーイングとの取引を失うことになると迫り、非協力的なサプライヤーは取引から締め出すことを伝えた。「私たちと一緒に仕事をしないなら、（中略）そのグループは搭乗拒否者名簿に載ることになる。ボーイングとの新しいプログラムに入札できなくなるだろう[5]」

マックナーニはウェルチと同じく、嬉々として自社の従業員を震え上がらせた。二〇一四年にアナリストと電話会議をしたときに、「心臓はまだ鼓動しているし、従業員をまだ萎縮させることができる」ため、すぐに引退するつもりはないと発言した。ボーイングの労働組合のあるリーダーはこのコメントについて、会社と従業員との関係の「最低記録」と呼んだ。マックナーニは悪い冗談として受け流したが、その侮蔑的な態度がどこから来るのかを見抜いていた人物が少なくとも一人はいた。組合リーダーのトム・バッフェンバーガーは、マックナーニの物言いから思い起こされるのは「ジャック・ウェルチ流の対人管理がボーイングではいまだ健在であることだ」と語っていた[6]。

マックナーニがCEOに就任する少し前、ストーンサイファーはボーイングのCEOとして最も重要な意思決定を下し、まったく新しいジェット機をつくることを承認していた。ボーイングが一から新しい機体を作るのは数十年ぶりだったが、もはや先延ばしにすることはできなかった。というのも、国際旅行市場は活況を呈し、航空会社はより長距離を飛ばしていたからだ。ボーイングは七〇〇〇マイル以上をノンストップで飛行できる、燃費の良い中型機体を提供したいと考えていた。数十億ドル規模の事業機会であり、莫大なコストはかかるが、必要不可欠な取り組みといえる。新たに大規模投資をしなければ、ボーイングは時代に取り残され、無用の長物と化してしまうだろう。ストーンサイファーは、この巨大プロジェクトを承認することに抵抗しようとした。利益を自社株買いや配当に回したかったのだ。ボーイングがこのプロジェクトを進める場合、コストを最小限にすることを目指すべきだと主張した。彼の反対によりプロジェクトは数年遅れたが、最終的に787ドリームライナーの開発は認められた。

マックナーニ着任当時、787のプロジェクトは初期段階にあったが、新しい上司として足跡を残すチャンスだと捉えた。ボーイングにとって数十年ぶりの新型ジェット機であり、自分は違いを出せると思っていたのだ。これまでのボーイング機では、部品の外注率は約三五%で、ほとんどのコンポーネントを内製化していた。マックナーニはその比率を逆転させた。今や、ドリームライナーの部品の約七〇%を外注しようというのだ。その目的は当然ながらコスト削減にある。サプライヤーと厳しい交渉を進めれば、ボーイングの収益性を押し上げられ、アウトソーシングによって新型機の開発スピードも上がるだろう。また、ドリームライナーの開発はわずか四～六年で完了し、万事が順調にいけば六〇億～一〇〇億ドル程度で済むという読みもあった。ところが、この予測はひどく楽観的なものだと判明した。実際には、新型機の開発には九年かかり、コストは三二〇億ドルを超えた。

アウトソーシングの結果、ボーイングはコンポーネントの品質や納期のコントロールはもとより、ドリームライナー自体に対するコントロールも大幅に失うこととなった。新型機の設計とエンジニアリングを完全に自社で手掛けるのではなく、重要業務の多くを下請業者に任せたからである。787の胴体には軽量化と耐久性向上のため、アルミニウム合金ではなくカーボンファイバーを使った。しかし、胴体にカーボンファイバーを使う新技術はまだ実績に乏しく、プログラムに新たなレベルの複雑さが加わった。その結果、遅延や不具合が五月雨式に発生することになった。後部胴体の製造を任せたサプライヤーとの関係が険悪になり、ボーイングは問題の工場を一〇億ドルで買収した。マックナーニはコストを抑え続けるための極端な試みとして、全米で最も組合員数が少ないサウスカロライナ州チャールストンにボーイングの新工場を建設している。

二〇〇四年、ボーイングが正式にこの飛行機について発表すると、注文が殺到した。一機二億ドルのドリームライナーは成功が約束されていた。ところが、安価な労働力を雇うという決定によって、社内ではすぐに新たな問題が生じたのである。労働組合化の動きを阻止するため、サウスカロライナ州の管理職は組合加入歴のある人材を採用しないように命じられていた。ボーイングはその代償を支払うことになった。サウスカロライナ州にはそれまで航空機の製造拠点がなかったため、新工場には複雑な機体づくりを熟知している従業員が少なく、すぐにエラーが続出した。コックピット内の電線に鋭利な金属片が付着した危険な状態を放置したり、完成した機内に工具、照明器具、梯子などが無造作に残されていたり、完成間近の機体が水浸しになったり、組み立てラインで機体用エンジンが燃え上がったりしたのだ。あまりにも問題が多発したため、主要顧客のカタール航空はチャールストン工場で製造された機体の受け入れを中止したほどだ。ミスを犯した従業員でさえ、問題の根深さに気づいていた。内部告発が相次ぎ、連邦航空局が調査を開始した結果、ボーイングは六六〇〇万ドルの罰金を支払うことになり、士気は低下した。多くの従業員がサウスカロライナで製造されるドリームライナーの安全性に大きな懸念を抱いていた。同工場の技術者であるジョセフ・クレイトンは「自分では絶対にこの飛行機に乗らないと、妻に話していた。まさに安全性の問題だ」と言う(7)。

二〇一一年末に、ドリームライナーはようやくデビューを果たした。何年も遅れて、予算は大幅に超過していた。その後、就航からわずか一年余りで、機体内部のバッテリーが発火する問題が起こり、全機体が運航停止となった。この運航停止は高くついた。また、恥ずべきことであり、さらなる深刻な問題の前触れでもあった。ドリームライナーが飛び立つ前に、ボーイングは別の重大な決断を迫られていた。

「ウィニング勝利の経営」――ウェルチズムの聖典と教育ビジネス

元GE幹部がほぼあらゆる経済分野でアメリカ企業を破壊していく一方で、ウェルチは経営責任から解放され、新しい恋愛をして、衝撃的なほど金持ちになった。また、スージーを側に置くことで、ウェルチはマルチメディアの絶対権力者となった。夫妻は新たな共著書『ウィニング勝利の経営』（日本経済新聞出版）の出版契約を結んだ。ビジネス戦線での手柄話とありきたりの自己啓発を融合させた内容だ。数年後には、『ジャック・ウェルチの「私なら、こうする！」――ビジネス必勝アドバイス』（日本経済新聞出版）と題する手引き書を出版している。二〇一五年には共著書『ジャック

・ウェルチの『リアルライフMBA』（日本経済新聞出版）を出版した。ビジネスウィーク誌をはじめ、ロイターやフォーチュン誌にも毎週コラムを掲載し、競争、根性、決断に関する教訓を毎回詳しく説明した。

二人は講演活動に勤《いそ》しみ、一時間の講演で何十万ドルもの報酬を得た。もっとも、ウェルチはスピーチをしない。労力がかかりすぎるからだ。代わりに、お墨付きを与えた司会者を立てた質疑応答の形で、一五万ドルのギャラを請求する。フィラデルフィアで開催されたシェールガス・インサイト会議やボストン大学MBAシンポジウム、エクアドルのビジネス・ディシジョン・メーカー・プログラムにも登壇した。イベント主催者はアップセル（単価向上策）として、ウェルチに会えるカクテル・レセプションの参加券を八〇〇ドルで販売した。ウェルチはCNBCなどのニュースネットワークのレギュラーコメンテーターとなり、その日のビジネスニュースについて意見を述べた。著名ニュースキャスターのチャーリー・ローズと何時間も語り合い、トークショーのパネルディスカッションに参加し、声がかかればどんなインタビューにも応じた。二〇〇五年、テレビのドキュメンタリー番組「60ミニッツ」でウェルチとスージーを取り上げたとき、ニュースキャスターのダン・ラザーは「GEのCEOを引退したジャック・ウェルチがアメリカのビジネス史上で最も成功した企業経営者に数えられるのは間違いない。彼は勝ちにこだわり、図らずも新著のタイトルがそうなっている」と褒めそやした。

ウェルチはスーツ姿にネクタイではなく、セーターを着て、多方面から自分の荒削りな部分を和らげる努力を始めた。夫妻は『EQ　こころの知能指数』（講談社）の著者ダン・ゴールマンと一緒にオーディオブックを録音した。ゴールマンの著書は主に共感、マインドフルネス、思いやりが果たす役割を取り上げており、ウェルチのCEO時代の特徴とはかけ離れていた。出来上がったオーディオブックでは、知恵と優雅さを持って実業界を巧みに案内する重鎮としてウェルチが描かれていた。オーディオブックの販促資料には「ジャック・ウェルチほどリーダーシップを知る人はいない。自己認識からチームにコアバリューを浸透させる能力まで、ＥＩ（感情的知性）の主要な要素がその成功の一因である」と記載されていた。

現実には、ウェルチの弁舌はほとんどトーンダウンしていなかった。どこへ行っても株主優先の教義を説き続け、企業は投資家を第一に考え、レイオフに直面しても感傷的になるなと勧めた。マサチューセッツ工科大学スローン・スクール・オブ・マネジメントでは、「能なしは誰なのか正確にわかるし、そいつらは身近にいる。これは野球チームなら毎日やっていることで、それが現実だ。なぜ企業ではクビにしてはいけないのか」と語った。また、ノーベル賞を受賞した経済学者のジョセフ・スティグリッツとのパネルディスカッションでは、組合加入率が高くて成功している産業はないという笑止千万な主張を展開し、自動車や鉄鋼など（挙げれば切りがないが）アメリカの産業における栄光の時代を一刀両断した。

南カリフォルニア大学リーダーシップ研究所の創設者で、ウェルチの友人でもあるウォーレン・ベニスは、彼は再婚して「自分を再発明した」と指摘する。「スージーがいなければ、ウェルチはこれほど生産的でなかったと思う。二人は共同リーダーで、彼女はそのブランドを支えるエネルギーの一部になっている。二人の関係は彼がどんな人物になったかを知る鍵である」(8)。それを真に受けたのがマスコミだ。二〇〇五年、「ニュートロン・ジャック」というあだ名をつけたニューズウィーク誌は、表紙にウェルチを起用し、見出しを「勝つ方法」とした。サクセス誌もウェルチを表紙に持ってきて「偉大なリーダーになるために必要なこと」という見出しをつけた。

ある領域で成功したからといって、他の領域で成功する保証はないが、ウェルチのような人間は必ず試みようとする。ＧＥを経営できたならば、改革を必要とする他のベンチャーに自分の経営ノウハウを伝授するのを止めることなどできようか。二〇〇三年、ウェルチは自信満々でニューヨーク・リーダーシップ・アカデミーの会長に就任した。それは、マイケル・ブルームバーグ市長の下でテクノクラート的な学校長を務めていたジョエル・クラインが考案した、ニューヨークの公立学校教員を指導し、新しい校長を養成するための組織であり、アメリカ企業の競争原理を初等教育の世界に持ち込むことを目的としていた。ウェルチは開校式で、ＧＥで使ったようなビジネスライクな戦術で、校長を目指す人々に恐怖心を植え付けようとした。「我々は会社で『つまらない連中とつるんでいる間抜けな経営者はその職務に値しない』とよく言っていた。校長にもそう言うつもりだ。我々は同じように校長を戒めなくては(9)」

このプログラムが始まって程なく、ウェルチは週末に校長たちをクロトンビルに集めて合宿研修を開いた。ある時点で、教師の報酬は生徒のテストの点数に連動させるべきだという考え方を奨励した。それは、ＣＥＯとして期待される類いの説明責任であり、教室内でそれが通用しないとは想像もできなかったのだ。しかし、この概念は教育関係者には受け入れがたいものだった。子どもたちの学び方は多様であり、テストの成績が良い子どもばかりではないと身をもって知っていたからだ。クロトンビルでのウェルチとのやりとりの中で、「子どもはプロダクトではない」と、一人の校長志願者が述べた。

「いや、子どもはプロダクトだ！」と、ウェルチは言い返し、その教師を黙らせた(10)。

こうしてニューヨークの公立学校にウェルチズムを持ち込もうと努めたものの、同プログラムにはこの国内最大の学校制度の命運を変える効果はほとんどなかった。依然として人種で分けられ、資金不足で、家族の純資産にかかわらず市中の子どもに一貫した教育成果をもたらすことはできずにいた。

二〇一七年、リーダーシップ・アカデミーは突然中止された。その機に乗じて、同市の教育指導者はこのプログラムの誤ったアプローチに言及した。副学区長は「GEの経営には特定の何かが必要だが、学校経営とは別物だ」と述べて締め括っている。(11)

ウェルチが公立学校の立て直しを手助けできると信じていたのは、公教育の専門家だったからではない。CEOとして成功してきたから自分にできると思っていたのだ。まるで超金融化した多国籍企業から利益を引き出す能力が教育改革者としての才能を授けてくれたかのように、自分のお金がより大きな知性を代表するという妄想にとりつかれていた。これは富裕層にありがちな思い込みで、公立学校の立て直しに目をつけたのはウェルチだけではない。ビル&メリンダ・ゲイツ財団には、マイクロソフトの初期の独占により充当できた五〇〇億ドルもの潤沢な財源があり、彼らはワシントン州のカリキュラムを一新するためにテクノロジーを活用しようとした。アマゾン創業者のジェフ・ベゾスは起業家的な思考を養うベゾス・アカデミーという幼稚園を設立した。フェイスブック創業者のマーク・ザッカーバーグはニューアークの公立学校制度を刷新するために一億ドルを寄付したが、この取り組みはうまくいかなかった。ウィーワーク共同創業者のアダム・ノイマンは、自分の子どもやその友だちのために学費の高い学校を設立し、自分の妻にカリキュラムづくりを担当させた。こうしたお金をかけた取り組みのほとんどが失敗に終わり、子どもたちの学習方法や教員の指導方法を改善するには、資金力だけでは足りないことが明らかになったのだ。

ニューヨークの公立学校を改革する試みは、蓋を開けてみると、ウェルチの手に負える代物ではなかったが、教育界への進出はまだ終わらなかった。ウェルチはやがて、自分も未来のビジネスリーダーを教えることができると確信するようになった。そんなとき、二〇〇九年のパーティーで出会ったのがマイケル・クリフォードだ。彼は放送業界でキャリアを積み、キリスト教福音派のパット・ロバートソンやジェリー・ファルウェルなど著名人としばらく一緒に仕事をした後、オンライン教育で大儲けできるという確信に至ったビジネスマンだ。財政難の認定大学を買収し、校名を変えて、高い授業料を取ってウェブで学位を授与し始めた。このサービスでは時としてホームレスに登録を呼びかけることもあった。ホームレスは連邦学生ローンの対象であり、利益に貢献する可能性があったからだ。クリフォードはウェルチのブランド力を理解し、チャンスを見出していた。ウェルチに出会うとすぐさま、オンラインMBAを創設するアイデアを売り込んだ。

初めのうちはウェルチも半信半疑だった。しかし、クリフォードが別のオンライン教育ベンチャーで五〇〇〇万ドルを稼ぎ出すと、スージーの後押しもあってその話に乗った。「スージーはこの企画を実現させるボールベアリング〔重いものなどを転がして動かすための部品〕だった」と、クリフォードは言う。[12] オンラインMBAはいわば営利目的のクロトンビルであり、ウェルチズムをさらに広めるチャンスだった。間もなくジャック・ウェルチ・マネジメント・インスティテュートが創設され、ウェルチ本人と、ジム・マックナーニなどウェルチが信頼する弟子たちが時々登壇するプログラムが開設された。

このオンラインMBAプログラムを宣伝するため、ウェルチはドナルド・トランプと一緒にリアリティ番組「アプレンティス」に出演し、幸運な出場者一名に奨学金を出した。ウェルチとトランプの名前を冠したエピソードが放映された翌朝、二人は揃ってニュース番組「トゥデイ」に出演し、ロックフェラー・センターの広場で、司会者のマット・ラウアー、アル・ローカー、アン・カリーらと世間話をした。何とも奇妙な二人組だった。長身のトランプは小柄なウェルチの頭上にそそり立ち、どちらも注目されることに飢えていた。

「ドナルドはとても頼れる存在だ」「ジャックほど優れた人はいない」と互いに言い合った。[13]

ジャック・ウェルチ・マネジメント・インスティテュートは今も健在で、学生は年間五万ドルを払ってウェルチの名前を冠したオンライン学位を取得している。それは、ウェルチが世界の良からぬアイデア市場で不滅の影響力を持っていることを思い出させる一例だ。ウェルチの著書は今なお増刷されている。サンディエゴ、シドニー、カンザスシティ、プラハなどで、経営者を目指している人々が集まり、ウェルチのレガシーについて議論し、彼の著書を研究している。サウジアラビアの都市ダーランでそうしたグループを組織するのは、ムアス・ビン・フセインだ。彼はジャック・ウェルチ・マネジメント・インスティテュートで学位を取得し、サウジアラムコに就職した。近年、地球上で最も価値ある企業を引き継いだとされる国営石油会社だ〔サウジアラムコは二〇二二年に時価総額が世界一になった〕。「ジャック・ウェルチのことは大好きで、師匠だと思っている。ウェルチの学校で学んだことを自分の顧客に広めている」と、ビン・フセインは言う。(14)

GEが製造業の眠れる巨人から、ターボチャージャーを搭載し多角化されたコングロマリットへと変わったように、ウェルチも自己変容していた。ただの引退したCEOではなく、自己啓発の第一人者で、かつ政策専門家で、かつ起業家だった。GE後に取り組んだことに統一された行動計画はなかった。価値ある大義を唱えることもなく、困っている人を助けることに身を捧げることもなかった。巨額の財産を寄付することも、自分がアメリカ産業界の巨大企業を主導した時期が自国の運命をどう形成したかを深く顧みることもなかった。CEO時代にそうだったように、ウェルチは公共の利益に無頓着だった。それよりも、主な関心は自己宣伝にあった。自分のレガシーを守り、CEOは何でもできるという神話を広め、仲間のボスたちにできる限り伝道する術を探していた。ウェルチの親友でJPモルガン副会長のジミー・リーは言う。「彼の行動計画はジャックであることだ」(15)

「その存在が感じられた」——止まらない金融化と失われる起業家精神

同時多発テロの後、イメルトはウェルチズムをさらに強化することにしたが、一方でそれは完全に論理的な意思決定だった。イメルトはGEが長年続けてきた目覚ましい四半期業績を壊したくはなかった。GEキャピタルのマジックのおかげで、経済が混乱している最中も成功を維持することができたのだ。しかし、自社をリセットする機会を逃したことで、イメルトはウェルチ時代と同じく、いつまでも利益は上昇し続けるとウォール街に事実上約束し、最終的に自ら失敗の道へと突き進んでいった。特に、規制当局がGEを入念に調べたり、歯に衣着せない債券投資家ビル・グロスの批評を受けてアナリストがGEを警戒したりする中で、それをうまく成し遂げるのは不可能だ。それがわかっていても、イメルトはその後何年も試み続けた。その手段として頼ったのが、ウェルチが好んだ戦術であるダウンサイジング、事業売買、金融化だ。

GEの成長の原動力は絶え間ないディールだとするグロスの批評を無視して、イメルトは二〇〇三年だけで約三〇〇億ドルを買収に費やした。まずオランダの商業貸付事業を五四億ドルで獲得した後、フランスのメディア複合企業であるヴィヴェンディの映画・テレビ事業、フィンランドの医療機器会社、イギリスのライフサイエンス会社を次々と買収した。医療技術からメディア資産まで手当たり次第に買収し、他はすべて犠牲にしてGEは利益成長への飽くなき探求を続けたのだ。その後何年も、データ管理会社や環境ソフトウェアメーカーなどの買収契約に署名し、さらに散財した。

こうした買収はほとんど実を結ばなかった。同時多発テロの後、GEはセキュリティ技術企業に大きく賭けて、爆発物探知機メーカー二社を一〇億ドルで購入した。しかし、その事業はたいして成長しなかったため、二〇〇九年に過半数を占める持ち分を売却し、多額の損失を出した。GEほどの規模の会社では誤差の範囲に収まる金額とはいえ、これはイメルトの買収スキルのなさを象徴していた。新たに出てくるトレンドに対して早すぎたり遅すぎたりする傾向があり、得てして高値づかみをしてしまうのだ。イメルトは一度狙いを決めたら、考え直すことができない性分だったらしい。ウェルチが引退前夜、ランゴーンに「イメルトは信頼できないディールメーカーだ」と警告したのは、どうやら的を射ていたようだ。

多角化によってさまざまな新しい産業に進出するのに伴い、かつてGEの柱だったプラスチック、家電、照明などの事業に対して、イメルトはあまり関心を示さなくなった。プラスチック事業は、リヤドに本社を置く化学会社のサウジ・ベーシック・インダストリーズに一一六億ドルで売却された。大多数のアナリストが見積もったよりも高値だったが、それによってGEは祖業の製造業からさらに遠ざかることになった。その数年後には、家電事業を中国のハイアールに五四億ドルで売却し、GEの名前をライセンス供与した。その結果は、おそらくウェルチが夢にも思わなかったであろう、グローバル化の特徴を見事に示していた。つまり、ルイビルのアプライアンス・パークに出勤するアメリカ人労働者は、依然としてGEのロゴ入り製品を作り続けているが、中国企業のために働き、GEが同工場を保有していた頃よりも稼ぎが減っていたのだ。最終的に照明事業も売却し、同じくGEの名前をライセンス供与した。こうして、ウェルチが地球上で最も価値のある企業にしたコングロマリットのほぼすべてにおいて、解体が完了したのである。

その間もずっと、GEキャピタルは成長を続けていた。ニッチな金融事業の買収を続け、二〇〇一年一二月には不動産金融事業を手掛けるセキュリティ・キャピタル・グループを四〇億ドルで買収した。ボーイングのビジネスローン事業、韓国の自動車ローン会社、さらにプライベート・ブランドのクレジットカード事業を買い漁り、トルコからニュージーランドまで、さまざまな銀行に投資した。

二〇〇四年に、GEキャピタルはよりリスクの高い領域に足を踏み入れた。サブプライムローンの貸し手であるウエスタン・アセット・モーゲージ・キャピタル（WMC）を五億ドルで買収したのだ。信用スコアの低いアメリカの住宅所有者が続々と低金利でお金を借りていたので、サブプライムローンは当時、増加の一途にあった。事業上のリスクは火を見るよりも明らかだが、利益が出ていたため、その貸し付けがどれほど破滅的であるか、誰も理解していなかった。WMCを買収した時点で、GEがこの産業に参入すると、疑問の声が上がるどころか、サブプライムローンは主流で信頼できるというお墨付きが与えられたように思われた。

その間、世界経済は好転しているように見えた。同時多発テロのショックの後、資本市場は活況を取り戻した。好景気が戻ってくると、GEキャピタルは大規模な借り入れをして、莫大な利益を生み出した。ウェルチの時代、GEキャピタルの資産規模は四二五〇億ドルに達していた。それが、イメルト着任から五年も経たぬうちに五五〇〇億ドル以上に成長し、さらに拡大を続けていたのだ。GEキャピタルはただ大きくなっただけでなく、GEを構成する事業全体でますます重要な位置を占めるようになっていた。ウェルチ時代に金融事業がGEの利益の四一％を超えることはなかったが、イメルト時代には六〇％近くに急増した。当然ながら、イメルトはGEキャピタルを使ってGEの利益を押し上げ続けた。金融事業は四半期ごとに、ありきたりではない、時には不適切な方法を編み出し、同社がさらに素晴らしい利益を出すのに十分な数字を作り出した。

創造的な会計処理にかけてGEは革新的《イノベーティブ》だったが、製造業のイノベーションでは優位性を失いつつある兆候も目立つようになった。ウェルチは容赦なくコストを削減し、ウォール街に好業績を報告することにこだわり、GEの起業家精神を徐々に奪っていった。イメルトがどれだけこの状況を変えたいと思ったとしても、もはや手遅れだった。

アーロン・ディグナンは、組織上の課題解決や困難な改革をうまく進められるように企業を支援するコンサルタントだ。イメルト時代のGEで何年も協働し、「大きく考える」ように同社に働きかけた。GE幹部が自分のビジネスラインに近視眼的に集中し、毎四半期の数字を達成するために必要なことは何でもする一方で、全社戦略についてはほとんど考えていないことに、ディグナンは気づいていたのだ。イノベーションに話を振ろうとしても、GE幹部は受注残の話をする。さまざまな部門リーダーに自社の目的は何かと聞けば、常に「株主のために成果を出すことだ」という答えが返ってきた。「何かをやり遂げようとすれば、ウェルチの痕跡を感じることになるだろう。彼が残した影響力は甚大だった」と、ディグナンは語る(16)。

ディグナンは何年もGEに入り込み、イメルトに3Dプリンターや自動運転車など、この先、同社に関連しそうなものを追求するように促した。イメルトや取締役会に対してディグナンが言い続けたのは、ビジネスを学んでいる学生なら誰でも理解していることだ——初期費用がかかっても、その投資が実を結べば、見返りは非常に大きい、と。「これは一時的に痛みを伴うが状況は好転する。実際になれる。ただし、今後五年間の四半期業績は期待できないだろう。そういうことをしてみないか」と、ディグナンは彼らに伝えた。その他のやり方では、ゆっくりと見当違いな方向へ進むことになるとも説いた。しかし、「いつも返ってくる答えは『いや、我々がほしいのは自分の取り分だ』というものだった」。

コンサルタントで『リーン・スタートアップ』（日経BP）の著者であるエリック・リースも呼ばれて、イメルトや彼のチームと協働した。起業家的な文化を専門とするリースは、同社内でイノベーションをジャンプスタートさせようと試みた。それが意味するのは、新しいことに挑戦し、失敗を厭わず、すぐに成果に結びつかない可能性もある技術に投資することだ。しかし、GE社内でリースが目にしたのは、リスクをとることへの根強い嫌悪感だった。ことあるごとに、みんな思い切った行動に出るのを恐れ、失敗するかもしれないと心配し、何よりも、試みても十分な利益を出せないのではないかとビクビクしていた。ウェルチの亡霊は、引退後もずっと社内のあちこちに出没し続けていたのだ。「GE社内で、ウェルチはトーマス・エジソンと同じような地位にあった。ウェルチの名前を直接口にする人はいなかったが、その存在が感じられた。彼の理想はあらゆるところに潜んでいた」と、リースは言う[17]。

イメルトの下でGEがイノベーションに最も近づいたのは「エコマジネーション」で知られるマーケティング・キャンペーンだ。しかし、この取り組みはグリーンウォッシング〔見せかけの環境対策〕にすぎなかった。GEは新興の風力発電事業を立ち上げ、一部製品の効率性を高めようとする一方で、化石燃料で動くタービン、機関車、ジェットエンジンを製造し続け、数十年にわたって同社がPCBで汚染してきたハドソン川の浄化運動と争っていた。「私は本質的に環境保護主義者ではなかった。他の人と同じく、手つかずのビーチを眺めるのは好きだが、環境保護の観点でこれを考えていたわけではない」と、イメルトは語る。むしろ、彼は根っからのセールスマンで、グリーン製品市場が急成長していることを理解していた。「実際の戦略が四半期業績とガスタービンであるのに、エコマジネーションは多くの人を欺いた」と、ユニリーバ元CEOのポール・ポールマンは指摘する[18]。

女優のティナ・フェイですら、この見え透いた言い訳に気づいていた。イメルトがエコマジネーションを立ち上げると、フェイはテレビ番組「30 ROCK（サーティー・ロック）」でNBCとGEをネタにしたパロディーをもって、この取り組みを批判した。ウェルチに感化されたCEOのジャック・ドナギー（俳優のアレック・ボールドウィンが演じた）が自社の環境推進を宣伝するのだが、そのときに次のスローガンを掲げた。「収益性を維持しながら地球を救おう！　自由市場が地球温暖化を解決してくれる——そういうものが存在するならば！」

第六章　筋の悪いM&A

「思わず座席からずり落ちそうになった」――リーマン・ショックで露呈した脆弱性

ＧＥは現代で最も影響力のある製品の普及に貢献してきた。電球、冷蔵庫、テレビ、ジェット機のエンジンなど、人々の生活を変えたイノベーションは枚挙に暇がない。サブプライムローンもその一つだ。

二〇〇〇年代初めに住宅ブームが本格化し、低金利が続く中で、銀行など金融機関は信用度の低い借り手に多額の住宅ローンを提供することで、まったく新しいビジネスを創り出した。それがサブプライムローン関連事業である。市場価格がまだ上昇中に家を転売できると信じている人にとって、それは無尽蔵に借りられるタダ同然のお金だった。貸し手側は、借り手の多くが返済苦に陥ることを承知していた。その現実は、この怪しげなローンの名前にも見て取れる。借り手は「サブプライム」――最適レベルに届かず信用度が低いのだ（優良（プライム）顧客よりも下位（サブ）にあるという意味）。

しかし、そうしたリスクにもかかわらず、金融機関は同時多発テロ以降、何百万件ものサブプライムローンを発行し、収入や職業に関係なく、希望する人には誰彼構わず調整可能な金利を提示し、心得顔で多額の貸し付けを行なっていた。その後、創造的な投資金融業者によって事態はさらに悪化する。ウォール街の金融機関はこの問題含みのローンを住宅ローン担保証券にパッケージ化して投資家に販売し、疑わしい金融商品の世界を創り出したのだ。誰一人としてよく認識しないまま、世界の金融システムはアメリカの住宅所有者が毎月住宅ローンを返済する能力にますます依存するようになった。

ウェルチ時代、GEキャピタルはトレーディング、プライベート・エクイティ、高金利のクレジットカード事業などに進出していた。しかし、返済が覚束ない住宅所有者に住宅ローンを売り込むことまではしなかった。ところが二〇〇四年、GEは機会があれば常に利益を追求し、イメルトは主にサブプライムを扱っていたウエスタン・アセット・モーゲージ・キャピタル（WMC）を五億ドルで買収することに合意した。

このディールはイメルトの分別のなさを見事に象徴している。取引はすぐさま実行されたが、金額が高く、デューデリジェンスは最小限だった。注意深く調べていたならば、WMCが適任とは言いがたい靴のセールスマンやポルノ女優を営業担当者として雇い、新たに借り手を獲得すれば多額のボーナスを支給していたことに気づいていたかもしれない。[1] 営業担当者は書類を偽造し、資格のない借り手にジャンボ・ローン（高額住宅ローン）を承認するなど同社が不正まみれだったこと、WMCの従業員が書類を偽造し不良債権を束ねてウォール街に売りつけていたこと、WMCが発行した住宅ローンの多くが差し押さえに直面していることを見つけていたかもしれない。しかし、GEはまったく気づかなかったらしく、サブプライムローンのブームは続いた。

GEの傘下に入ったWMCは、その後二年間で、アメリカ最大級のサブプライムローンの貸し手となり、何万人もの不適格な住宅購入者に約六五〇億ドルを貸し付けた。二〇〇七年には、その筋の悪い賭けが経済に悪影響を及ぼしつつあった。借り手の債務不履行が相次ぎ、大規模なサブプライムローン危機を引き起こし、GEは危機に直面していた。それでも、GEはいまだに冷蔵庫や電球を製造する信頼できる企業だと思っている人が多かった。その年の夏、WMCは一〇億ドルの損失を計上した。GEは出血を止めようと奔走し、持ち高を徐々に縮小し、大多数の従業員を解雇し、大幅なディスカウント価格でWMCを売却することに同意した。二〇年前、ウェルチが投資銀行のキダー・ピーボディを買収し、自ら頭痛の種を蒔いたことがあった。キダーがインサイダー取引の温床であることが判明し、GEはその後何年もスキャンダルに見舞われたのだ。イメルトも今、WMCの買収で同じ轍《てつ》を踏んでいた。「この事業に手を出さなければよかったと思う」と、イメルトは後に語っていた。

しかし、手遅れだった。金融市場の伝染病は国外にも広がり、世界中でディールを追い求めるGEキャピタルの戦略は突然、愚策に見えるようになった。ウェルチ時代の最終年度に買収した日本の消費者金融のレイクも苦戦中で、GEがその後売却するまでに一二億ドルの損失を計上したとされている。イメルトの問題含みのディールの歴史は結局、深刻な悪影響をもたらし、長い間の秘密兵器だったGEキャピタルが突如として最大の負債になった。しかし、イメルト自身はこの事実にまだ気づいていなかったようだ。

その夏、イメルトはコンサルティング会社のマッキンゼー・アンド・カンパニーに調査を依頼し、急激な景気後退が起こった場合のGEキャピタルの脆弱性を診断してもらった。マッキンゼーの評価は「まったく問題ない!」というものだった。たとえアメリカの資本市場が機能不全に陥っても、世界の金融システムには十分な流動性があるので、GEキャピタルがしゃかりきになっていた事業売買や貸付業務を持続できると同社は捉えていた。(3)

それはまさにイメルトが聞きたかったことだ。どちらかといえば、広範にわたる景気後退は、苦境に陥った企業を激安で買収する好機になると、イメルトは考えていた。ゴールドマン・サックスのバンカーもマッキンゼーの診断結果に同調し、何が起ころうともGEは対応できるだろうと、イメルトに請け合った。それに勇気づけられて、イメルトは楽観的な見通しを持ち続けた。経済が最悪期に入る数カ月前、「二〇〇八年のような年でも、当社の金融事業はうまくいくはずだ」と豪語した。

その翌月、イメルトは投資家からの質問に応えて、決算発表では例年どおり、予想を上回る結果を出せると自信たっぷりに断言した。ところが、そのわずか三日後に投資銀行のベア・スターンズが破綻し、金融市場全体に激震が走った。

二〇〇八年四月、GEが発表した第1四半期の業績はウォール街の期待を裏切り、七億ドルも目標を下回った――破滅的な失態である。「私は電車に乗っていたが、思わず座席からずり落ちそうになった。発表された数値は誤植だろうと、みんな思っていた」と、GEを担当していたあるトップアナリストは語る。(4)投資家が同社株を売却したため、GEの株価は一二％下落した。その余波を受けて、GEキャピタルが「直近の二週間、いつもならば可能なトランザクション（取引や売買）ができない」ために苦しんでいることを、イメルトは認めた。GEキャピタルは毎四半期末の数日間、数字を達成するために必要なディールは何でも手を出す慣習があったという驚きの告白を公にしたのだ。

GEキャピタルは何十年間も舞台裏のマジシャンとして、ウォール街を常に驚かせるトリックを披露してきた。投資家は余計な質問をしなかった。ウェルチとその後のイメルトがどのようにうまくやっているのかさっぱりわからないという事実は、マジックの魅力を高める一因となっていた。不信感を持ったとしても胸のうちに留めて、ショーを楽しむのは簡単だった。しかし今、マジシャンが正体をさらした。GEアナリストのヘイマンは当時「GEが四半期の最後の二、三週間を使って、利益目標を確実に達成するために金融サービスポートフォリオを『微調整』していることを、投資家は今では理解している」と語った。「実は奇跡的な経営管理システムでも、リスク管理システムでも、はたまたイノベーションの才能でもなかった。マジックをこっそりと続けるための目隠し用のカーテンだった」

二〇〇八年九月、世界金融危機が本格化した。自動車のビッグスリーのうち二社が政府に救済を求め、連邦住宅抵当公庫（通称ファニーメイ）とフレディマックは連邦政府の管理下に置かれた［低所得者向け住宅ローンの焦げ付きにより経営破綻した］。バンク・オブ・アメリカはメリルリンチの買収を余儀なくされ、リーマン・ブラザーズは破産申請した。ダウ平均は暴落し、破綻寸前に追い込まれたAIGは救済を求めざるを得なかった。世界金融システムが不安定になるにつれて、GEにとって借入金は高くつくようになった。九〇〇億ドル相当の短期借入金を返済するために、手元のキャッシュをかき集めなくてはならなかった。さらに多くの銀行が破綻し、他行にも連鎖しかねない模様となり、その余波を受けたGEは重大な財務危機に陥ったのである。

九月下旬になると、イメルトは追い詰められていた。著名アナリストがGEの業績予想を引き下げ、株価は九％下落していた。債券市場の売買動向を見ると、もともとAAAという格付けに守られてきたGEの債務がいつジャンク債になってもおかしくなかった。どうにも理解しがたいが、一時はアメリカの産業の柱の一つであるGEさえも破綻しかねないように見えた。

最終的に、イメルトは国内で最も有名な投資家に救済してもらった。九月三〇日午後、ウォーレン・バフェットがGEに三〇億ドルを投資することに合意した[5]。資金そのものも重要だが、他の投資家に信用してもらうためには、バフェットが手を差し伸べたと世間に示すことが何よりも重要だった。バフェットの声明文には、「GEが今後数年間、成功し続けることを確信している」とあった。

数日後、イメルトはワシントンでさらなる支援を要請した。今回は、連邦預金保険公社（FDIC）に約一三九〇億ドルの債務保証をしてもらった。これは実質的にアメリカ政府そのものの信用を

GEに与えるということだ。GEがどれほど資金を必要としているかは、二週間も経たずに明らかになった。GEキャピタルは四半期業績が二二％減少し、利益はなんと三八％も大幅に落ち込んだのだ。流動的な資本市場なくしては、同社のブラックボックス化した金融マジックも通用しない。さらに悪いことに、GEは他社と同じくらい、もしくは他社以上に脆弱に見えた。イメルトは景気後退時に不安定になる製造業に加えて、種々雑多な不良債権を保有するノンバンクも抱え込んでいた。

GEが完全に立ち直ることはなかった。バフェットとFDICの応急手当で出血は止まったが、政府はGEを「システム上重要な金融機関（SIFI）」に指定し、同社に追加の規制を課したため、多額のコストがかかるようになった。イメルトはこの経験に懲りて、GEキャピタルをきっぱりと切り捨てることを決意した。それは悲惨な体験となったが、イメルトはその労の見返りを十分に得ていた。二〇〇七年から〇九年までの三年間で、二五〇〇万ドルの報酬を受け取っていたのだ。

「銃を取り出して一発食らわせろ」――見捨てられた後継者、ジェフ・イメルト

ウェルチは引退する際に、後継者が今後二〇年間に会社をどれだけ成長させるかによって自分の成功は決まるだろうと述べた。その基準でいくと、ウェルチの旗色は悪かった。GEの時価総額はイメルト時代に数千億ドル減少し、ニュースは悪くなる一方だったからである。

ウェルチは公の場で後継者の悪口を言うことを差し控えていた。GEの業績をどう評価するかと聞かれると、ウェルチはイメルトを賞賛し、GEとその未来を信頼していると明言した。しかし、内心では激怒していた。親しい友人には、イメルトは最悪だと漏らしていたようだ。「GEの会長兼CEOとして行なった最大の意思決定は後継者選びだが、そこでしくじったと言っていた」と、ランゴー

ンは振り返る。(6) ウェルチとイメルトの関係は他の面でも悪化していた。イメルトがランゴーンをGEの取締役会から追い出すと、ランゴーンを指名し親交もあったウェルチは、それを自分への個人攻撃だと受け止めたのである。

七年間ウェルチは口を閉ざしていたが、金融危機をきっかけにイメルトが利益を出せなくなると、ついに堪忍袋の緒が切れた。二〇世紀最高の経営者の弟子がこれ以上ないほど最悪のタイミングで失敗しかけているのだ。ウェルチは全国ネットのテレビでイメルトを非難した。

「ここで台無しになった。実現すると約束しておいて三週間後に失敗するとは。ジェフは信頼性に問題がある。まったくなっていない」と、ウェルチはCNBCで発言した。イメルトが再び業績予想を達成できなければどうなるかと司会者が聞くと、ウェルチは愛用する物騒な比喩表現を使った。「信じられないほどショックを受けるだろう。やつが約束を守らないなら、銃を取り出して一発食らわせたいくらいだ。いいから利益を上げろ。一二%成長すると伝えて、一二%を実現しろ！」(7)

その翌日、ウェルチはイメルトに和解の電話をかけたが、イメルトにはその気はなく、ついに元上司に自分の思いをぶつけた。「あなたの後を引き継ぐのは面白くも何ともない。あなたが残していった問題について、私は口をつぐんできた。叩けばすぐにボロが出るのに、あなたのレガシーを強化してきたのだ。私がそうやってきたから、あなたは今でも『二〇世紀を代表するCEOのジャック・ウェルチ』でいられる。それが、よりによってあなたの助けが必要なときに、私を背後から刺すのか。とても理解できない」

「私が悪かった。君はミスを犯したが、放送中にあんなことを言うべきではなかった」と、ウェルチは言った。

その後もウェルチは発言を撤回しようとしたが、イメルトはかなり後々までこの一件を引きずった。

「これで基本的に私たちの関係は終わった。ウェルチが私を公の場で批判して自分のブランドの宣伝に利用していることに、ようやく気づいた」[8]。イメルトの理解では、ウェルチはひどい置き土産を残していった。長年、前任者を公に批判することは控えてきたが、それ以降は慎重さをかなぐり捨てた。その翌年のフィナンシャル・タイムズ主催のパーティーでイメルトは「一九九〇年代のGEなら誰にでも経営ができた。彼の飼い犬のジャーマンシェパードでもできただろう」とウェルチをこきおろし、自分が今直面している状況は「本当に、本当に、本当に厳しいものだ」と大勢の人に告げた[9]。

数カ月もしないうちに、ウェルチの罪はさらに重くGEにのしかかってきた。二〇〇九年初めに、同社は広範囲に及ぶ粉飾決算をめぐって証券取引委員会（SEC）と和解したことを発表した。イメルト着任の直後から二年間、GEは株価をつり上げるために利益を過大に計上していた。GEは数字をごまかす方法を数え切れないほど編み出してきた。それについては、広範囲に及ぶSECの訴状に詳細に記載されている。たとえば、二〇〇三年初めに短期融資事業が急成長した際には、土壇場になって会計処理を変更し、二億ドルの税込費用を計上しなかった。一般的に認められている会計基準に則れば、この変更は極めて不適切だ。しかし、そのおかげでGEは期待される四半期業績を再び達成することができた。

ほかにも、製品が実際に販売される前に売上を計上する会計処理をしていた。特に、第4四半期に四億ドル相当の機関車を販売したことにして、大胆にもその年の業績数字をつくることまで行なっていた。しかし実際には、車両を販売したのではなく、翌年に鉄道事業者の購入準備が整うまでの間、他の金融機関に保管してもらっていたのだ。どの例を見ても、きっかけは明らかだった。「利益を増やすことが動機だ」と、調査を指揮したSECのデビッド・バーガースは指摘する[10]。今回の和解は、ウェルチの退任後の数年間に起こった違反行為に対してだが、それ以前から戦術は十分に練られていたようだ。SECの訴状には、GEは一九九五年から二〇〇四年にかけて、アナリストの予想を上回る四半期業績を毎回上げてきたと指摘されている。それが示唆することは疑いようがない。ウェルチの絶頂期にも、同じような戦術がとられていたのだ。SECの訴状にあるように、これは一度限りの逸脱ではない。GEでは粉飾決算が一定の技法のようになっていたようだ。「GEは限界点を超えて会計規則を曲げていた」と、SEC執行部門長のロバート・フザミは言う。[11]

GEは政府との和解に同意し、五〇〇〇万ドルというかなり少額の罰金で手打ちにした。GEはこの取引により、不正行為はうっかりミスで、不正は少数の悪人のせいだと主張することができた。この言い訳は、ウェルチの部下が空軍から暴利を得ていたときや、他の幹部がそれぞれの担当領域で問題が起きたときに使った常套手段だ。とはいえ、この和解を機に、大勢の人々がずっと疑っていた、絵に描いたような完璧な業績がいささか完璧すぎる点を否定しにくくなった。GEではウォール街を満足させるために数字をいじりまわすのが習慣化していたようだ。

金融危機はGEだけの責任ではない。その責任の多くは、搾取する金融業者、強欲なバンカー、過剰にレバレッジをかけた住宅購入者にある。利益に飢えた企業は、世間知らずの消費者に、返せないほどのローンを売り込んだ。投資銀行はそのローンをパッケージ化して売り出し、リスクを束ねて、疑いを持たない関係者に転嫁した。音楽が止まると〔シティグループCEOのチャック・プリンスが「音楽が鳴っている間は、踊り続けなければならない」と語ったことから、上昇相場の投資行動の説明にこうした表現が用いられる〕、政府は銀行を救済したが、住宅所有者は不利な立場に置かれたままだった。住宅所有という由緒ある方法でアメリカンドリームを目指していた市井の人々は破産したが、サブプライム危機の主な立役者は誰一人として投獄されなかった。危機の責任はウェルチやイメルトにあるわけではないが、ドミノ倒しが始まったとき、GEは有害な金融制度に深く絡め取られていた。

GEキャピタルは当初、中産階級を支援するため、初めて冷蔵庫を買う人々に低金利でお金を貸すサービスを目指していた。利益をほしいままにしようとするのではなく、新しい世代の消費者を育てるための親切な融資部門だったのだ。それが今や、もともと助けたかったはずの消費者を食い物にしていた。中産階級を築き上げる代わりに打ちのめす――本来の目的とは正反対になっていた。

危機におけるGE自身の役回りすら超越して、一握りの人々がこれほど多大なリスクを集積させた根本的な力は、ウェルチ的な世界観を反映している。リスクに関係なく、絶えず成長することへの欲求は、GEのプレイブックからそのままコピーしてきたものだ。クレジット・デフォルト・スワップ、債務担保証券、住宅ローン担保証券といった複雑な金融サービスを受け入れることは、GEキャピタルがその創出に一役買ったブラックボックス文化の延長線上にあった。ウェルチが一貫した利益成長を追い求めたことによって、住宅市場をはじめとして市場は常に成長するという、投資家の果てしない信仰が長年かけて醸成されていった。

挙げ句の果てに、危機の解決策とみなされたものはウェルチ的だった。金融制度にテコ入れするために、政策立案者や経営者は次々と統合を図った。バンク・オブ・アメリカはメリルリンチを、ウェルズ・ファーゴはワコビアを買収し、大手銀行はさらに巨大になれた一方で、最も苦しんだのは懐にまったく余裕のない人々だ。何万もの人々が職を失い、何億人もの個人貯蓄が大幅に目減りした。一方、危機を引き起こした責任者、すなわち、住宅所有者に持続不可能な負債を負わせて、金利を徐々に引き上げ、不良住宅ローンをパッケージ化して経済全体を害するような商品をつくった銀行や投資銀行、経営幹部たちは罰せられることなく、アメリカの司法制度でホワイトカラー犯罪によく適用される刑事免責を享受していたのだ。

「世界で最も愚かな考え」――ウェルチ、てのひらを返す

金融危機に続いて、被害の全容が明らかになっていった。住宅市場は崩壊し、失業率は急上昇し、退職金専用口座の預金は消失した。一見すると何もないところから、このような経済的破壊がこれほど急速に起こったことから、現代経済に内在する根本的な不正が垣間見えてくる。サブプライムローンやウォール街の一握りの企業による搾取的な貸し付けが、なぜ経済全体を不安定にしてしまう恐れがあるのか。強欲な住宅ローンブローカーの積極的な利益追求のせいで、なぜこれほど多くの人々が、差し押さえや破産にいつ直面してもおかしくない、破局の淵に立たされているのか。

この危機を受けて新世代の活動家が、広がる不平等やその要因となっている制度に怒りの声を上げ始めた。民主・共和両党の政治家は、大企業にもっと目を光らせるように求めた。一部のCEOでさえ、利益を最優先する経済が社会全体に及ぼしている実際の影響について、もっと注意を払うべき時だと認めた。危機を引き起こした張本人が誰も実質的な影響を受けなかったという、責任者の真の刑事免責に関心が集まると、怒りは街頭にも波及していった。

二〇一一年九月、反資本主義を掲げるアドバスターズ誌の呼びかけで、抗議する人々がマンハッタン南部のズコッティ公園に集結し、「ウォール街を占拠せよ」運動が始まった。「私たちは九九％だ」〔人口の一％の最富裕層に富が集中していることを指す〕というスローガンの下、抗議行動が次々と起こり、ニューヨークを皮切りに、オークランド、ロンドン、さらに世界中の数十の都市へと伝播していった。人々は激怒していた。賃金があまりにも低く、雇用に不安を持つ人がこれほど多いことに。企業が救済され、金融危機の責任者が誰一人として説明責任を負わないことに。医療費があまりにも高価で複雑なことに。そして何よりも、多くの教師、ウェイター、技術者が生活苦に喘いでいるとい

うのに、バンカー、トレーダー、経営幹部は良い思いをしていることに、強い憤りを覚えていた。参加者が集まって思い思いに抗議の声を上げることから始まった運動は、世界規模の抗議運動へと発展した。世界中で群衆が街頭でウェルチズムの結果に抗議したため、警察が武力で弾圧することも多かった。

デモ参加者が「ウォール街を占拠せよ」運動を怒りのはけ口とみなしたのに対し、多くの企業はコミュニケーション活動の好機と捉えた。見るからに人々は怒り狂っていた。また、現状に問題があることも明白だ。そこで、トップマーケターを投入し、九九%の人々に多国籍企業は実は味方だと納得させようと努めた。やがてCSR（企業の社会的責任）やESG（環境、社会、ガバナンス）など、理想主義的な頭文字をボーイスカウトのメリットバッジのように掲げ、自社の善意を売り込むようになった。温室効果ガス排出量を削減し、ダイバーシティ（多様性）を促進し、サプライチェーンをクリーンアップするというのだ。いずれも確かに崇高な目標だが、その対象は得てして曖昧で、約束は守られなかった。

それにもかかわらず、この経済の問題をめぐる議論は続き、ついには最高責任者たちにも浸透していった。一部のCEOは今日の資本主義は必ずしもすべてが正しいとは限らず、熟慮した上でいくつか改革が必要であることを、不承不承ながら認め始めた。労働者階級から一握りの億万長者へと何兆ドルもの富を移した強盗の加担者とは一線を画したい幹部は、「意識の高い資本主義」や「ステークホルダー資本主義」といったバズワードを触れ回るようになった。金融危機をきっかけに株主至上主義の約束を見直そうとする人々の中には、なんとウェルチ本人も含まれていた。

二〇〇九年に世界経済がいまだ不安定で、GE自体も危機に瀕していた頃、ウェルチはフィナンシャル・タイムズ紙の取材を受け、資本主義の未来について語った。長年、投資家を優先させてきた過去を問われると、自らが果たした現代の経済制度への著しい貢献とは距離を置こうとした。「株主価値は表面上、世界で最も愚かな考え方だ」と宣言し、自ら具現化してきた優先事項そのものを退けたのだ。「株主価値とは結果であって、戦略ではない。（中略）企業を主に構成するのは従業員と顧客と製品だ[12]」

ウェルチからこんな発言が出てくるとは笑止千万である。株主価値を重視し、他のすべてを排除した最初のＣＥＯであり、諸々承知の上でやってきたのだ。一九八〇年にウェルチがＣＥＯの座を争っていたときにジョーンズに提出した文書にも、そう書かれていた。それが、引退後に自分を作り変えたように、今や自分のＣＥＯとしての歴史をも書き換えようとしていたのだ。

この発言からしばらく後、ウェルチは保守派のビジネス・コメンテーターであるラリー・クドローに同調し、おそらく重要なのは投資家を喜ばせることだけではないという新事実を解説した。クドローは自由市場の教義を何よりも熱烈に支持してきた人物だが、ウェルチが現状に異を唱えていることには違和感を覚えたらしく、安全な方向へと話を戻そうとした。「しかし、我々は利益を出さないといけない。利益は母乳だ」とクドローは言った。

「まったくそのとおりだ！」と、ウェルチは応じた[13]。

ウェルチが自分のレガシーを再構築しようとしたのは、これだけではない。プロフェッショナル向けソーシャルネットワークであるリンクトインに、自分自身の経営イノベーションを否定するエッセイを定期的に投稿していた。「ランク・アンド・ヤンク？　お門違いだ」と題する投稿もあり、そこで彼は愛用のバイタリティ曲線について「メディアが発明した、政治的で偏見に満ちた鉄槌であり、（より適切には）差別化と呼ばれる、強力かつ効果的な現実の実践に関する神話を永続させるもの」だと説明した[14]。ただし、そうした行為を否定はしなかった。ニューズウィーク誌で「ニュートロン・

ジャック」と呼ばれたときと同様、彼は中身よりも言い回しに文句をつけていたのだ。別の投稿「M&Aの六つの大罪」では、常識的な教訓（「高値づかみは禁物」）を示したが、自分の事業売買における悲惨な歴史を認めることができなかった。RCAを買収した後、バラバラにして売却したやり方や、自ら買収したキダー・ピーボディに泥棒の巣窟をつくったことには一切触れていない。ウェルチは自分の経歴上の傷を消し去り、自分が本当に「二〇世紀最高の経営者」だという神話を永続させるために壮大なキャンペーンを展開していた。

とはいえ、株主価値を「世界で最も愚かな考え」とした彼の発言に比べれば何でもない。このウェルチの発言には、多くのコメンテーターが皮肉に満ちた指摘をしている。しかし、嘘も繰り返し言い続ければ、それが真実になってしまう。時が経つにつれて、ウェルチの言葉は額面どおりに受け止められ、今日では、自ら先駆者となった活動を率先して批判する人物として、その言葉がよく引用される。フォーブス誌に掲載された「世界で最も愚かな考え――株主価値の最大化」という記事をはじめ、時には「物事の真理」を悟った「株主価値の最強の批判者」として賞賛されることもあった。[15]

「行け、行け、GO、GO」――ボーイング崩壊③　安全性軽視の開発

二〇一一年、ボーイングCEOのジム・マックナーニは、一本の電話に恐れおののいた。その電話をかけてきたのは、ボーイングの最重要顧客であるアメリカン航空CEOのジェラード・アーペイだ。アメリカン航空は何十年もの間、ボーイングの機体のみを購入してきたが、もう打ち切るという。アメリカン航空は、ボーイングの頑強な小型機737の競合品であるエアバスの新型機A320neoを大量に発注する準備をしていたのだ。

マックナーニは愕然とし、幹部を集めて対策を練った。ボーイングは長年、737の後継機を一から設計することを検討してきた。しかし、787ドリームライナーの開発と展開に手を焼き、こうしたプロジェクトはこれまで以上に手強いものに見えていた。それが今、アメリカン航空が判断を迫ってきたのだ。アメリカン航空から失注する可能性が高い中、時間をかけて新しい機体を設計するのか。それとも、何とか737型機の寿命をいま一度延ばせるのか。ボーイングはわずか数日で、一九六〇年代に初めて導入された737型機をもう一度設計し直すことを決断した。というのも、まったく新しい機体を設計するよりも迅速かつ安価なプロセスになるからだ。マックナーニはアーペイにそれを知らせて、737の新型機はA320neoの燃費に匹敵する性能にできると約束した。説き伏せられたアーペイはボーイングとエアバスの二社に発注することにした。

完全に新しい飛行機の開発計画を断念することは、短期的には妥当だった。アメリカン航空との取引を失えば、恥をかくだけでなく、ボーイングの株価が急落する恐れもあったからだ。しかし、ボーイングは事実上、737型機にさらに数十年コミットすることになった。加えて、その後に起こった一連の出来事では最終的に三四六人の死者を出し、ボーイングは窮地に追い込まれるのである。

二〇年の任期を終えて二〇一五年に退任したマックナーニは、その場に留まって自分の意思決定の顛末を目にすることはなかった。彼が指揮した大規模な自社株買いや配当キャンペーンにより、在任最後の数年間、ボーイングの株価は急騰していた。この資本還元策によって、マックナーニの持ち分の価値も約二億五〇〇〇万ドルにまで跳ね上がった。

その後釜に収まったデニス・ミューレンバーグは、ボーイングの防衛事業で名を馳せた生え抜きだった。技術者でかつ内部昇進者を選ぶということは、おそらく約二〇年を経て、GEの文化が衰え始めていることを示す。ただし、この場合はそうではなく、マックナーニは退任前に手を打っていた。

ウェルチと一緒に働いたことのあるGE幹部を数名引き入れ、ウェルチの系譜を絶やさないようにしたのだ。ウェルチの後継者争いでダークホースと目されていたデビッド・カルフーンも取締役会に加わった。ミューレンバーグは着任した翌年に、GE航空エンジン事業の責任者だったケビン・マカリスターを登用し、ボーイングの民間航空事業を監督させた。その中には、新しい737MAX（マックス）プロジェクトも含まれていた。

二〇一一年にMAXを発表すると、すぐに大きな反響があった。「効率性マックス、信頼性マックス」というスローガンで売り込むと、世界中の航空会社が数千機の新型機を注文し、瞬く間にボーイング史上最も売れた航空機となった。しかし、737を改良するという意思決定は、直ちにボーイングの技術者に難題を突きつけることとなった。737が最初に設計された一九六〇年代、ジェットエンジンは今より小さく、機体の全長も短かった。そのため、737の機体の地上高は低い。ところが、MAXの動力源となる新しい高効率のエンジンは、従来機のものよりはるかに大きかった。737の地上高を簡単に高くする方法は見つからず、着陸時に滑走路をこすらないように、翼の先端寄りにエンジンを取り付けざるを得なかったのだ。このシンプルな設計変更が結果的に相次ぐ事故につながった。

二〇一二年、MAXのスケールモデルを風洞実験したところ、エンジンが先端に搭載されているため、急旋回すると機首が上向きになる傾向があることに気づいた。それを補正するためにソフトウェアを修正し、「操縦特性補助システム（MCAS）」を開発した。機体のセンサーがピッチアップ（機首上げ）を検知すると、ソフトウェアで自動的に機首が下がるようにしたのだ。しかし、MCASの最終設計では許されないミスが起きた。同システムを胴体から突き出た脆弱な金属装置（機体のピッチを測定するAOAセンサー）のみに依存させてしまったのだ。それによって、737MAXは、それが故障すればシステム全体が止まる「単一障害点」を持つことになった。あらゆる重要な安全システムに冗長性が組み込まれている航空工学では禁じ手である。

ＭＣＡＳはＭＡＸの新機能であるため、ボーイングはこのシステムを重視し、パイロットが新型機を理解する上で欠かせないものにしようと考えていた。技術者たちはある時点で、コックピット内のＰＦＤ（プライマリー・フライト・ディスプレイ）にＭＣＡＳアラートを追加し、システムが発動したらパイロットに知らせることを検討していた。しばらくの間、操縦マニュアルにはＭＣＡＳの説明が記載されていた。しかし、ボーイング側の要請により、米連邦航空局（ＦＡＡ）は操縦マニュアルからＭＣＡＳに関する記述を削除し、パイロットや顧客である航空会社からこの新しいシステムを隠してしまった。その後、コックピットにＭＣＡＳのアラートが追加されることはなく、パイロットがＭＣＡＳの故障を診断するための別のアラートは追加オプションとして売り出された。ＭＡＸに搭載されたＭＣＡＳの最終バージョンをＦＡＡが十分に審査することもなかった。

この不可解な動きには強い動機付けがあった。ボーイングにとって、ＭＡＸと一世代前の７３７ＮＧとの類似性を極力高めることが、全社的な優先事項だったのだ。航空会社に売り込むときには、７３７ＮＧを操縦していたパイロットであれば、新たに集中訓練を受けなくてもＭＡＸを扱えることをアピールしていた。パイロットが知っておくべき大幅な変更があった場合には、シミュレーターを使った操縦訓練を受ける必要があり、そのプロセスには時間とコストがかかる。しかし、その必要はなく、ｉＰａｄで一時間程度の講習（その中にＭＣＡＳへの言及はなかった）を受ければ十分だと航空会社に請け合ったのだ。ボーイングは実際のお金を用いてこの約束を裏付けた。サウスウエスト航空に対して、パイロットがシミュレーターを使った訓練を受けなくてはならない場合には、ＭＡＸ一機につき一〇〇万ドル値引きすると伝えたのだ。

ボーイング社内は、MAXを迅速かつ安価に製造することへの重圧でピリピリしていた。すでにエアバスに後れをとっており、MAXの市場投入が一カ月遅延するたびに、また一カ月分の損失が出てしまう。ある技術者によると、マネジャーは部下に対して、一日でも遅れれば会社に損害を与えると言い含め、「上層部を怒らせるな」と念押ししたという(16)。技術者は過重労働を余儀なくされ、通常の二倍のスピードで製図を引くように迫られた。MAXのプログラムの予算は限られていたため、社内の他のプロジェクトから人材を引き抜いてきた。「スケジュールは極端に厳しかった。行け、行け、GO、GO、GOという感じだった(17)」。

ボーイングを調査した後で議会が公開した文書には、MAXを担当したテストパイロットは同僚への信頼を失い、航空機の設計やその開発に携わったメンバーに疑問を抱いていたとある。「この航空機はピエロが設計し、そのピエロをサルが監督している」「これは冗談だろう」「この飛行機は馬鹿げている」「正直に言って、ボーイングには信用できない人が多い」などのコメントが載っている(18)。

数百機のMAXが組み立てられつつあったワシントン州レントンの工場の現場では、従業員はマネジャーから強いプレッシャーを受けていた。安全基準に違反している疑いがあると伝えたり、時間的な猶予を求めたり、品質確保の手順書を要求したりしても、幹部は生産続行を求めて、従業員の懸念を無視した。MAXの工場でシニアマネジャーを務めていたエド・ピアソンは、二〇一八年六月に737プログラムの責任者に宛てた電子メールでこう書いている。「率直に言って、今は心の中であらゆる警報が鳴り響いている。これまでの人生で初めて、残念ながら、自分の家族をボーイング機に乗せることに躊躇してしまうと言わざるを得ない(19)」

それは、ウェルチがGE工場内にかけたプレッシャーと同じようなものだったが、今回は人命がかかっていた。遅くとも二〇一八年半ばには、社員の間では互いに自社の状態を嘆く声が聞かれた。従業員間のメールには、MAXについてこんな記載があった。「どうやって解決すればよいかわからない。（中略）これは組織的な問題だ。時には重大な失敗をやらかさないと、全員が問題を突き止められない。（中略）たぶん、ギリギリしのぐことを続けていくよりも、そういうことが起こる必要がある」

「あり得ない雇用統計」――陰謀論との共鳴

アメリカ経済は驚くべきスピードで金融危機から回復した。オバマ政権による大規模な緊急援助が自動車業界と銀行を救い、その結果、他の多くの経済活動も救済された。政府の対応の中で住宅所有者と労働者は見落とされていたが、株式市場は危機から数年以内に活気を取り戻し、GEやボーイングなどの企業も再び繁栄しつつあった。二〇一二年にオバマ政権が二期目に入った頃には、雇用が回復し、経済全体が順調に推移していた。

この時点で引退して一〇年以上になっていたウェルチにとって、万事がうまく行き過ぎているように見えた。彼は生涯共和党員で、税金（低くあるべき）や規制（最小限であるべき）といった経済問題では党の方針に従っていた。もっとも、世界屈指の権力者と交際する機会のためなら、政治はそっちのけになる（彼は民主党のビル・クリントン元大統領とゴルフ仲間だった）。クリントンが北米自由貿易協定（NAFTA）を支持したときもそうだったが、民主党が低税率と最小限の規制という自由市場の議題を受け入れると、ウェルチはすぐさま支持を表明した。しかしほとんどの場合、彼の支持の仕方は厚顔無恥にも程があった。

当時クリントン大統領の顧問だったジョージ・ステファノプロスがNBCのコメンテーターの仕事

を検討中だとするニュース記事を見つけたウェルチは、その記事に人が中指を立てている絵を描いて同局のトップにファックスを送りつけ、「ステファノプロス！　あのリベラルのろくでなしが！」と嚙みついた。[20]ジョージ・W・ブッシュをアル・ゴアに勝たせることに非常に強い関心を示し、選挙日の晩にNBCニュースのディシジョン・デスクに乗り込み、ブッシュを応援しろと役員に迫ったという逸話もある。この事件は議会調査に発展した。しかし、引退後のウェルチは単なる政党支持から、紛れもない陰謀論へと傾倒していった。

二〇一二年一〇月五日、労働統計局が月次雇用統計を発表した。経済誌以外ではたいして注目されない日常的な経済指標だ。その日はオバマ政権の一期目の後半で、選挙日の一カ月前だったが、現職大統領には嬉しいニュースとなった。四年間で初めて失業率が八%を下回ったのだ。ウェルチには信じられなかったようで、「あり得ない雇用統計だ。シカゴの連中は何でもするだろう。（中略）議論できないから、数字を変えてしまう」とツイッターに投稿した。

事実上、ウェルチはオバマ政権（「シカゴの連中」）が選挙に勝とうと必死になるあまり、政治的利益のために雇用統計を改竄したと主張していた。この訴えには何ら根拠はない。民主党の大統領の下で実際に経済成長することが理解しがたかったようだ。彼の懐具合に匹敵するほど溢れんばかりの皮肉に満ちているが、クリントン政権下でGEの時価総額は最大の伸びを見せていた。数字をいじり回すのが常態化していた会社を取り仕切ってきたウェルチが、今度はオバマ政権が同じことをやっていると、高潔ぶって非難したのだ。自分の政治的見解にそぐわない純然たる成功の説明として、汚職の横行をほのめかすしか手立てがなかったのだろう。

すぐに反発の声が上がった。大統領経済諮問委員会の委員長を務めたことのある経済学者のオースタン・グールズビーは「正気の沙汰ではない」と反論した。[21]主な経済誌はウェルチの主張を整然と切り崩した。尊敬を集める経済学者たちがウェルチの神話をこきおろし、連邦政府の雇用統計を全面的に捏造するという陰謀がどれほど巨大であり得ないことかを的確に指摘した。当時ウェルチの連載コラムを載せていたフォーチュン誌の記者も、この主張の誤りを暴いた一人だ。

ウェルチは翌日、事後対応に追われ、CNNのアンダーソン・クーパーの番組などに出演して証拠はないことを説明し、中途半端に謝罪した。しかし、いったん世に出た嘘を封じ込めるのは不可能だ。右翼の評論家はこの陰謀論に飛びつき、増幅させた。「今日の雇用統計に関して、GEの元CEOのジャック・ウェルチに賛同する。ここではシカゴ流の政治が行なわれている」と、共和党下院議員のアレン・ウェストはツイートした。フォックス・ニュースの司会者ローラ・イングラハムはこの数字を「完全にオバマ支持のプロパガンダ」と呼んだ。元下院議長のニュート・ギングリッチは、ウェルチの嘘は「真実のように思える」と述べた。当時はまだリアリティ番組のスターにすぎなかったドナルド・トランプも陰謀論者の大合唱に加わり、ウェルチの根も葉もない告発を「一〇〇%正しい」として、オバマ政権が数字を「いじくり回している」と非難し、「私はそんな数字を信じないし、知性を持つ人なら誰でも信じないだろう。いきなり出てきた数字だからだ」とフォックス・ニュースで語った。[22] この嘘はいわゆる「雇用統計の真実論者」によって口コミで広がった。彼らは労働統計局の数字はオバマ大統領の再選を後押しするための捏造だと主張した。

ウェルチ自身も、嘘を突き通したほうが撤回するよりも得策だと気づいたようだ。自分を二〇世紀最高の経営者と称したフォーチュン誌に叩かれて立腹した彼は、今後は同誌に寄稿しないと告げて、他の場所でもっと良い「トラクション（牽引力）」が得られると主張した。それは間違いではない。陰謀論を捏造すれば、堅苦しいビジネス誌のコラムよりもはるかに大きな影響力を持つことができる。それに気づいた彼は自分の偽りの主張を増強し、各地で行なわれる有料講演では、機会があればまた同じことをすると主張し、自分の小さな嘘を詳しく説明し続けた。ウェルチは例のツイートの一週間後、ノースカロライナ州のCEOフォーラムで聴衆に向かってこう述べた。「彼らが言っているとおりの雇用統計になるには、経済が猛スピードで回っていかなければならない。そんなスピードで経済が回っていると思うか。私はこの数字がナンセンスだと示したいだけだ！」[23]

この嘘が一人歩きするにつれて、保守系メディアがテコ入れを試み始めた。ニューヨーク・ポスト紙は「信頼できる情報源」を引用して、オバマ政権が選挙前に実際に数字に手心を加えたとする記事を掲載した。この誤った主張は実を伴うものではなく、国勢調査局の監察官室による調査では、「フィラデルフィア地域事務所の監督者が二〇一二年の大統領選挙前に失業率を操作した、もしくは操作を試みたという申し立てを裏付ける根拠は見つからなかった」とある。[24]しかし、ウェルチが間違っているかどうかは重要ではなかった。実際に、彼が戯事《たわごと》をつぶやくほど、フォロワーが増えていった。彼は気候変動を「集団神経症」や「社会主義にはできなかった資本主義への攻撃」と呼び、ヒラリー・クリントンが国務長官の地位を危うくしたのは、クリントン財団のせいだとほのめかした。[25]彼はまたしても時代を先取りしていた。ツイッターでは下品なコメントをしたほうがフォロワー数は伸び、それが力になることに気づいていたのだ。

偽情報革命の先頭に立ったのはウェルチだけではなかった。トランプはその一年前に、オバマはアメリカ生まれではないから、大統領になる資格がないと主張する、バーサー運動を始めた。ウェルチとトランプは、ソーシャルメディア時代に嘘がいかに強力であるかを理解していたのだ。当時、彼らの悪ふざけは、用済みになった大物の道化や暴言、狂った妄想として片付けられた。しかし、その虚言に熱心に耳を傾ける人々が存在し、トランプを大統領に押し上げ、ピザゲート事件〔二〇一六年のアメリカ大統領選で民主党のヒラリー・クリントン候補陣営の関係者が人身売買や児童性的虐待に関与していたとする陰謀論〕、Qアノン〔極右の陰謀論集団〕、さらに、トランプ大統領自身がやがて際限なく虚言を繰り返すようになる下地をつくった。

バーサー運動と雇用統計の陰謀説に端を発して非常識なニュースが出回ったことを顧みて、ニュース番組のアンカーマンのチャック・トッドは来るべき狂気を予見した。「ドナルド・トランプとジャック・ウェルチという、おかしな陰謀を企む金持ちが、これでトラクションを得られるという考えは悪い傾向だ」

「一番の金持ちが最も過ちを犯した」――ウェルチ王朝の落日

GEは金融危機を生き延びたが、それは薄氷を踏むようなものだった。バフェットが救済に乗り出さなければ、また、政府が融資保証してくれなければ、GEキャピタルは崩壊し、GE本体とアメリカ全体の相当部分を巻き込んでいたかもしれない。それは、さらに高い収益を追い求めることの中毒性と、撤退という痛みを伴うプロセスを避けようとすることから生じた、死と隣り合わせの経験だった。この危機の後で、イメルト自身もこの国が道を踏み外し、GEキャピタルがしてきたような危険な賭けに過度に依存するようになったと認めている。二〇〇九年末にウェストポイントで行なわれた講演で、イメルトは聴衆に次のように語った。「アメリカの競合他社が製造業や研究開発を縮小していく中で、私たちは技術をないがしろにした。我が国の経済は、代わりに金融サービスの手っ取り早い利益へと傾いた。報酬は道理に合わないものになった。一番の金持ちが最も過ちを犯したが、最低限の説明責任しか負わなかった」[26]

イメルトがその皮肉を認識していたとしても、それは表に出なかった。GEほど、製造業から金融業への転換を体現している企業はない。ウェルチとイメルト以外に誰が、失敗してもとがめられない能力の典型例となるだろうか。

事態は悪化の一途をたどった。GEキャピタルは今や規制当局に手足を縛られ、各四半期末の土壇場のマジックが使えない。風力発電やヘルスケアなど、一部の産業向け事業は伸びていたが、蒸気タービンなど主要分野の落ち込みを相殺するほどではない。そこで、イメルトはGE再生に向けて最後の策に出たが、ますます絶望的な動きに見えた。

イメルトはエネルギー価格が高いときに石油ガス会社の買収に散財し、その後、エネルギー価格が下がって、その資産価値が急落していく状況を目の当たりにした。二〇一五年、GEは蒸気タービンを製造するフランスのアルストムを一〇六億ドルで買収した。GEにとって過去最大のディールだったが、最悪の事態にもなった。アルストムの利益率はそもそも低かったところに、さらに反トラスト法当局はGEに対して、アルストムの中で最も収益性の高い事業ラインを売却するように命じた。GEが新たに手に入れたのは、ヨーロッパの労働法に守られて事実上解雇できない、数万人の高給取りの従業員だった。化石燃料用タービンの需要があれば、この高くつく新しい労働力にも価値があったかもしれないが、イメルトはまたしても間が悪かった。ディール締結と時期を同じくしてソーラーパネルや風力タービンの価格が下がり、再生可能エネルギーがコスト競争力をつけてきた。需要がほとんどない瞬間に、GEは高額のガスタービンを製造していたのだ。

事業そのものを通じた持続的成長を実現できず、イメルトは株価上昇に期待して、再び自社株買いと配当に舵を切った。二〇一五年、GEは五〇〇億ドルの自社株買いプログラムを始めた。これは史上最大規模のコミットメントに数えられる。その大規模な新たな重責に応えるため、イメルトはここでGEキャピタルを完全に解体し始めることを発表した。車両管理事業は七〇億ドル、レバレッジド

・ローン（信用度の低い企業向け優先担保付ローン）事業は一二〇億ドルというように、金融資産をバラバラにして売却し始めた。株価上昇を図るために、売却代金は株主に直接還元した。その一方で、同社の年金基金の残高は縮小してしまい、六〇万人の元従業員から退職後に当てにしていたお金を奪うこととなった。二〇一六年末には、同年金基金は三一〇億ドルの財源不足に直面していた。

イメルトのCEO就任から一〇年以上を経て、ウェルチが世界で最も価値のある会社にしたGEは見かけ倒しであることが露呈し、GEキャピタルは解体されつつあった。かつては利益を上げていた電力事業さえも傾きかけていた。配当は減額され、プラスチックや家電製品などの強固な事業は売却された。それにもかかわらず、株価は一向に好転しなかった。

GEから悪いニュースばかりが聞かれる中、もともと企業乗っ取り屋だったネルソン・ペルツがGEの少数株を買い取り、変革を求めて運動を始めた。それと同時に、大統領選に参戦していたバーモント州上院議員のバーニー・サンダースもイメルトに目をつけていた。ニューヨーク・デイリー・ニュース紙の取材で、強欲な企業が「国のモラル構造を壊している」とサンダースは語り、その例としてGEを挙げた。「GEはアメリカでアメリカの労働者と消費者によってつくられた。国内の多くの主要工場が閉鎖されていくのを私たちは長年に見てきた。低賃金の国々に雇用を移して、GEはうまく税金逃れをしてきた。実際に、まったく納税しなかった年もある。それは強欲だ。強欲で利己的だ。この国の人々に対する尊敬の念を欠いている」

サンダースは続けて、ウェルチズム自体に非難を浴びせた。「もしも企業が自己利益のみを気にかけているとすれば、この国の道徳的構造を破壊していることになる。たとえば、今日アメリカでお金を稼いでいる企業が中国やメキシコに移ってさらにお金を稼ごうとする状況がそれに当たる」[27]

イメルトはワシントン・ポスト紙の論説に寄稿し、GEは善を促進する力だと述べた。「GEには一二四年の歴史があり、社会主義者に大いに支持されたことはない。私たちは演説で富と雇用を叫ぶ代わりに、富と雇用を創出している」(28)。しかし、メディアで両者が言い争う光景は、イメルトの信頼性をさらに失墜させただけだった。

イメルトの場合にそのやり方が通用しなかったのは、ＧＥの解体を進めながら、個人では莫大な富をさらに増やしていたからだ。巨額の給料を受け取り、アメリカの高報酬ＣＥＯランキングでは毎年名前が挙がった。アルストムとの破滅的なディールを行なった二〇一五年にも、三三〇〇万ドルを獲得している。イメルトがＧＥの社用ジェットで世界中を飛び回るときには、搭乗機が故障した場合に備えて、常に予備のジェットに後ろを追いかけさせた。この「チェイス（随伴）機」はＧＥの問題のすべて――体裁にこだわり、実体を把握していないＣＥＯが経営し、付加価値のないものに資源を浪費していること――を示す比喩表現となった。ある著名なアナリストは、イメルトは「皇帝のようなＣＥＯ」で、「国家元首でさえ、そんな扱いを受けていない」と指摘した。また、ＧＥが二機目の機体に無駄金を使っているとすれば、他に何を行なっているのかと訝《いぶか》しみ、「財務の監督やコントロール、内部監査に実際に疑問を持たざるを得ない。組織全体を疑わなければならない」と語った(29)。

二〇一七年になると、取締役会にも愛想を尽かされ、イメルトは追い出された。彼の在任中、ＧＥはダウ平均の中で最も成績が悪い構成銘柄であり、五〇〇〇億ドルもの株主価値が消失した。確かに、イメルトは最初から難しい立場に置かれていた。着任当時、ＧＥの価値は奇跡のような四半期業績マジックによって膨れ上がっていたが、同時に投資不足に陥っている製造業の事業を多数抱えていた。しかし、一六年が経っても同様の問題が山積みで、相変わらず苦しんでいた。新しい企業を買収し、ＧＥが経営する全体的な事業ミックスを多角化させることにより、売上こそ伸ばしたが、新しい道は切り拓けなかった。同時多発テロ後にＧＥキャピタルの事業縮小に失敗し、石油、ガス、蒸気タービンに大きく賭けるタイミングを間違えるなど、在任中には誤った意思決定が相次いだ。その過程で、自社株買いに九三〇億ドルを費やした。二〇世紀最高の経営者が選んだ後継者は役立たずであったことが判明したのだ。

イメルト更迭のニュースが発表されると、ウェルチは冷淡な声明を出した。「ジェフは一六年間、毎日ベストを尽くした。今後の活躍を祈っている」[30]。アメリカ企業で最も憧れる仕事に自分を抜擢した人物を振り返る際に、イメルトもそっけなかった。「ジャックはとても良いCEOだった。彼が私のためにしてくれたすべてのことに感謝している」

この二人の億万長者は必死にGEの混乱状態について非難の応酬を避けようとしていたが、お互いの敵意は明白だった。イェール大学スクール・オブ・マネジメントのリーダーシップ研究科長のジェフリー・ソネンフェルドは「GEの二人の元CEOの間には大きなわだかまりがある。イメルトが行なった選択を考えると、ウェルチはイメルトのことを残念に思い、イメルトはウェルチの遺産のいくつかの要素で失望感を味わってきた」と、指摘する[31]。

イメルトの後任となったのは、GE生え抜きのジョン・フラナリーだ。これまでは主にGEキャピタルでウェルチとイメルトのためにディールを実行してきた。フラナリーはGEのM&Aチームの中心メンバーで、ウェルチ流の事業売買の技を習得し、最終的にアジア市場を担当していた。そうした経歴もあって、かつての偉大な大手製造業をどう再生させるかという全体的な視点よりも、経理屋のような厳然たる勤勉さで職務に臨んだ。数十年間、資産の入れ替えや金融商品の操作に明け暮れてきたので、いざGEで権限を握っても、彼にできるのは唯一、リストラ業務のように職務をこなすことだった。電力、航空、ヘルスケアの三つのコア事業に集中すると、彼は述べた。「再建か、閉鎖か、売却か」というウェルチの教義を受け継ぎ、それ以外の事業はすべて切り捨てた。依然として機関車を製造していた運輸部門、祖業である照明部門、イメルトが大枚をはたいて得るものがほとんどなかった石油ガス事業を売却した。こうした動きは遅きに失したと多くの投資家が感じる中、フラナリーはGEの信頼を取り戻すことができず、株価は下がり続けた。

経営を引き継いでから数ヵ月後、フラナリーはいくつかの不運にも見舞われた。GEは保険事業から撤退したと思われていたが（イメルトがCEO時代にそう吹聴していた）、実態は違っていたのだ。GEは依然として、老人ホームを対象とするような長期介護保険を大量に保有し、最終的に約一五〇億ドルの補償を行なっていた。自社株買いに多額を費やした後で、GEにはそのような資金をすぐに手当てできなかった。SECはこの引当金の不足分の調査を開始し、GEは結局二億ドルの罰金を支払った。司法省はその翌月、GEが完全には手放せなかった有害なサブプライムローン事業であるWMCを調査することを発表し、GEは同事業を破産申請する可能性に言及した。ウェルチが去った後もずっと、GEは彼が犯した罪の代償を払い続けていたのだ。

二〇一八年六月一九日、数々のウェルチの拙い意思決定に追い詰められたGEは、優良株式指数の中でも最も優良で、アメリカ経済の指針となるダウ平均の構成銘柄から外された。長年にわたって、さまざまな偉大な企業がダウ平均に採用され、その後、命運が尽きると入れ替えられた。ベツレヘム・スチール、シアーズ、コダックはいずれもかつての構成銘柄だ。大恐慌、二度の世界大戦、ドットコムバブルなどの大混乱が起きても、二〇世紀を通じてGEは留まり続けた。アメリカの誇り高き製造業の過去と、資本主義の黄金時代に生み出され共有された大きな富を、変わることなく思い起こさせる存在だった。

しかし、ウェルチズムがついに裏目に出た。数十年に及ぶ過少投資のために、GEには画期的な新製品が残されておらず、衝動的な事業売買で赤字部門を抱え込んでいた。GEキャピタルははるか以前に、土壇場で業績を出せるように手助けするのをやめていた。ダウを所有するS&Pダウ・ジョーンズ・インデックスは、GEを外せば「経済と株式市場のより良い測定指標になる」と語った。これに反論するのは難しい。過去一年間で、GEの株価は五五％下落する一方で、ダウ平均自体はGEが足を引っ張ったにもかかわらず、五〇％近く上昇していた。GEと入れ替わったのはドラッグストアチェーンのウォルグリーン・ブーツ・アライアンスだ。それは象徴性に富む選択だった。結局のところ、アメリカはもはや家電製品やジェットエンジンをつくる国ではなく、処方薬や加工食品を消費する国になっていたのだ。それでも、ここまで落ちぶれたGEを目にすると、その輝かしい過去と、現在の残念な状況を痛いほど思わずにはいられない。あるシニアマネジャーが端的に述べたように、「GEはもはや、我が国で最も重要な企業ではなくなった」のだ。[32]

ウェルチが引退して一七年後も、GEは依然としてニュートロン・ジャックのレガシーを考慮に入れていた。金融化に心酔し、自社株買いに熱中する――そのすべてがこの瞬間につながっていたので、新任CEOにできることはたいしてなかった。トランプ政権になって数年間、市場全体が強気に推移しても、フラナリーの在任中のGE株価は下落し続けた。

GEがダウ平均から外されて数カ月後、フラナリーは解任された。GEの取締役会は、ここ何年か三人目のCEOを誰にするかの検討を行なってきたが、同社の問題の責任を一身に負う人物であるウェルチの薫陶を受けた別の弟子を選ぶことはおそらく最善策ではないと、ようやく理解したようだ。GEの一二六年の歴史で初めて、GE取締役会は外部人材に目を向けた。ダナハーという小さな製造業のコングロマリットを経営し、一時期GEの取締役を務めていたラリー・カルプが後任者に指名された。彼の登用によって、ウェルチの系譜はついに途絶えたのである。

第七章　負の外部性

私たちは人間扱いされない——アマゾンによるウェルチズムの継承

アーサー・セシル・ピグーは一〇〇年前の近代資本主義の軌跡を熟考し、今後を予見していた。ピグーはイギリスの経済学者で、ケンブリッジ大学に教授として勤務し、財やサービスの所有者の変化だけでなく、経済活動が社会全体に及ぼす影響にも関心を抱いていた。一九二〇年に出版した研究書『厚生経済学』（東洋経済新報社）は後世にも影響を残した。そこで解き明かされた資本主義の神髄は、当時も今日同様、反響を呼んだ。それは、企業を経営する個人は、世界の他の人々のことを気にかけずに、自己利益を最大化するように動機づけられている、というものだ。厚生経済学は商業活動の副作用を示す用語である「外部性」の概念も押し広げた。それ以前の経済学者は主に、供給の増加に伴い財のコストが低減するといった経済成長による「正の外部性」を考察してきたが、ピグーは「負の外部性」、つまり、企業が利益を追求することで生じるあらゆる弊害に目を向けた。産業界が公益に配慮することに信頼が置けないとすれば、企業行動の結果がより広い世界に波及するのは時間の問題だと考えていたのだ。その著書には、ロンドンの公害（煙に日の光が遮られたと結論づけている）など、すでに自明になっていた負の外部性が数例挙がっている。ピグーは、規制や課税など、地域社会をないがしろにしないように企業を促すための明白な解決策も提案した。

しかし、一〇〇年前の緑豊かなケンブリッジのキャンパスでは、ピグーをもってしても、今日の経済界で見られるような弊害の多様さ、規模、影響は想像できなかっただろう。気候変動、格差の急拡大、どこにでも安価な労働力を求める企業から見捨てられた地域社会の空洞化など、企業は時として良い行ないと同じくらい弊害をもたらしているようだ。これらは私たちが現在抱えている負の外部性だ。一〇〇年前にその詳細まで説明できなかったにせよ、どんなことが起こるかについて、ピグーは見抜いていた。

ウェルチ時代に、GEから生じる負の外部性が蓄積されていった。GEが世界に与えた影響はもはや、同社が実現させたすべての善のみでは測れなくなっている。むしろ、何十万人もの従業員をレイオフし、ハドソン川にPCBを放出し、あの手この手で米政府を欺き、お金を巻き上げてきたことも考慮に入れる必要がある。今日、ウェルチやその弟子のほとんどが引退もしくは死去しているが、その後も、ウェルチズムの三つの特徴であるダウンサイジング、事業売買、金融化はいずれも現代の経済に蔓延し、それ自体が負の外部性をもたらす無限の源泉となってきた。

ダウンサイジングを例にとろう。ウェルチがアンチ愛社精神キャンペーンを始めてから六〇年になるが、経営者が従業員に対する攻撃の手を緩めることはなかった。ほぼ毎週のように、アメリカの大企業は「収益性の向上」のために新たな「リストラ計画」の一環としてレイオフを発表している。アメリカン・エキスプレスは二〇一五年に潤沢なキャッシュを持ちながら、利益率と株価を一気に押し上げようと、一連のレイオフを命じた。しかしその甲斐もなく、同社の株価はさらに下落し、その後二年間にわたって低迷した。スプリントは二〇一六年に大きな利益を出したが、経費削減のためにコールセンターで数千人の人員を削減した。同時に、現場は大混乱に陥り、顧客サービスの低下を招いた。オフショアリングも継続されている。空調設備を手掛けるキャリアは、トランプ大統領の介入をものともせず、二〇一七年にメキシコに雇用を移した。ナビスコ、AT&T、ブルックスブラザーズはいずれもここ数年で、雇用を海外に移転している。

経営層が相変わらず信じているのは、大量解雇という安易な算数、つまり、従業員を減らせば利益が上がること、また、従業員を資産ではなくコストと見ることだ。その教義の誤りを暴く研究結果が増えているにもかかわらず、である。ペンシルベニア大学ウォートン・スクール教授のピーター・カッペリによると、「レイオフが企業業績の向上に役立つという全体的な考え方を裏付ける研究結果は一切見つかっていない。収益性向上を目的とした人員削減が手っ取り早く短期的な会計結果を高めること以上の有効な根拠はない」という。ある研究では、小売業者が人員削減を行なったところ、短期的にコストは削減されたが、長期的な損失によってその効果が薄れていた。店舗に配置する人数をギリギリに抑えれば、売上は早晩落ちていく。それでもなお、「給与支出を最小限に抑えることや、短期的な（しばしば月次の）業績目標を達成することを重視した」レイオフが当たり前になっていると、カッペリは指摘する。(1)

近年では、通常の人員整理をはるかに超えて、従業員を周縁化する新手の手法が見られる。アンチ愛社精神キャンペーンはもはや単なる大量解雇やスタック・ランキングではなくなっているのだ。企業は今日、仕事を持つ意味を再定義するために、より幅広い取り組みに注力している。ウェルチがアウトソーシングに乗り出し、GEが従業員に給与を支払う代わりにサービス事業者に鞍替えした手法は新たな極みに達し、労働力をできる限り契約社員、フリーランス、ギグエコノミー〔単発や短期で仕事を請け負う就労形態〕に求めるようになった。企業のインセンティブは変わっておらず、人件費を下げて、利益を上げることにこだわっている。新しいのは、この意識されにくい雇用状況を支える包括的なインフラが登場し、経済的な不安定さが常態化している点だ。アメリカの最大手企業でさえ、人間を機械の部品のように交換可能にすることを期待して、なるべく労働力を臨時雇用に近づけようと協調している。

この新しいダウンサイジングは業界によって多様な形態をとる。ギグエコノミーの台頭により、背後では影の労働力に支えられている数十億ドル規模の新しい企業が誕生した。ウーバーやリフトのドライバーは数百万人、インスタカートやシームレスの配達員は数十万人、タスクラビットやアップワークなどのサイト経由でアルバイトをする人は数千人にのぼる。副業として小遣い稼ぎに時々単発の仕事をする人も一部でいるものの、ギグワークがフルタイムの職業であり、安定した給料の保証、まっとうな福利厚生、責任を負うべき雇用主が存在しないだけ、という人は少なくない。ギグエコノミーは、あれこれ雑用をしてほしい人と、小遣い稼ぎをしたい地元の人をつなぐ方法として始まったが、まったく新しい種類の労働力を生み出してきたのだ。ウーバーのような数百億ドルの時価総額を持つ企業は、主要な労働力のドライバーを従業員ではなく請負業者として分類し、それに応じた処遇をしている。ギグエコノミー企業は、「保有する工場をすべて艀に乗せる」というウェルチの幻想を、彼なら堪能したであろう極限にまで引き上げた。こうした企業は現在、実質的に従業員がいなくても事業を回すことができる。

ギグエコノミー企業は労働者の生活を混乱させているだけでもない。ファーストフード業界では、非効率性を最小化し、無駄のない労働力を最大限に活用しようとするチェーン店の事情に、従業員のスケジュールは振り回されてしまう。タコベルで働く人は七時間勤務後にわずかな休息時間（インターバル）しかなく、家族や自分のことは二の次にせざるを得ない。スターバックスなどの企業は従業員を待機させ、直前でもシフトを穴埋めできるようにしている。パート労働者に組まれるスケジュールは、遅番を務めた後、数時間の仮眠をとって同じ店で翌朝も働く「クロープニング」〔クロージングとオープニングを合わせた造語〕状態になることもある。ニューヨーク市には労働者のスケジュールを予告なしに変えることを禁じる法律があるが、それにもかかわらず不規則に変更したとして、チポトレは市当局から訴えられた。調査によると、不規則なスケジュールは労働者とその家族に悪影響をもたらし、子どもの発育や精神的な健康にも害が及ぶことが明らかになっている。その一方で、多くの企業がパート労働者に競合企業で働くことを禁じる競業避止契約を結ばせて、業界全体の賃金を押し下げてきた。

オフィスの中にも、ウェルチズムの理想主義は根強く残っている。バイタリティ・カーブは大小さまざまな企業で今なお活用されている。ウェルチがGEでスタック・ランキングを普及させた後に、この慣習は長年にわたってフォードや3Mなどの企業（訴訟に発展した）だけでなく、ハイテク産業にも広まっていった。マイクロソフトでは、イメルトの元同僚スティーブ・バルマーの下で何年もこの慣行が盛んに行なわれた。当然ながら、それによって同僚が互いに対立し、大量の離反者を生み、協調性が失われた。マイクロソフトのある従業員によると、「この施策のせいで、みんな互いに助け合うことに抵抗感を持つようになった。同僚を助ければ、自分の仕事をする時間がなくなるだけではない。強制的なバイタリティ・カーブは『仲間の生産性を高めるように手助けすれば、より高いボーナスをもらうチャンスが実際になくなる』ことを意味していた」という(2)。社内に幻滅感が広まったため、マイクロソフトはこの慣行を徐々になくしていったが、新興企業はこの歴史の教訓を学んでこなかった。シェアオフィスを手掛けるウィーワーク共同創業者のアダム・ニューマンは、毎年従業員の二〇％を解雇する目標を設定した。「我々はその期待に応えたが、それは自慢にならない」と、ウィーワークの人事担当者は語る(3)。

世界最大級とも言われるEC大手のアマゾンでは、従業員の福利厚生は後回しのようだ。広大なフルフィルメントセンター、配送トラックの車列、オフィスパークで一〇〇万人以上の従業員を管理している。それを上回るのはウォルマート（二〇〇万人を雇用）くらいで、アマゾンは米国内で最も多くの人材を抱える企業だ。これほど幅広く雇用しながらも、アマゾンの最大の関心事は、あのどこでも見かける矢印のロゴマークがついた安全ベストを着用して働く多くの人々の回復力や経済的安定ではない。長年赤字を垂れ流しながら市場シェアを拡大してきた同社は今、投資家のために四半期の利益をより一層増やそうと注力している。

アマゾン創業者のジェフ・ベゾスは、ウェルチがそうだったように、従業員は基本的に消耗品だという狂信的な確信を持って仕事に臨んでいたようだ。アマゾンの倉庫システムの設計に携わったある幹部の話では、ベゾスは早くから、凝り固まった愛社精神を持つ従業員はごめんだとはっきり言明していたという。従業員にとって居心地良くなりすぎれば、「月並みに」ならざるを得ない。また、解雇という脅しがなければ、従業員は一生懸命に働かない。「我々人間には、なるべくエネルギーを消費せずに、欲しいものや必要なものを得ようとする性質がある」と、彼は信じていたのだ(4)。

アマゾンで働く人々が満足しすぎないように、人々の気を引き締め続けることができそうな戦略をベゾスは考え出した。それは、雇用状況をできるだけ不安定にすることだ。実際にアマゾンのHR戦略は、大多数の従業員について会社とのつながりを極力弱め、いつ切られるかわからない取引関係にするように設計されている。ウェルチが自分のミッションを果たすためにスタック・ランキングを偏重せざるを得なかったのに対し、ベゾスはテクノロジーを用いて、従業員がこれまで以上にディストピア的な管理形態にさらされる実験場へとアマゾンの倉庫を変えた。人々は機械のように扱われ、職場での怪我は当たり前で、感傷の名残はかけらもない。「私たちは人間扱いされず、ロボット扱いすらされないのだ。データストリームの一部として扱われている」と、ある従業員は語っていた[5]。

これは単なる比喩表現ではない。アマゾンの従業員は、他の人間ではなく、ソフトウェアによってますます管理されるようになった。コンピュータに人間の面倒を見させる経済的なメリットはアマゾンの利益に反映され、四半期ごとに数十億、数百億と膨張を続けている。しかし、従業員自身にとって、上司がアルゴリズムとなれば問題が出てくる。実際に質問しても答えてくれる人や、週五五時間の勤務後に突然、強制的に残業を命じられても、問題を訴えるべき相手が誰もいないかもしれない。時には、アルゴリズムが誤って従業員を解雇すれば、その人は会社に留まりたくても失業してしまう。カメラとコンピュータはアマゾンの従業員を一日中監視している。倉庫の現場で働く人は常に追跡され、箱詰めのスピード、手間取っている時間の長さ、おそらく一息入れる時間までもがセンサーを使って測定、記録される。トイレ休憩をとれば、人事考課に響きかねない。生産性で後れをとれば、怠け者だとみなされる。ドライバーは瓶を持ち込んで用を足し、工場労働者は歩く速度が遅すぎれば懲戒処分になる。一部の従業員は、自分たちは単なるデータストリームの一部ではないことを経営陣に思い出させようとしてきた。「従業員は単なる数字ではないことをエリアマネジャーにわかってもらうことが非常に大切だ」。ニューヨークのスタテン島にあるアマゾンの倉庫の社内掲示板には、「我々は人間だ。日次や週次の目標や比率をつくるための道具ではない」という従業員の声が書かれていた。

人間を機械の歯車や、意のままに交換できる消耗品のように扱っていることは、予想に違わず、アマゾンの離職率にはっきりと表われている。パート従業員を毎週約三％失い、年間離職率は約一五〇％にのぼる。しかも、この天文学的な離職率の高さはバグではなく、特徴だ。アマゾンは従業員を噛み砕いて吐き出すように設計されているらしい。ベゾスは従業員が居心地良くなりすぎないように、勤続三年で昇給する制度を廃止し、やる気のない従業員を外に追い出す方法を探した。アマゾンでは、永続的な派遣労働者という考えに固執するあまり、パート従業員に上乗せ退職金を出している。これはまさにベゾスが望む従業員との取引関係であり、資本主義の黄金時代に雇用主と労働者を結びつけた社会契約とは正反対である。こうして労働者は漂流し、貧困に陥り、身体を壊していく。

非人道的な労働慣行にもかかわらず、アマゾンが直ちに労働力不足に陥る気配はない。製造業の仕事が消失し、アマゾンの存在により地域の小売業が衰退しているので、容易に人材を確保できるのだ。かつて工場で栄えていた場所の多くは、倉庫で働くことが唯一の雇用の選択肢となり、地元の政治家は次のアマゾンのフルフィルメントセンターを誘致しようと大幅な減税措置で互いを出し抜こうとしている。

しかし、ベゾスの明らかにアンチ愛社精神キャンペーンに見える手法に苦しんでいるのは、倉庫や道路で働くアマゾンの従業員だけではない。GEでもそうだったように、管理職も果てしなく不安な状態を耐え忍ぶ必要がある。アマゾンの経営幹部は高給取りだが、手厚い報酬は終身雇用を保証するものではないからだ。ウェルチ時代のGEと同様、アマゾンは従業員をランク付けするシステムを採用している。スタック・ランキングではないというが、プログラムの中身はウェルチのバイタリティ・カーブとたいして変わらない。管理職に期待されているのは、従業員の二〇%を「最上位層」、七五%を「高い評価」、五%を「最も効果を出せていない」として評価することだ。ランキングが高い人は特典や昇進の対象になるが、下位の従業員は業績改善プログラムの対象となり、多くの場合、退職を勧奨される。

ベゾスは往年のジャック・ウェルチさながらと思えてくるほど、比類ない経済的、政治的、文化的な力を行使している。ウェルチがNBCを牛耳ったのに対し、ベゾスは個人的にワシントン・ポスト紙を保有し、アマゾン・プライムでテレビと映画を配給する権限を握っている。ベゾスがスーパーモデルのようなルックスのヘリコプター操縦士であるローレン・サンチェスのために、長年連れ添ったマッケンジー・スコットと別れると、タブロイド紙がすぐに食いついた。これほどセンセーショナルなCEOの離婚話は、ウェルチがスージーのためにジェーンと別れて以来のことだ。

ウェルチも親近感を覚えたらしく、二〇一五年にニューヨーク・タイムズ紙がアマゾンの過酷な労働環境に関する調査記事を掲載した後、ベゾスを擁護するようになった。この記事には、重圧にさらされて日頃からデスクで泣く幹部や、常に電子的な監視下に置かれるブルーカラーの記述があった。そこに描かれていたのはアメリカで最も強力な企業の惨状だ。ベゾスはその対応として、アマゾンの従業員に宛てた手紙で自社の文化を擁護した。「ここで雇っている人たちはとびきり最高の人材だ。他の世界的な企業から毎日声がかかり、どこでも好きな場所で働くことができる」[6]

億万長者ベゾスの陳腐な返答はアマゾンの従業員にとって慰めにならなかったが、ベゾスの声に耳を傾け共感を寄せる人物が少なくとも一人いた。「ニューヨーク・タイムズのくだらないアマゾンの記事へのジェフ・ベゾスの応対は大いに気に入った」と、ウェルチはツイッターでつぶやき、おまけに「#leadership #winning」という威勢の良いハッシュタグまでつけたのだ。

彼らの教えを一つにまとめたようなものだ――ウェルチズムが生んだ格差

事業売買や金融化もまた、今では現代経済の特徴としてしっかりと定着している。大企業による飽くなきM&Aへの欲求にかけては、AT&Tほど、そうした誤った熱望をしきりに示してきた企業はないだろう。

二〇一五年頃までに、メガディールの波によってメディア業界は再編された。コムキャストはGEからNBCユニバーサルを買収し完全に支配権を持った。ウェルチがRCAとのディールの一環でNBCを買収してから約三〇年後のことだ。ネットフリックスが優勢になり、ディズニーはコンテンツ・ライブラリーを拡充してストリーミング・サービスの準備をしていた。何十年もの間、コンテンツと配信は完全に別事業とみなされてきたが、メディア企業は突然、両事業を同時に掌握したいと思うようになった。大部分はいまだに電話会社だったAT&Tは、二〇一五年に衛星放送のディレクTVを六七〇億ドルで買収した。その直後に八五〇億ドルを投じてタイム・ワーナーを買収し、HBO、CNN、ワーナー・ブラザーズなど、テレビや映画の貴重な資産を手に入れた。

いずれも当初は、膨大な量のコンテンツと配給会社を傘下に集める好ディールに見えた。この一連の買収でAT&Tは株式市場の巨大銘柄となり、短期的にアメリカで最も時価総額の大きい企業に仲間入りした。その後、AT&T帝国を築き上げたCEOのランダル・スティーブンソンは、完全にニュートロン・ジャックのモードに突入した。彼は三〇〇〇万ドルの給料をもらいながら、年間二万人の従業員を削減し、自社株買いや配当を増やしたのだ。二〇二〇年の引退時には、一億ドルに迫る報酬を手にしている。

スティーブンソンが退くとすぐに、その戦略がもたらした真の代償が明らかになった。AT&Tは多額の負債に苦しみ、従業員は不満を募らせ、ディレクTVの加入者は減っていったのだ。新任CEOの下でも突発的なディールが続いた。それは、ほんの一年前に買収したばかりの資産を手放すというものだ。ディレクTVをPEファンドに売却することで合意し、巨額の損失を計上した。二〇二一年には、買収したばかりのタイム・ワーナーなどのエンタテインメント資産を、長年準大手のケーブル事業者だったディスカバリー・コミュニケーションズと統合することで合意した。このディールを取り仕切り、瞬く間に地上最大級になったメディア企業の経営を任されたのが、ウェルチ時代のNBCで内部昇進を果たしたデビッド・ザスラフだ。何十億ドルもの金が動き、バンカーも弁護士も莫大な報酬を獲得し、ザスラフが手にする報酬も少なくとも一億ドルかそれ以上になることがと見込まれた。この先、企業再編が進み、部門が統合され、シナジー効果が追求されるのに伴い、また、債務の返済に利益が充当されるのに伴い、何万人もの労働者が職を失うことはほぼ間違いないだろう。

ディスカバリーとAT&Tとのディールは、ウェルチの弟子たちのアクロバティックな動きの上手をいき、事業売買に熱中するアメリカ企業の典型例だった。ウェルチがRCAを買収して以来、M&Aは一大ブームになった。一九八五年にアメリカで行なわれたディールはわずか二三〇〇件で、金額は三〇〇〇億ドルだ。ところが、ウェルチが引退する頃には、件数が約三倍になり、二〇〇一年は一万件近く、金額にして一兆ドルに達した。この数はその後も増えている。二〇一九年にはこうしたディールが一万八〇〇〇件以上、金額は二兆ドルにのぼった。PEファンドや上場企業などが大規模な経済再編を推進しているのだ。

その結果として、アメリカにおける上場企業数は今日、ウェルチの絶頂期の半分しかない。一つには、新しい規制の結果、株式公開にまつわる負担が増えたことがある。ベンチャーキャピタルが大量にプールされ、上場延期を実現しやすくなったおかげで、最近では若い企業でも長い期間、株式公開を待っていられるようになった。しかし、過去三〇年間で約四〇〇〇社の上場企業が姿を消したのは、おおむね数十年に及ぶ合併ブームの結果であり、少数の企業が拡大し、多くの産業で寡占化が進んだ。ケーブルテレビ、携帯電話、航空会社、サングラス、スーパーマーケット、生命保険などでは、消費者の選択肢が一昔前よりも減っている。産業界では次々と少数の大企業が市場シェアを握り、市場支配力を持つプレイヤーが少数のめぼしいライバルと競争する状況が生まれている。今日、アメリカの産業の四分の三で、二五年前と比べて顕著な集中化が見られるのだ。

経済全般で市場集中が増えていることは、一般の人々に実質的な影響を及ぼしている。いくつかの指標を見ると、企業統合はアメリカ人の平均給与を年間一万ドルほど押し下げてきた。寡占の進む産業では、M&Aブーム前と比べて、雇用創出につながる設備投資が減り、一九九〇年の年間九%から、今はわずか三%となっている。この間、大企業の利益率は七%から一八%に上昇した。[7] また、集中化された経済は全体的に力強さを欠く。二〇世紀後半に比べて、新たな起業件数は減少した。雇用主となる企業が減れば、労働者の転職の頻度は低くなる。GDPに占める中小企業の割合はますます減っている。少数の大企業が産業を独占し、名目上の競争しか起こらない場合、価格は上昇しやすくなる。これは「独占レント」〔独占企業が獲得する超過利潤〕と呼ばれる動向だ。ウェルチが巻き起こしたM&Aブームはいつまでたっても収束せず、私たちはその代償を払い続けている。

GEの成長を大いに加速させた熱狂的な合併に走ることでAT&Tが成功したのに対し、ウェルチのダウンサイジング、事業売買、金融化という要素をすべて一企業内に何とか組み込んだ企業もある。バドワイザー、バーガーキング、クラフト・ハインツなどのブランドを支配するPEファンド、3Gキャピタルの事例を考えてみよう。ブラジルの投資家グループによって設立された3Gキャピタルのメンバーは二一世紀版ニュートロン・ジャックといえる。次から次へと企業を買収し、コストと人員を削減し、自分や投資家のために利益を捻出する一方で、従業員のウェルビーイングや研究開発の必要性は顧みないようだ。

同グループを主導するジョルジ・パウロ・レマンは起業前にはテニスのスター選手で、ブラジル代表としてデビスカップに出場し、ウィンブルドンで戦った。彼はコート上だけでなくオフィスでも負けず嫌いだった。入門レベルの銀行業務しか経験していなかったが、すぐに派手な買収劇を次々と繰り広げ、二人のパートナーの協力を得て、二〇年足らずで証券会社、小売業者、醸造所を買収した。このうち決定的な動きとなったのが醸造所の買収だ。それを皮切りに、三人は国際的に事業を買い漁るようになり、一九九九年にブラジル最大のビール会社アンベブを設立した。その五年後にベルギーのビール会社のインターブリューを、さらに三年後にはバドワイザーやバドライトを製造するアンハイザー・ブッシュ（AB）を買収し、世界最大のビール会社が誕生した。その過程で行なわれたすさまじいコスト削減と容赦のないダウンサイジングは評判になった。新会社を買収すると、彼らは決まって数千人規模の人員削減を行なう。AB買収の直後には、セントルイスで一四〇〇人の従業員を解雇した。コスト削減のために冷徹にサプライヤーの切り替えを行ない、可能な限り消費者価格を引き上げ、最も安価な市場であればどこでもビールを醸造したので、ABインベブの評判は悪かった。たとえば、同社の「ベルギービール」はアメリカのセントルイスで生産されていた。二〇一六年までに、ABインベブはSABミラーの買収を完了し、すでに世界最大のビールメーカーをさらに拡大させた。その結果として巨大企業にはなったが、とりたてて機敏な組織ではなかった。買収直後に同社の株価は低迷した。一〇〇〇億ドル以上の負債を抱え、イノベーションを停滞させてしまったのだ。

3Gの経営手法の出所は疑う余地がない。レマンも隠そうとしなかった。二〇一四年に自分たちが影響を受けたものについて聞かれると、「ジャック・ウェルチに関するものはすべて読んできた。GEの年次報告書は私たちのバイブルだった」とまさに説明している。[8] ほかにもゴールドマン・サックスの影響が大きかったというが、このブラジル人経営者には何と言ってもウェルチが一番だった。ビジネスの世界では今日、ウェルチを見習う人が後を絶たないが、3Gキャピタルのメンバーは、GEのプレイブックを再現するだけでなく、それを積極的に語ったことでも注目される。「私たちは実は模倣者以外の何者でもない。これまで学んできたことの大部分は、ジャック・ウェルチ、ジム・コリンズ（『ビジョナリーカンパニー』などの著書がある）、GE、ウォルマートから教わったものだ。私たちは彼らの教えを一つにまとめたようなものだ[9]」

経済誌は一時期、これを大々的に報じ、レマンら3G幹部の輝かしい経歴を称えた。投資家は3Gの飽くなき買収と抜け目のない財務管理に熱狂した。その間もずっと3Gはウェルチの戦術に新たな息吹を注ぐ方法を見出していた。手広い事業売買以外のところでも、ウェルチが切り拓いた他の経営実践を導入したのだ。その一つがスタック・ランキングの採用であり、ウェルチが指示した二〇／七〇／一〇を再現した。「確かに、下位になる人がいるだろう。そうなれば良い気持ちはしないので、上に行きたいと思う。そういうことだ」と、レマンの側近のカルロス・ブリトは語っていた[10]。

コスト削減の取り組みについても独自の解釈を加えて、「ゼロベース予算（ZBB）」という仕組みを導入した。ZBBでは、前年度の支出をもとに予算を決める従来の方法ではなく、毎年ゼロから始める。管理職はそれぞれの支出を正当化する必要があり、所与のものは一切ない。この仕組みは組織全体のコスト削減に効果的だが、果てしない破壊につながることもある。予算を見直す間に、利益貢献度が不十分だとみなされれば、事業ユニットや部門全体が一夜にしてつぶされかねないのだ。

ビールの世界を制覇したレマンとそのパートナーは食品に目標を定めた。3Gキャピタルを設立し、二〇一〇年に、民間企業のコンソーシアムが保有していたバーガーキングを買収する契約を結んだ。ディール締結から二カ月後、マイアミにあるバーガーキング本社で働く四〇〇人以上をレイオフした。残った従業員に待っていたのは、スパルタ的な会社生活だ。各自の机に置ける私物は一つのみ。土曜出勤も期待されていた。ウェルチ流の作戦はさらに続いた。研究開発部門を大幅に削減し、アウトソーシングを増やし、サプライヤーに強硬な姿勢をとって最大二〇％の値引きを要求したのだ[11]。その四年後、３Ｇはカナダのドーナツチェーンのティムホートンズを買収し、バーガーキングと統合してレストラン・ブランズ・インターナショナルという新会社を発足させた。バーガーキングがそうだったように、ティムホートンズの従業員は解雇され、コストは削減され、納入業者は圧力をかけられた。

二〇一三年、３Ｇは過去最大の動きを示した。象徴的なケチャップメーカーであるハインツを買収することで合意したのだ。この時、レマンとその仲間にもう一人の投資家が加わっていた。ウォーレン・バフェットである。バフェットは揺るぎない価値観と控えめな好みを持つ普通の人という庶民的な評判を得てきたが、ウェルチと同じく辣腕だ。バフェットの投資ポートフォリオには、貧しい入居者に法外な金利を課すトレーラーハウス用駐車場、コカ・コーラやマクドナルドのような不健康な食品や飲料を販売するファーストフード企業などが含まれている。無駄を省くリーン経営も行なっており、ウェルチがＧＥで期待したのと同じように徹底的に利益にこだわり抜く。バフェットは３Ｇのブラジル人たちと意気投合し、彼らの「有能さと誠実さ」を絶賛し「３Ｇは完璧なパートナーだ」と語った。[12] 彼らはハインツを完璧な買収ターゲットだと考えていた。

一八六九年創業のＨＪハインツはアメリカの加工食品事業をいち早く開拓し、ピッツバーグのビジネス・コミュニティの柱となってきた。初期のＧＥがそうだったように、ハインツも従業員を大切にしてきた。給料だけでなく福利厚生を充実させ、資本主義の黄金時代の模範的な雇用主だった。図書館、プール、シャワーなど従業員専用施設があり、地元では気前の良い慈善家でもあった。３Ｇとバフェットが登場した頃には、その多くは過去の偉業になっていたが、依然としてピッツバーグ地域に本社を構え、重要な製造拠点も置いていた。

３Ｇはこの都市でプレゼンスを維持すると約束したが、それ以上のことはしなかった。３Ｇが指名した新しいＣＥＯは、同社の上位五〇人の幹部に最初のスピーチを行なった後、一人ずつ執務室に呼び出し、仕事の割当ての有無を告げた。そして、上位一二人中一一人がそのまま帰宅を命じられたのだ。ピッツバーク全体では、従業員の四分の一以上がレイオフされた。不動産を統合し、従業員を共通の職場に詰め込み、週末も含めて長時間勤務が当たり前になった。その節約ぶりはオフィスのプリンターにまで及んだ。従業員は月に二〇〇枚を超える印刷を禁じられた。ミニ冷蔵庫も使用禁止となった。ただし、3Gがハインツのコストを絞ろうにも、新たに効率化する余地はほとんど見つからなかった。ハインツはすでに経営をスリム化してきたので、プリンター用紙をケチったところで、3Gにできることは知れていたのだ。しかし、レマンはかなりうまく立ち回った。タイミングを見計らって株式を売却し、自らかき集めてきた企業の株式を多数保有し続けることで、二〇二一年の個人資産の評価額は二六〇億ドルとなり、世界の最富裕層七〇人に入ったのだ。

3Gの保有企業は有機的成長ではなく、買収を通じて大きくなる傾向があった。やがて投資会社はハインツと合併できそうな買収対象を探すようになった。二〇一五年に紹介されて3Gとバフェットが合意したのは、箱入りマカロニ・アンド・チーズやオスカー・マイヤーのホットドッグを製造するクラフトの買収だ。合併会社のクラフト・ハインツは、瞬く間に世界最大の食品会社になり、例のごとくコスト削減が始まった。このときは、従業員に両面印刷を命じ、ジェロ〔同社が手掛けている粉末ゼリーのブランド〕の無料配布を中止した。ディール締結から一カ月以内に従業員の五％（二五〇〇人）が削減され、二年後には二〇％が去っていた。しかし、またしても新製品が乏しく、すぐに売上が伸び悩むようになった。

クラフト・ハインツを批判する人々は、砂上の楼閣にすぎず、新しい買収先を見つけなければ、同事業はさらに悪化すると指摘した。間もなく、この批判は正しかったことが判明した。売上が低迷し、イノベーションも生まれず、二〇一九年になると、代表的なブランドのクラフトとオスカー・マイヤーについて一五四億ドルの評価損を計上することを発表したのだ。それは紛れもなく、経営上のミスを認めたということだ。しかも、問題はさらに山積していた。資金不足に陥ったクラフト・ハインツは減配することを発表した。その後も悪い知らせが続くことになるが、その前に3G幹部がインサイダー取引を行なったとして、投資家から訴えられる一幕もあった（この訴訟は最終的に棄却されたが、3Gでは幹部が規則を曲げているという認識が広まった）。その直後に、今度は一二億ドルの評価損が発生した。連邦規制当局は二〇二一年に、長年にわたる財務上の虚偽表示に関してクラフト・ハインツと和解したことを発表した。二〇一五年から一九年にかけて、業績結果を取り繕うためにウェルチ流の不正な会計慣行をフル活用していたとして、証券取引委員会（SEC）が同社を訴えていたのだ。実際にはなかったのにサプライヤーから値引きがあったとし、虚偽や誤解を招くサプライヤー契約を維持し、架空のコスト削減を捏造したという。SECによると、意図的に虚偽の利益を計上し、その増加と称するものをアナリストコミュニティに自慢していたようだ。結局、六二〇〇万ドルの罰金を支払うことで合意した。個人的にその計画を承認した同社のブラジル人COOは、罪状の認否を明らかにしないまま、三〇万ドルの民事制裁金を支払うことで同意した。二一世紀に入ってからの二〇年は、ウェルチズムの特徴的な戦術であるダウンサイジング、事業売買、金融化が、世界有数の大企業でまだ採用されていたのである。

これは3Gだけの話ではない。ウェルチがGEキャピタルで開拓した利益調整は、いまだに自社なりの「安定した平均以上の収益成長」を実現しようとする企業に好まれる戦術だ。ボルチモアに本社を置きスポーツウエアなどを手掛けるアンダーアーマーは、二〇一六年まで26四半期連続で二〇％以上の売上成長率を誇った。しかし、その数字は幻想だった。同社は将来の売上を早めに計上し、商品の準備が整う前に受注をとるように小売業者に圧力をかけ、棚から商品が飛ぶように売れているように見せるために在庫品を別の場所に移していたのだ。「すべては数字を達成するという名目で公然と行なわれていた。それについて何ら不適切な点はないと思っていた」と、同社のマーチャンダイジング担当役員は言う(13)。

これは、少数の悪人による結果とは言いがたい。アンダーアーマーの創業者でCEOのケビン・プランクはこの動きを認識していたが、最終的に同社は軽い罰を受けただけで済んだ。不正行為の認否を明らかにすることなく、制裁金九〇〇万ドルを支払うことでSECと和解し、責任を問われた経営幹部もいなかった。このように規制が緩いため、今日でも利益調整は広く行なわれている。マッキンゼーの調査では、「長期」志向を公言する企業の六一％が、四半期の業績予想に届かなければ、違法だとしても、実際よりも良い結果にする対応をとっているという。

アマゾン、3G、AT&T、アンダーアーマーが例外なのではない。ウェルチの足跡は今日の経済の至る所で見つかる。ジャック・ウェルチ流ビジネス手法、そして時にはウェルチ自身の指導が破壊の爪痕を残した。負の外部性に終わりはない。企業自体にも、苦しむ従業員にも、この国の富がまったくもって均等に分配されていないことを示すデータから、それが見えてくる。

過去には全国の労働者と利益を惜しみなく分け合ってきた企業も今や、創出した富の大半を機関投資家や経営幹部に注ぎ込むようになった。一九八〇年代、投資家に還元されたのは企業利益の半分以下にすぎなかったが、過去一〇年間で、その数字は九三％に跳ね上がっている。

地理的にも富の集積が見られる。黄金時代に繁栄したラストベルト（錆びついた工業地帯）〔アメリカの中西部から北東部まで、石炭、鉄鋼、自動車など斜陽産業が集中する地域〕の都市や農村部ではなく、都心部に超一流企業が集中している。かつてGEが数千人を雇用していたエリーやスケネクタディなどの場所が寂れていくのとは対照的に、デンバーやボストンは活況に沸く。プログラマー、経営コンサルタント、税理士はいずれも意気盛んだが、低学歴の労働者、ECの倉庫や大型店舗でコツコツ働く人々の暮らしは悪化している。その理由は、報酬の一部として株式を受け取る従業員がごく少数だからというだけではない。すでに何十年も賃金が下がり続けてきたことにも起因する。

一九六八年以降、一般労働者の連邦最低賃金がインフレに対応していれば、時給は二四ドル以上になっていただろう。その代わりに、最低賃金は七・二五ドルに留まり、この時給ではアメリカのほとんどの地域で貧困ラインを越えられない。二〇一九年の調査では、就労するアメリカ人の約四四％が低賃金労働に従事し、年収の中央値はわずか一万八〇〇〇ドルだ。最貧困層五〇％はほとんど何も持っていないことになる。しかも、これは大学入学前にアイスクリーム屋で小遣い稼ぎをしている一〇代の若者たちの話ではない。該当者のほとんどが二五〜五四歳の働き盛りだが、平均時給はわずか一〇・二二ドルなのだ。この研究によると「全労働者の半数近くが、自力で経済的安定を得られるだけの賃金を稼げていない」という[14]。これほど多くのアメリカ人が直面している経済的困難は、生活の質だけでなく、人々の寿命にも計り知れない影を落としつつある。アメリカでは近年、平均寿命が低下し、一〇〇年かけて進歩してきた状況が逆転してしまった。アメリカ人は労働者階級を中心に、自殺、ドラッグの過剰摂取、アルコール依存、健康状態の低下などで早死にしている。経済学者のアン・ケースとアンガス・ディートンはこれを「絶望死」と呼ぶ。

対照的に、上級管理職は報酬をたんまりともらってきた。第二次世界大戦後の約三〇年間、CEOと従業員の給与比率は一定だった。幹部の収入が増えれば、従業員の収入も増えていた。その後、ウェルチがGEの経営を引き継いだ頃から、この傾向線が分岐し始めた。従業員の給与は横ばいになり、インフレ調整後では低下する年もあった。方や、幹部の報酬は急上昇した。資本主義の黄金時代に、CEOの報酬は平均的な労働者の一〇〜一五倍だったかもしれないが、今日では数百倍から数千倍にまで膨れ上がっている。

アメリカの大企業のCEOは現在、その企業の一般的労働者が三二〇年かけて稼ぐ金額を一年で稼ぎ出す。上位のCEOの年間報酬の中央値は一二七〇万ドルだ。そして、これがごく普通の状況となっている。一流企業のCEOは一億ドルを超える年収を享受し、一般社員が一〇〇〇年かけて稼ぐ金額を一年で手に入れている。ウォルマートでは、二〇一七年の従業員の給与の中央値が一万九一七七ドルだった。同社CEOのダグ・マクミロンが同年取得した二二二〇万ドルを稼ごうとすれば、一〇〇〇年以上働かなければならない。重役に大盤振る舞いをしない場合でも、キャッシュは配当や自社株買いの形で外部に流出していく。アメリカでは現在、一%の最富裕層が国の富の約四五%を所有し、その純資産額の中央値は一〇〇〇万ドルをはるかに上回っている。

何よりも、階層化がさらに顕著になっている。富裕層への富の集中は今や、金ぴか時代の過剰さをも凌駕する。一九一三年、地球で最も裕福な人間はジョン・D・ロックフェラー、ヘンリー・クレイ・フリック、アンドリュー・カーネギー、ジョージ・フィッシャー・ベイカーだった。この上位〇・〇〇〇〇一%に当たる四人がアメリカの総資産額の約〇・八五%を保有していた。二〇二〇年の上位〇・〇〇〇〇一%はわずか三人で構成されている。ジェフ・ベゾス、ビル・ゲイツ、マーク・ザッカーバーグだ。彼らの資産を合計すると、アメリカの総資産額の一・三五%になる。テクノロジー企業を起こした三人が、アメリカ人の下位半分の合計と同じだけの富を保有しているのだ。〇・〇一%の富裕層(約一万八〇〇〇世帯)は金ぴか時代よりも多くの資金を保有している。一九一三年には彼らは国富の二%を占めたが、今は約一〇%だ。最大の驚きは、この急激な富の集中が起こったスピードにある。ウェルチが着任する直前の一九七〇年代後半、上位〇・〇一%の家庭が保有していたのは国富の二%だった。

この明白な統計は、四〇年にわたるウェルチズムの必然的な結果といえる。ウェルチ時代よりも前には、生産性と労働者の給与の上昇が連動していたが、ウェルチのアンチ愛社精神キャンペーン後に分離するようになり、労働者の給与は決して回復しなかった。ウェルチが登場するまで、CEOは高給取りの管理職だったが、ウェルチが巨額の報酬を獲得して以降、他のCEOも特別な報酬パッケージを期待するようになった。労働者の稼ぎが減り、CEOの収入が大幅に増えたことから、所得格差が広がり始めた。アメリカの製造業の雇用者数はウェルチが着任した頃にピークに達した後、ウェルチが雇用を海外に移したことによって減少し始めた。ウェルチの監視下でM&Aが盛んに行なわれ、各分野で少数の企業に権力が集中し、物価の上昇、従業員の選択肢の減少、経済全体の活力低下を招いた。企業の支払う税金は激減したが、自社株買いや配当は爆発的に増えたのだ。

これが、ウェルチが後世に残した世界である。ジェフ・ベゾスには宇宙旅行する余裕がある一方で、アマゾンの倉庫で働く時給労働者はロボットに監視されている。一握りのPEファンドの幹部がアメリカを代表する食品会社を買収し、搾り取れるだけ搾り取ることができる。メディア企業が八〇〇億ドルを借り入れてライバル企業を買収し、収益性の名の下で何万人もの従業員を解雇できてしまう。ウェルチズムは、アメリカをより貧しく、より不平等で、より不安定にしてきたのだ。ウォール街の財源を満たしつつ、工場の町を空洞化させた。企業は失敗しても説明責任を負わず、高報酬の経営幹部の気まぐれにさらされる人口が増える一方だ。かつての誇り高き製造業の会社が道を踏み外し、時には致命的な結果を招くような経済が生み出されている。

二つの墜落事故——ボーイング崩壊④　「737MAXに乗るくらいなら、歩くつもりだ」

二〇一八年一〇月二九日早朝、インドネシアの格安航空会社ライオン・エア610便は一八九人を乗せ、近隣の島を目指してジャカルタを離陸した。機体は真新しいボーイング737MAXで、ライオン・エアは数十機を購入していた。離陸後しばらくして、機長と副操縦士は機体のコントロールに手を焼いた。何の前触れもなく、機首が急に傾いてしまうのだ。機体を水平に戻して上昇を続けようと操縦桿を引くも、機首が真下の海へと向いてしまう状況が繰り返された。離陸から一三分後、同機は海に墜落し、乗客乗員は全員死亡した。

ボーイングの経営幹部はこの墜落事故を知ると、航空機の安全性に問題がある国での不運な事故として受け流した。インドネシアの航空会社は訓練が不十分で、保守も杜撰《ずさん》であるなど評判が悪く、ライオン・エアは過去にも機体を失ったことがあった。しかし数日も経たないうちに、復元したフライトレコーダーのデータから、MAXに搭載された新システムのMCASが事故の一因だとわかった。何らかの原因で胴体から突き出たAOA（迎角）センサーの一つが誤作動を起こし、機体が危険な角度で上を向いているとコンピュータが判断したため、MCASは何度も機首を押し下げる動作をし、ついに急降下を引き起こしたのである。ボーイングにとって737MAXはこの世代で最も重要なジェット機だったが、とんでもない欠陥があったのだ。

しかし、ボーイングの上層部は、直面している危機の深刻さを測りかねて当惑していた。そのため基本的に、この事故の意味や前兆となるものに真摯に取り組むのではなく、遺憾な異常事態として片付けてしまった。ライオン・エアのパイロットがコックピットで起きた問題に対処できなかっただけで、整備不良のため機体に不具合が生じやすい状態にあったと考えたのだ。ボーイングは公の場でそう主張し、アメリカン航空のパイロットとの内々の会合でも、MAXは安全だと繰り返した。墜落事故はパイロットの不手際によるものだと、暗にほのめかしたのだ。

　ボーイングは不運なライオン・エア機と同じような状況になった場合の対処法についてパイロットに注意喚起した。しかしその後も、操縦マニュアルからMCASに関する説明は省いたままとし、注意喚起の際にも特に言及しなかった。MCASの更新を計画していると発表し、機体に欠陥があることを暗黙裡に認めはしたが、ボーイングの対応はその程度だった。

　このときジャカルタ沖で実際に起きたことを十分に理解していたならば、ボーイングは本格的な危機に見舞われていただろう。MCASのせいで墜落したとすれば、他の何百もの新型機にも脆弱性があるかもしれない。その場合、運航を停止せざるを得ない可能性が高い。そうした思い切った措置をとれば、数十億ドルもの費用がかかり、株価は下落するだろう。

　ボーイング幹部は墜落原因を究明して自社のエンジニアリングの健全性を確認するのではなく、目線をウォール街に戻した。事故から二カ月も経たない一二月一七日、ボーイングCEOのデニス・ミューレンバーグは「好調な営業成績、財務状況、明るい将来見通し」を示し、二〇％増配し、自社株買いに二〇〇億ドルを費やすことを発表した。それは、ストーンサイファーが参画した一九九七年から始まり、二〇年に及ぶ投資家への揺るぎない献身の頂点であり、ミューレンバーグの優先順位を一層明確にするものだった。彼が着任して数年で、ボーイングは営業キャッシュフローの九〇％以上を自社株買いと配当に費やしていた。

　株主が早々にボーイングの最新の資本還元プログラムがもたらす思いがけない利益を享受している間も、MAXは飛び続けた。数カ月間、何千もの機体が安全に離着陸し、さらに多くの航空会社がこの最新ボーイング機を新たに受け入れ続けた。二〇一九年初めに予定されていたMCASの更新は何度も延期された。

二〇一九年三月一〇日、エチオピアのアディスアベバを出発した737MAXはケニアのナイロビに向かった。この定期便は外交官や援助活動家に人気があり、「国連シャトル」として有名だった。この日は一五七人が搭乗し、その多くが国連の環境会議に参加する予定だった。ところが離陸して数分後、機首が勝手に下がり始めた。パイロットは操縦桿を引き、他の手段も使いながら機体のコントロールを取り戻そうとしたが、その努力は実を結ばなかった。五カ月足らず前にインドネシアで起こったのと同じく、MCASが正常に機能しなくなったのだ。離陸して六分後、機体は人里離れた原野に墜落し、乗客乗員は全員死亡した。

今回は世界の航空界が注目した。数日のうちに、ほぼすべての国の規制当局がMAXを運航停止にした。実際に何が起きたのかは未解明だったが、二件の墜落事故の類似性はあまりにも明白で、看過できなかったのだ。連邦航空局（FAA）はボーイングの最重要機体を運航停止にすることに消極的で、アメリカ国内ではさらに数日間MAXが飛び続けた。ミューレンバーグはトランプ大統領に電話をかけてMAXは安全だと保証したが、数日以内にFAAも同機を運航停止とした。

インドネシアの墜落事故の二の舞を演じたエチオピア航空302便の墜落原因がMCASにあることはすぐに明らかになった。胴体から突き出た唯一のセンサーが、おそらく鳥がぶつかるなどして壊れたのだろう。それで機首が上がったと勘違いし、MCASが何度も機首を押し下げたことで、機体は地面に叩きつけられた。しかし、今回は未熟なパイロットや保守記録の不備のせいにはできなかった。エチオピア航空にはアフリカ屈指の優秀なパイロットが揃っており、墜落前の機体に問題はなかった。MAX自体に何らかの不具合があったのだ。

二件目の墜落事故から数週間、ボーイングは高飛車に振る舞おうとした。犠牲者に哀悼の意を示したが、罪を認めることも、MAXの欠陥に触れることもないまま、MCASを更新すると約束したのだ。ミューレンバーグはまるでロボットのようで、質問には答えず、そもそもこのような大規模な危機対応に必要な手立てを持ち合わせていない印象を与えた。公の場で墜落事故を発表するに当たって、本心を言うわけにもいかず、すべてをなかったことにしたがっているように見えた。ボーイングは当初、数週間、長くても一～二カ月でMAXの運航を再開できるという望みを持っていた。ところが、世間が知れば知るほど、事実はボーイングにとって不利になった――MCASが危険だと知りながら、運航を続けていたのだ。ボーイングは安全機能をオプションとして販売していた。システムの設計はお粗末で、必要な冗長性を欠いていた。七月までにボーイングはMAXの生産を減らしたが、それは運航停止が長期化し、コストがかかる兆候だった。問題が続出し、MAXのシミュレーターはうまく作動しなかった。これは、MCAS更新のためにプログラミングしていた請負会社の作業に不備があったためだ。エチオピアの事故犠牲者の遺族はこの悲劇の詳細を知る中で、ある避けられない結論に至った。「二件目の墜落事故は会社による過失致死だ。会社側は問題を知りながら、何もしなかった。最初の事故の後で運航停止にしていたなら、父はまだここにいただろう」と、302便で父親を亡くしたジッポラ・クリアは言う[15]。

二件目の墜落事故後の数カ月間、ボーイングは善処することを約束し続けた。遺族が議会で証言し、調査官が事故原因を取り調べても、ほんの数カ月で待望のMCASが更新され、MAXはすぐに飛ぶようになると言い続けたのだ。しかし、時間は過ぎていき、二〇一九年末になると、商用航空においてMAXの運航停止期間は最長記録となっていた。ボーイングがMCASに手を入れている間に、MAXに新たな問題が発生すると、航空会社は腹を立て、パイロットはボーイングを信頼しなくなった。ワシントンの議員も激怒した。一〇月中旬、ボーイングはミューレンバーグから会長職を剝奪し、代わりに、デビッド・カルフーンを会長に据えた。元ＧＥ幹部で、ウェルチの後任として有力視されていた人物だ。ミューレンバーグがＭＡＸの運航再開に専念できるようにするための形式的な措置だとボーイングは説明したが、次期ＣＥＯが後ろに控えているのは明白だ。別のＧＥ支持者が再び権限を掌握するのは時間の問題だった。

ミューレンバーグを降格し、カルフーンを昇格させた数日後、ボーイングの取締役会は商用航空機の責任者だった元ＧＥ幹部のケビン・マカリスターを解雇した。マカリスターは社内の危機管理を誤り、主要顧客である航空会社を怒らせたのだ。彼は事故の結果として解雇された最初の上層幹部となったが、最初にＭＡＸの墜落事故が起きてから一年以上が経っていた。そのすぐ後に、ミューレンバーグは二日間にわたって、自身の運命が決まる議会証言を行なった。

ミューレンバーグは悔しさを滲ませながら「申し訳なく思っている。心から深くお詫びを申し上げる」と、犠牲者の家族に謝罪した。その後も、議員から非難が相次いだ。ボーイングの技術者がＭＣＡＳについてパイロットに注意喚起しようと検討したが、その後撤回したという不利な新証拠や、訓練マニュアルから新しいソフトウェアに関する記述を削除するようＦＡＡに働きかけたことが詳《つまび》らかにされた。モンタナ州のジョン・テスター上院議員（民主党）は「７３７ＭＡＸに乗るくらいなら、歩くつもりだ」と発言し、「手を抜くべきではないし、手抜きがあれば目につくものだ」と言葉を足した。[16]

悪い知らせが重なる中でも、ミューレンバーグはさらに数カ月間持ちこたえた。ＦＡＡはＭＡＸの運航がすぐに再開されることはないと明言し、完全に同機を生産停止するという思い切った措置を講じた。ところが、新たな内部告発があり、ボーイングとその経営陣に関する不利な情報が暴かれたのだ。ニューヨーク・タイムズ紙は九月に、サウスウエスト航空ＣＥＯの言葉を引用しながら、ミューレンバーグに関する辛辣な記事を掲載した。その数日後、ミューレンバーグは解任された。ボーイングのトップとして不名誉な幕引きとなったが、自社株買いや配当で株価向上に大いに貢献したため、手ぶらで家に戻ったわけではない。彼の特別退職金は六億二二〇〇万ドルにのぼった。その後、同社CFOのグレッグ・スミスが暫定CEOを務め、一月からカルフーンに交代した。再びウェルチの弟子にお鉢が回ってきたのだ。

エチオピア航空302便の事故が起きるまで、私はボーイングにほとんど関心を向けることはなく、ライオン・エアの惨事もかろうじて記憶していたにすぎなかった。しかし二〇一九年三月一一日、ニューヨーク・タイムズ紙のニュース室に入ると、すぐにビジネスエディターから招集がかかった。別のボーイング機が墜落し、記事を掲載するために支援が必要だという。私は当時、航空担当ではなかったが、大企業の報道に関する知識は十分にあったので、電話をかけ始めた。翌年、同僚のナタリー・キトロフと一緒に、ボーイングの記事に関する主要取材陣に加わった。それからは手がかりを追って全米を飛び回り、犠牲者遺族に会い、議会の公聴会を傍聴し、ボーイングとFAAの上層部に切り込み取材を行なった。私たちがノースチャールストンの787ドリームライナー工場の問題点について報じると、後日、同工場の責任者は解雇された。また、主要顧客がマカリスターに激怒していることを暴露すると、彼は更迭された。ミューレンバーグの危機管理の問題に関する重大な調査について報じると、その翌日に、取締役会は会議を開き、トップをカルフーンにすげ替えている。しかしこの間、ミューレンバーグ本人にはまったく取材ができなかった。一度だけ、ニューヨーク経済クラブ主催のイベントで、グランドセントラル駅の上にあるグランド・ハイアット・ホテルで彼に接近できたことがある。しかし、自己紹介をして彼の側近がこちらの正体に気づいたとたんに、逃げられてしまい、質問はできなかった。だから、カルフーンが着任して間もなく、キトロフと私が、新しいCEO

に直接取材するように招かれたときには驚いた。紙媒体のジャーナリストがそのような機会を持つのは初めてであり、話す内容について制約は一切ないという。

その後、丸一週間かけて、ボーイングの広報チームと取材場所をめぐって何度もやりとりした。737を製造するシアトル近辺か、本社のあるシカゴか。最終的に、セントルイス郊外のボーイング・リーダーシップ・センターで落ち着いた。それは、ストーンサイファーがマクドネル・ダグラスを経営していた時代に購入した大邸宅を中心に築いた複合施設であり、ボーイング版クロトンビルに当たる。カルフーンは出自であるGEにあやかりたいと思って、このセンターを臨時のオフィスとして使いながら、会社の再建を試みていた。

二〇二〇年三月最初の月曜日に、私たちはニューヨークからセントルイスに向かった。それから一週間余り後、コロナ禍のパンデミックで、この国は停止状態に陥るのだが、当時はそんなことを知るよしもなかった。着陸後にリーダーシップ・センターに向かう前に、ボーイング幹部は戦闘機工場や近くのイノベーションラボを案内してくれた。センターでは、川を見下ろせるスロープや、そびえ立つ大聖堂のような窓のカフェテリアなど、クロトンビルのイメージで設計されたキャンパスを見学させてもらった。ラウンジには、ボーイングの輝かしい歴史の紹介や、さまざまな経営者の功績を称えるプレートが展示されていた。最近更迭されたミューレンバーグを称えるプレートは目立っていたが古臭かった。そしてついに薄暗い会議室でカルフーンに会った。世間話をしながら、取材場所をリーダーシップ・センターにした理由を尋ねると、カルフーンは間髪入れず答えた。

「私の永遠の師匠が学習センターを自分の本拠地として使っていたんだ」

「それは誰ですか」。答えはわかっていたが、あえて聞いてみた。

「残念なことだが、ジャック・ウェルチだ」と、カルフーンは言った。(17)「残念」と口にしたのは、その前日の二〇二〇年三月一日にウェルチが八四歳で亡くなっていたからだ。

カルフーンはウェルチの話を長々とするつもりはなく本題に入ろうとしたが、私たちが今いる場所が、二〇年前が絶頂期だったGEの企業研修施設を真似て改装されたフランス邸宅である理由についてひとこと言い添えた。「これは、GEのイメージでつくられたものだ。GE出身者がクロトンビルをイメージし、同じような使い方をしようと思って建てたものだ。だから、考え得るあらゆる方法で、それを蘇らせるつもりだ」

ボーイングでのリーダーシップ、これほど長くミューレンバーグを支えようと決断したこと、会社の富を取り戻すためにできることなど、私たちは一時間以上かけて質問した。カルフーンは取締役会の議長を務めていたにもかかわらず、想定していたよりも社内の状況が悪いことを認めた。「正直なところ、私の想像を超えていた。それは我々のリーダーシップの弱さを物語っている」。ミューレンバーグの更迭と、もっと手際よく後継者計画が実施されなかった理由を尋ねると、カルフーンは「当社にはバックアッププランがあった」と答えた。「私がそのバックアッププランだ」

これまでのキャリアで巨額の報酬を獲得し、取締役会メンバーとしてミューレンバーグの報酬を承認した当事者のカルフーンは、MAXの増産を積極的に働きかけた前CEOを批判した。「デニスを突き動かしていたのは、株価がぐんぐん上昇することだったのか、他の人を打ち負かすことだったのか。私にはさっぱり判断がつかない」と述べた後で、「株で夢をかなえようと虹の上を駆けていく人がいるとすれば、それは彼だったのだろう」と付け加えた。また、ボーイングの企業文化を擁護し、最近公開された大量の不利な電子メールは、少数の悪者の仕業だと語った。「ひどいメールを書いたのは二、三人だとわかっている」

事故については、カルフーンはどっちつかずの態度をとった。ボーイングが、MCASの不具合に対処するためにパイロットは直ちに正しい手順をすべて踏むものだと思い込むという「致命的なミス」を犯してしまったことを認めた。しかし次の瞬間、インドネシアやエチオピアでは「パイロットの経験はアメリカで積むようなものとはほど遠い」として、パイロットの責任にも言及した。アメリカ人パイロットならソフトウェアの不具合に対処できたと思うかと聞くと、オフレコにしたいと言い出した。私たちが断ると、彼は言った。「忘れてくれ。答えは想像がつくだろう」(18)

それは、三四六人の犠牲者を出し、事業がボロボロの状態になっている企業のCEOに対して私たちが期待していた悔恨の念とは言いがたかった。むしろ、彼は挑戦的で非難がましい態度をとり、けんか腰でわめき散らした。ウェルチもそういう態度で有名だったのとそっくりだ。数日後に取材記事を掲載すると、ボーイングの社内外は大騒ぎになった。カルフーンは上級リーダーに謝罪のメッセージを送った。「この記事に当惑し残念にも思っている。前CEOのデニス・ミューレンバーグをはじめとして、経営陣や従業員に、ここぞというとき味方になると約束したのに、それを破ってしまったようなものだ。私の約束は揺るぎないので安心してほしい」。そのメッセージでは触れていなかったが、ある情報筋から聞いた話では、このように一貫性のないパフォーマンスをした理由を腹心の部下に説明しようとした際に、「永遠の師」であるジャック・ウェルチの死に動揺して上の空だったとカルフーンは言っていたそうだ。

カルフーンはMAXとMCASが開発された重要な時期に取締役を務めていたが、その責任は一切とらなかった。ミューレンバーグのCEO任命に賛成したにもかかわらず、前任者を否定した。ボーイングが致命的な欠陥を持つ機体を設計し、何百人もの命を奪った証拠があるにもかかわらず、パイロットに責めを負わせ続けた。彼はけんか腰で、反省の色がなく、数十年前にウェルチから学んだタイプAの性格〔向上心や競争心が強い〕を発揮して大げさに話した。この類似性について犠牲者遺族も看過できなかった。

エチオピア航空302便には、マサチューセッツ州出身の聡明で理想主義的な二四歳のサミヤ・ストゥーモが乗っていた。彼女の両親はマイケル・ストゥーモとナディア・ミラロンであり、ミラロンの叔父である消費者権利擁護者のラルフ・ネーダーは長年、航空業界とFAAを激しく非難してきた。二件目の事故の後、ストゥーモとミラロンは被害者遺族の事実上のまとめ役としてボーイングの責任追及に尽力した。二人はMAXやMCASの技術に精通するようになった。ストゥーモはボーイングの企業文化を公然と批判し、ミラロンは議会の公聴会でミューレンバーグと対決した。カルフーンが着任して間もなく、ストゥーモはUSAトゥデイ紙に、新任CEOがこの職務にふさわしいかどうかは懐疑的だとする意見を寄稿した。懸念を抱いたのは、「カルフーンの経歴を見ると、GEが優れた製品づくりから金融重視のアプローチに移行した時期にジャック・ウェルチの下で働いていた」からである。(19)

MAXが五カ月の間に二回も墜落した理由は一つだけではない。AOAセンサーが故障した。MCASはたった一つのセンサーに頼っていた。パイロットは状況に圧倒され、数秒の間にすべての機能を正しく使いこなすことは難しく、災難を回避できなかった。こうしたミスは運命の歯車の一つにすぎないが、避けられない大惨事の引き金となる。技術者に背を向け、短期の利益に照準を合わせてからというもの、ボーイングはそうした瞬間へと突き進んでいった。ストーンサイファー、マックナーニ、ミューレンバーグ、マカリスター、カルフーンがそれぞれ下した決断はことごとく綻びのある企業文化を助長し、それが欠陥機体の製造につながった。ウェルチズムはアメリカの偉大な航空宇宙企業に伝染し、三四六人の命を奪ったのである。

ドナルド・トランプ、ジャック・ウェルチ
――「大統領と会って、同僚と話しているようだった」

ジャック・ウェルチは数十年にわたって、大なり小なり、陰に日向に、ドナルド・トランプの台頭に手を貸してきた。不動産取引では手を携え、トランプに信用を与え、最終的には選挙運動と大統領としての任務を支援した。両者は同僚や友人としてお互いに関わり合い、権力欲を持ちながら、自分のニーズに合わせてお互いの富と信用を利用し合った。ウェルチがロジャー・エイルズをCNBCのトップに起用した――FOXニュースの創設につながる出来事だった――翌年、ウェルチはトランプと協働するようになった。たとえば一九九四年に、GEキャピタル傘下で同社の退職者の貯蓄を管理するGEペンショントラストが不動産王のトランプと提携して、セントラルパークの南西角のタワーの再開発を手掛けている。二〇〇四年には、当時まだGE傘下にあったNBCがリアリティ番組「アプレンティス」を放送し、トランプは全国的なプラットフォームと新たな富を手に入れた。

「アプレンティス」はウェルチの大のお気に入りだった。「スージーと彼女の二人の子どもと一緒に、ベッドで番組を見ていると、子どもたちが『お前はクビだ、お前はクビだ』と叫び始めたので、いい番組になることがわかった。ホームランだ」[20]。この番組はウェルチ自身の人生の超現実的な幻影であり、ウェルチは自宅のソファーでくつろぎながら解雇のシーンを見守ることができた。トランプにとって、これはCEOのコスプレであり、ニュートロン・ジャックがかつて行使した実権を味わうことができた。ジャック・ウェルチ・マネジメント・インスティテュートを売り込む必要が出てきたときには、ウェルチはトランプを頼って「アプレンティス」にゲスト出演し、さらにニュース番組「トゥデイ」にも登壇した。

二人は互いに相手が欲しがっているものを少しずつ持っていた。メディアの詮索は嫌うが、その華やかさが大好きなウェルチにとって、トランプは完璧なセレブだった。三六五日二四時間ずっと成功者のオーラを放ち、論争をうまく避けて回り、次から次へと怪しげなベンチャーに飛びつき、そのたびに儲けを出しているように見える、防弾チョッキを着たスターだ。実際にはテレビで演じているビジネスマンほどには成功していなかったトランプにとって、ウェルチは合法的に世界で最も価値のある企業を指揮してきたCEOの究極の権化だった。

二人は連れ立ってニューイングランド・ペイトリオッツの試合を観戦するなど、交友を心から楽しんでいるようだった。お互いを褒め合う間柄で、耳を傾ける人には誰彼となく、お互いの良さを語った。二〇〇四年に、トランプが新著で五〇〇万ドルの印税前払金（ウェルチとスージーの共著書の四〇〇万ドルと比べて、一〇〇万ドル多い）を得たことを知ると、ウェルチはやや自虐的に「ジャック・ウェルチはドナルド・トランプに比べればピーナッツ〔取るに足らないつまらない人間〕だ」と語っている。[21] 金融危機の間、トランプはFOXニュースで、自動車産業の回復を監督すべき第一人者としてウェルチを任命すべきだと提案した。トランプはびっくりハウスの歪んだ鏡にウェルチを映し出していた。狡猾で腐敗した政治工作員のロジャー・ストーンでさえ、二人に類似性を見出していた。二〇〇七年にストーンはタッカー・カールソン（FOXニュースの司会者）にこう語っている。「我々民間セクターには、ドナルド・トランプ、ジャック・ウェルチ、ウォーレン・バフェットなど、とびきり優れた頭脳の持ち主がいる。偉大な交渉者であり、社会の中で最も偉大な頭脳だ」

オバマ政権の二期目に、ウェルチのトランプに対する親和性は、彼が想像していた以上に重要になった。ウェルチの姿が長い間トランプの隣にあったので、この不動産の宣伝屋にうわべの正当性、ひいては権力を与えるのに一役買った。トランプは誰を閣僚に選ぶかと聞かれると、一度ならず、財務長官候補としてウェルチの名を挙げた。ウェルチは、レーガン大統領やブッシュ大統領からの入閣の誘いを断ったのと同様、そういうポストを打診されても断るだろうと言った。その頃には、ウェルチは高齢で、体調が優れず、以前にも増して気難しくなっていた。しかし、ウェルチはためらうことなくトランプを支持した。「彼が出演すれば、どのテレビ番組も必見ものになる」と、ウェルチはCNNに語った。ウェルチは誠心誠意トランプを褒めそやした。「彼は確実に物事を成し遂げる」[22]

二〇一六年、選挙戦が終盤に差し掛かると、ウェルチは、自由市場を支持する共和党員のトランプは民主党のどの提案よりも優れているとし、「規制を緩和すれば、雇用のチャンスが広がることはわかっている」と述べた。[23] 選挙の日が近づくと、ウェルチはCNBCの番組に出て、トランプをもう一度宣伝した。ウェルチはトランプが労働組合に厳しいことを好ましく思い、ニュートロン・ジャック流に連邦政府機関の職員を減らすだろうと信じていた。「トランプのような実業家には、国防と政府の全域であの巨大な官僚機構にメスを入れてほしい」。環境保護庁は「制御不能」であり、ウェルチから見ると「労働組合に頭が上がらない」ヒラリー・クリントンよりも、トランプのほうが公教育を立て直せる公算が高かったのだ。この国は「規制だらけ」で、移民を取り締まれというトランプの呼びかけを、ウェルチもオウム返しのように口にした。

トランプはこのお世辞を歓迎し、ウェルチのお墨付きを得ようと努めた。しかし、選挙遊説では、ウェルチが創出を後押しした世界に反旗を翻し、虐げられた労働者階級の擁護者として自分自身を位置づけた。もちろん、リアリティ番組のスターは救世主になりえない。髪型を決めた億万長者が庶民を気遣っているように装っているだけだ。しかし、トランプはGEのような企業に見捨てられた都市にわだかまっている幻滅感をめざとく突き止めていた。トランプは選挙戦の主要な経済演説で、「我が国の労働者の愛社精神は裏切りにあった。我が国の政治家はグローバル化政策を積極的に推進して、我が国の雇用、我が国の富、我が国の工場をメキシコなど海外に移転させたのだ。（中略）グローバル化は政治家に献金する金融エリートを大金持ちにした。しかし、何百万人もの我が国の労働者は貧困と心痛を抱えたまま放置されている。（中略）我が国の政治家は、生計を立てて家族を養う手段を国民から奪った。熟練の職人、商人、工場労働者は、自分たちの好きな仕事が何千キロも離れた場所に移ってしまうのを見てきた。（中略）このグローバル化の波により、我が国の中産階級は失われてしまった」と語った。トランプの選挙戦全体がウェルチズムへの反論のように見える。

歴史家はトランプを当選に至らしめた諸々の複雑な要因を何年もかけて解明していくだろう。人種、ジェンダー、ナショナリズム、メディアのすべてが一定の役割を果たした。しかし、かつてGEの工場で働いた後に辛酸を舐めた人々の多くがトランプに投票したことに議論の余地はない。アメリカの製造業の解体、中産階級の空洞化、工場労働からサービス業への雇用の転換はすべて、有権者の多くに深い不満を植え付けた。トランプは、彼らのニーズに応える意図はさらさらなかったかもしれないが、人々の怒りをすくい上げ、それを選挙戦の燃料として用いた。

しかし、いざこうした問題の根本原因を突き止めようとする段になると、トランプはピント外れだった。彼が悪者としてやり玉に挙げたのは「ワシントン」、とりわけ民主党だったが、実際に多くの責めを負うべきはウェルチのようなCEOだ。オハイオ州の工場を閉鎖し、メキシコに生産を移し、賃金をこれほど低く設定したのは、下院議員ではなく経営者だ。ウェルチ、イメルト、ナルデリ、マックナーニのような人間が富の流れを逆転させ、スケネクタディの従業員ではなく、自身の銀行口座やウォール街のバンカーへと向かわせた。GEは労働者階級に背を向けた最初のアメリカの大企業であり、極めて多くの居住地で繁栄がじわじわと侵食されていく状況の端緒を開いた。政治家に責任があるとすれば、おおむね自由貿易、自由市場、労働組合の弱体化、規制の緩和を長年唱えてきた共和党のほうにある。しかし二〇一六年の選挙の間、こうした不満の根本原因は、大多数の有権者にとって重要でなかったようだ。大事なのは、自分たちの絶望に誰かが気づいてくれることだった。四五年間、労働者階級の白人は着実に不利な立場に追いやられた。ここでようやく、自分たちと同じように、そのことに怒っているように見える人物が現れたのだ。その後、ウェルチのような人間がトランプを応援し、何万人もの不満を抱えた労働者が彼の集会でMAGAハット〔トランプ大統領の選挙スローガン「Make America Great Again（アメリカを再び偉大に）」の文字が刺繍されたキャップ〕をかぶった。こうして、トランプはまさかの勝利を収めたのである。

就任直後、トランプはウェルチをホワイトハウスに呼び寄せた。ウェルチはホワイトハウスの南側にある公園でFOXビジネスの取材に応じた。「素晴らしい会合だった。私は一九八〇年からここに来ているが、大統領と会って、同僚と話しているようだったのは、これが初めてだ」[24]。それはさておき、ウェルチがこれまで会ったことのあるアメリカ大統領の中でも、自分の姿を見出していたのはトランプだった。

ウェルチは間もなく、トランプ陣営とロシアとのつながりは民主党の「でっち上げ」で、トランプは独自の才能に恵まれた大統領だと主張した。「この男は袖をまくって問題について話す。あらゆる問題に対する彼の知識の深さに舌を巻いた」と、ウェルチは別の会合の後で語った[25]。陰謀論者ウェルチの再来だ。ただし今回は、オバマ政権が雇用統計を捏造しているという妄言を吐く代わりに、トランプを美化していた。二〇世紀最高の経営者は、千年来の詐欺師にまんまと乗せられたのだ。

トランプが大統領に就任してから数カ月が経ち、ウェルチはテレビでトランプについて、「政策でA評価を与える。人事もAだ。非常に良い人選だと思う」と褒めちぎった。ウェルチが次に賞賛したのは、公立学校の予算を枯渇させるために尽力した教育長官のベッツィ・デヴォスや、泥沼のスキャンダルで辞任することになる環境保護庁長官のスコット・プールイットだ。「経済界の士気、この国の士気、この国の精神にA評価をつけよう」と、ウェルチは言った。それは、トランプが非常に喜ぶような敬意の表し方であり、それによって、ウェルチは意見を言える立場を手に入れた。

トランプが勝つまで、主流派のCEOはほとんど彼に勝ち目はないと見ており、選挙戦の間、トランプ支持者はほとんどいなかった。しかし、トランプは大統領になるとすぐに、表向きは経済的な助言をもらうと称して、大物CEOで固めた二つの諮問委員会を立ち上げた。その一つ、大統領戦略政策フォーラムのメンバーはさながらCEO名士録であり、JPモルガンのジェイムズ・ダイモン、ウォルマートのダグ・マクミロン、ゼネラルモーターズのメアリー・バーラなどの有名人が参加し、ウェルチも含まれていた。しかし、この委員会は実用的な機能を果たすことはなかった。CEOたちがホワイトハウスに集まるのは、ほとんどが大統領の写真撮影用の小道具として、だったのだ。そのため、経済界の頭脳が集まっても、戦略や政策らしきものは何一つ出てこなかった。どのみち茶番劇は長続きしないものだ。

二〇一七年八月一二日、白人至上主義者がバージニア州シャーロッツヴィルでデモ行進した。松明や鉤十字の旗を持ち、トランプ陣営のユニフォームやMAGAハットと身につけた彼らは、路上で暴動を起こし、デモに抗議していた一人が死亡した。暴動の直後に、トランプは「両サイド」に「非常に立派な人々」がいたと苦しまぎれに強調した。大統領の曖昧な発言は独自のトランプ的ニュース報道パターンを生み出した。民主党員は非道徳的な司令官を非難し、共和党員は言い訳をしてトランプの発言を聞かなかったふりをするのだ。しかし、勇気を振り絞って行動に出たのは、他の誰でもないCEOたちだった。

最初はたったの一人だった。トランプの「両サイド」発言の翌日、メルクのCEOで、祖父が奴隷だった黒人のケネス・フレージャーが、大統領の諮問委員会を辞任することを発表した。「アメリカのリーダーは、すべての人は生まれながらにして平等だというアメリカの理想に反する憎悪、偏見、白人至上主義の表われをきっぱりと拒絶して、私たちの基本的価値観を尊重しなければならない」。この強い非難に対して、トランプはツイッターで嚙みついた。「メルクファーマのケン・フレージャーは製造諮問委員会を辞めたからには、ぼったくりの薬価引き下げにもっと多くの時間を割けるだろう！」。しかし、フレージャーの発言はどうやら、他のCEOに行動する勇気や、少なくとも隠れ蓑を与えたようだ。数日のうちに、CEOたちは諮問委員会を解散することを決断した。これは、大統領の側に立ちたいと考える数人は別として、ほぼ満場一致で決まった。一部には、トランプの発言がどれほど目に余ろうとも、プロフェッショナルなビジネス課題を真摯に支持してくれた大統領を見捨てるほどの正当性はないと考える人もいた。委員会の続行支持派には、ボーイングの元CEOでGEのトップ候補だったジム・マックナーニやウェルチ自身も含まれていた。

シャーロッツヴィルに端を発するトランプ発言の後、彼を支持するためにはある種の忠誠心が必要だった。必ずしもトランプへの忠誠心とは限らないが、ウェストウィング〔ホワイトハウスの西棟。大統領執務室や秘書室がある〕の彼の信奉者の多くは、白人至上主義者を援護する大統領を支持し続けることを正当化する方法を見つけていた。ウェルチとマックナーニの場合は、トランプが自分たちの経済的な優先事項、すなわち減税と規制緩和を心から受け入れてくれたことに恩義を感じていた可能性が高い。ネオナチへの共感のように見えるものが、その妨げになっても本当にいいのだろうか。ほとんどの主流派のCEOにとってその答えは明白であり、そのとおりの行動をとった。しかし、マックナーニとウェルチにとって、そうした計算はあまり明確ではなかった。トランプは道徳的に問題があるにせよ、自分たちの仲間でもあると、二人は理解していた。

ウェルチとマックナーニが反対しても、大統領の諮問委員会を守れなかったが、それはたいしたことではない。企業の権力者に対抗し、労働者に権限を与えることを約束して政権の座に就いたが、トランプは大統領に就任すると、それとは反対のことを行なった。彼の政策の主な成果である税法見直しは、企業や富裕層のための無駄な支出だった。多国籍企業や小規模な不動産投資家などが支払う税金を大幅に引き下げながら、オフショアリングや海外への利益移転も同時に促進していたからだ。それでは環境規制や労働者保護が後退してしまい、労働者がより多くの交渉力を持つうえで妨げとなる。トランプ政権下で、職場の安全性に関する調査が減り、企業は残業代の支払いを避けやすくなり、出稼ぎ農業労働者の賃金は引き下げられた。それは、国家規模で展開されるウェルチズムだ。長い年月を経て、ニュートロン・ジャックが形づくってきたのはもはや経済界だけではない。友人であるドナルド・トランプが大統領に就任したことで、ウェルチの価値観はアメリカ人の生活全体に影響を及ぼしていたのだ。

第八章　ウェルチズムを超えて

「より責任あるビジネスモデル」――大切なのは従業員の技能と情熱

最近では、ウェルチズムが根付いている企業を見抜くのは格別に難しいことではない。ウェルチの影響力は現役時代も引退後も浸透し、アマゾン、ボーイング、クラフト・ハインツなどの企業でGE流ビジネスが規範になっているほどだ。ウェルチの先例を踏襲したくなる誘惑に打ち勝ってきた企業を見つけるほうが難しい。とはいえ、そういう企業も存在する。未来に目を向けて、異なる道を歩もうとするCEOを認識することは重要だ。リーダーが利益の先を見通せば、どのようなことが可能になるかを思い起こせるようになる。

二〇〇九年、オランダ人のポール・ポールマンがイギリスとオランダを本拠とする消費財メーカーのユニリーバを経営することになった。最初のうち、彼が、多国籍企業で利益を増進させて出世してきた従来型の経営者とは一線を画す人物だと考えるべき理由はほとんどなかった。ポールマンはユニリーバに入る前、プロクター・アンド・ギャンブルに数年所属した後、ネスレでCFOを務めていた。しかし、ユニリーバのCEOになるに当たって、独自の視点も持っていた。というのも、彼はビジネスの世界に入る前、イエズス会の司祭を目指して勉強していたからだ。そのまま学業を終えていれば聖職者になっていたかもしれないが、残念ながら、在籍していた神学校は入学者が少なく、閉鎖されてしまった。そこでビジネスの世界へと進み、教会で培った共感力を発揮しながら、出世コースを歩んでいった。

ポールマンがCEOに就任したとき、ユニリーバは衰退の一途をたどっていた。金融危機のあおりを受けてぐらつき、売上が激減していたのだ。それでも彼は、ダヴ（石鹸）やベン&ジェリーズ（アイスクリーム）など、あらゆるものを製造するユニリーバには明るい未来と強いブランドがあると信じていた。ただし、ハードリセット（強制的な再起動）が必要だとも思っていた。そこで試みたのが、会社のルーツに立ち返ることだ。ユニリーバは、一九世紀末にイギリス人起業家のウィリアム・リーバ卿によって設立された。彼は、イギリス南部のポート・サンライトに工場をつくって石鹸の大量生産を始めた。また、企業城下町をつくり、従業員が健康管理、福利厚生、娯楽を享受できるようにした。「リーバ卿は工場がフル稼働する前にポート・サンライトを建設し、従業員に住居を提供した。第一次世界大戦で最も多くの志願兵を出したのは、彼が賃金と雇用を保証したからだ。男性社員がいなくなると、その配偶者を支援した。ポート・サンライトでは禁煙と禁酒により住民の平均寿命が延びた。彼は週七日から週六日労働にするために戦い、イギリスで年金制度を導入した。こうした価値観を会社に持ち込むことで、繁栄を分かち合えると信じていたのだ(1)」

ポールマンは着任早々に経営陣を集めてポート・サンライトで数日間の合宿研修を行ない、一〇〇年前に同社に活気をもたらした慈悲深さの精神を取り戻そうとした。ユニリーバのような企業は、繁栄するのと同時に、従業員を大切にできる。また、大企業は大量の資源を使ったとしても、自然界に良い影響を与えられると、ポールマンは信じていたのだ。そこで、ポート・サンライトでは通常の戦略立案に加えて、リーバ卿のことやそもそも何がユニリーバを偉大にしたのかについて幹部にじっくりと考えてもらった。こうして同社の経営陣は野心的な方針を打ち出した。それは、自社の成長を環境への影響から切り離すことを目指すというものだ。つまり、会社が拡大を続けたとしても、天然資源の使用量を減らす努力をする。「原点に立ち返ることで、変革を推進する許諾が得られた。私たちにはより責任あるビジネスモデルが必要だった」と、ポールマンは語る。

ポールマンの着任当時、ユニリーバはGEや他の多くの企業が築き上げてきた類の、利益追求ゲームを行なっていた。「私たちも（他社と）同じことをしていた。四半期のことで頭がいっぱいで、支出を手控えて一カ月後に再開させるなど、会社の最善の利益にはならないことをしていたのだ。私はそこから抜け出したかった。みんなが成功する環境を提供する必要があった。四半期業績報告という近視眼的な視点では、貧困、気候変動、食糧安全保障などの問題は解決できない」

ポールマンは変革に対して本気だというシグナルを市場に送る必要があり、合宿研修の直後に、四半期決算報告を廃止することを発表した。ウォール街に通告し、自分が短期的な業績で評価されるつもりはないことをはっきりと示したのだ。もはや利益を重視しなくなったように見える企業の株式を手放す投資家が相次ぎ、ユニリーバの株価は急落した。やがて株主基盤が変わり、新たに忍耐強い投資家がユニリーバの株式を購入し始め、四カ月後に株価は上昇に転じた。

四半期決算報告をやめた理由を聞かれたとき、ポールマンはウェルチを引き合いに出した。「業績をはじめとして四半期を意識した行動というラットレースから抜け出さなければならない。予想を外さないように、活動や支出に手心を加えている企業は多い。ジャック・ウェルチは著書『ジャック・ウェルチわが経営』の中で、何度も四半期の業績予想を裏切らなかったことや、一ペニー差で予想を外したのはたったの二回で、それがいかに素晴らしいかについて語っている」。そのようなリターンが実現したのは、会計ゲームの効果にすぎないとも指摘した。「それほど素晴らしいなら、彼はラスベガスにでも行くべきだった」。ポールマンの目には、ウェルチがギャンブラーにしか見えなかったのだ。

ポールマンはその後、野心的な計画を立てた。それは、ユニリーバのカーボンフットプリントを削減し、世界各地で自社の活動による悪影響を緩和し、人々の暮らしに有益な変化をもたらせる領域を探そうというものだ。ユニリーバは熱帯雨林を荒廃させるパーム油の使用を減らし、ヘルマンズ・マヨネーズなどアメリカの家庭の定番商品の原材料についても有機農作物に転換した。また、労働者やサプライヤーへの支払いを増やし始めた。このような取り組みにはお金がかかったが、効果はあった。ユニリーバは競合他社から市場シェアを奪い始め、消費者は良識ある企業を支持し、従業員はやる気を持って参画するようになったのだ。

ポールマンは経営から退く少し前に、倫理観よりも野心が先走ったファウスト的な取引を持ちかけられたことがある。3Gキャピタルでウェルチの模倣者だった人物が経営者となった食品大手クラフト・ハインツが、ユニリーバに一方的に買収提案をしたのだ。買収価格一四三〇億ドルというこの提案を受ければ、ポールマンはとんでもないお金持ちになる可能性があった。また、ユニリーバの株主にも直ちに持ち分に応じた利益が転がり込むだろう。3Gにとって、ユニリーバはまさに食指の動く標的だった。世界中に幅広く展開しており、コスト節減や節約の対象に事欠かないからだ。合併すれば、クラフト・ハインツは地球上で最大級の食品会社になり、業界一位か二位を目指すというウェルチ流のミッションを果たすことができる。しかも、極めて象徴的な買収になるだろう。なにしろ新しい針路を定めようと取り組んでいる数少ない企業を、最もウェルチ的な企業が呑み込むのだから。

ところが、ブラジル人たちは獲物を見誤っていた。一〇年間、サステナビリティ（持続可能性）とグッドガバナンス（良い統治）の領域で評判を形成してきたポールマンは、この申し出をきっぱりと断った。買収額が低すぎただけでなく、ユニリーバが3Gのやり方をあまり買っていないことも明らかだった。ポールマンとブラジル人たちは事業経営に関して正反対の見解を持っていたのだ。ポールマンは、クラフト・ハインツと3Gキャピタルのウェルチを目指す人々に、ユニリーバを売り渡すつもりはなかった。「書類上は魅力的な純然たる金融取引だったが、実は相反する二つの経済システムだった。ユニリーバは長期的に機能し、顧客となる何十億もの人々を重視している企業だ。クラフト・ハインツが重視するのは明らかに数人の億万長者であり、それは極めてうまくいっているが、人権指標や森林破壊から脱する取り組みにおいては最下位にある。クラフト・ハインツはコスト削減の概念で成り立っている」[2]。これが非難であることは疑う余地もない。ポールマンは取締役会の支持をとりつけ、自分の立場を貫いたため、クラフト・ハインツは慌てて手を引いた。少なくともその一瞬、ウェルチ流のビジネス方式は、株主還元と自分のストックオプションを超えた想いを胸に経営する元神学生という姿の好敵手に出会ったのだ。

ポールマンがこの提案を拒否した数年後、クラフト・ハインツの株価は急落した。新製品に投資しておらず、従業員が不満を募らせ、金銭面で杜撰な文化であったことが災いした。対照的に、ユニリーバの株価は上昇を続け、同業他社を上回る業績を上げ、二〇一九年にポールマンは胸を張って退任した。彼はことあるごとに、ウェルチがやりそうな行動とは正反対のことをしてきた。その成功は、ビジネスには他の方法があることや、ウェルチズムが勝利の戦略ではないことを示す、さらなる根拠にもなった。ユニリーバがクラフト・ハインツを非難してから何年かして、ポールマンはこのディールを振り返り、悦に入らずにはいられなかった。「あれ以降、彼らの株価は七〇%も下がり、今では財務報告をめぐって法的問題に直面している。当社の株価は五〇%ほど上がっている。強欲は善だと考える人もいるが、最終的に寛大さが勝ることは何度も証明されてきた」

ユニリーバを引き継いだときポールマンは異端者であり、現状に疑問を持ち、自社が世界に及ぼす害悪を減らすために野心的な目標を積極的に設定しようとする、数少ない経営者だった。ところが今や、その数は増えている。過去一〇年にわたって、さまざまなCEOがウェルチズムに反対する多様な方法を編み出してきた。その取り組みは、ユニリーバのヨーロッパ本社からシリコンバレーのテクノ・ユートピアキャンパスにまで広がっている。たとえば、二〇一五年にイーベイからスピンアウトして上場したオンライン決済プラットフォームのペイパルでは、CEOのダン・シュルマンが賃金の見直しを皮切りに会社と従業員の関係を変更しつつある。

二〇一四年にCEOに就任したシュルマンは、シリコンバレーの理想主義的な言葉を取り入れ、テクノロジーが世界のあらゆる問題を解決できるとするミッション・ステートメントを大々的に打ち出した。「当社のコーポレートミッションは、お金の管理と移動を民主化することだ。基本的に、お金の管理と移動は富裕層だけの特権ではなく、すべての市民の権利だということを意味する。これは非常に包摂的なステートメントだ。私たちがこのミッションを掲げているのは、世界では非常に多くの人々が金融システムの枠外で暮らし、月末になるたびに家計のやりくりに苦労しているからだ」と、シュルマンは語った。また、これは発展途上国だけの問題ではなく、「ちなみに、アメリカの成人の三分の二がそうだ」とも指摘した。つまり、約一億八五〇〇万人にのぼる。

ペイパルの従業員の大多数は裕福だろうと、シュルマンは思っていた。なにしろ同社の時価総額は一〇〇〇億ドルを超え、シリコンバレーの巨大企業は手厚い報酬で有名だ。ところが二〇一七年、賃金が近い従業員の多くが家計のやりくりに苦労していることを知った。同社は五〇〇万ドルの基金を設立し、予期せぬ経済的危機に見舞われた従業員を支援することにした。この発表をするや否や、申請者が殺到した。「緊急の支援要請は、予想外の高額な医療費、学生ローンの返済、車の故障など、日常的な出来事にますます起因していることがわかった」

その翌年、ペイパルはコールセンターの担当者を含めて、低賃金の未熟練者について調査することにした。対象者は従業員の約半分にのぼる。シュルマンは期待を胸にこの調査に着手した。「正直なところ、返ってくるのは非常に良好な結果だと思っていた。というのも、ペイパルはテクノロジー会社であり、本当に優秀な従業員を集めようと思って、世界中のどこでも相場を上回る給料を支払っているからだ」

ところが、そうではなかった。回答者の三分の二が給料日前にお金が足りなくなると答えていたのだ。シュルマンは唖然とした。「調査結果が明らかになり、実のところショックだった。コールセンターのスタッフや未熟練者といった時間給労働者は他の市場と同じで、家計のやりくりに困っていた。そこから見えてきたのが、当社の約半数の従業員にとって、市場が機能していないことだ。資本主義はうまく機能していなかった」。世界で最も収益性の高い企業でも、一万人を超える従業員がようやく食いつなぐだけの収入しか得られない。「医療を受けるか、食べ物を食卓に置くかというように、従業員が妥協していることを知った。そんなのは理不尽だ」

シュルマンは解決に向けて手を打とうとしたが、単にボーナスを支給して、後はうまくいくようにと願っているだけでは十分ではないことを心得ていた。代わりに、ペイパルが考案した介入が効果を上げているかどうかを把握できるデータを探した。求めていたのは、居住地によって購買力が異なることを示す、最低賃金のような基本指標を超えた「従業員の経済的健康」を測定する方法だ。ペイパルは数カ月かけて、学者や非営利団体と一緒に「純可処分所得（NDI）」という新しい指標を作った。シュルマンの説明によると、それは「納税し、住居費や食費など基礎的支出をした後にどれだけお金が残るか」を示すものだという。

ペイパルとそのパートナーは、家計に必要なNDIは二〇％と見積もった。それが家賃や食費などの基礎費用に加えて、医療、学用品、衣服などのニーズを満たし、なおかつ貯蓄もできる水準だ。この新しい指標を使って調査データを見直すと、厳しい結果になった。ペイパルの従業員の約半数のNDIは四％であり、給料から基本的な生活必需品の購入分を引くと、残金はほんのわずかだった。気の滅入る結果だったが、これで目標ができた。全従業員のNDIを二〇％以上にするという目標だ。それを簡単に実現させる単一の特効薬はない。同社は代わりに、低賃金の従業員向けに四部構成のファイナンシャル・ウェルネス・プログラムを用意した。これは大企業の間でもユニークな取り組みである。

ペイパルが最初に行なったのは、NDIの低い従業員の賃金を引き上げることだ。同社はすでにどの地域の拠点でも最低賃金を上回る賃金を支払っていたが、それだけでは明らかに不十分だった。そこで、コールセンターの従業員の時給を上げた。

次に、未熟練者も含めた全従業員に自社株を保有する機会を与えた。これは形ばかりの対応ではない。上場企業の株価上昇によって創出される価値が不釣り合いなほど大きいことを考えれば、従業員が実質資産を蓄積する有意義な方法になり得る。実際に、このプログラムが導入された翌年、ペイパルの株価は二倍になった。

続けて、ペイパルは従業員向けに包括的な金融リテラシープログラムを展開し、貯蓄、投資、資金管理に関するアドバイスを提供した。そのすべては、ほとんどの大企業が実施している施策をはるかに超えていたが、シュルマンはさらに重要な一歩を踏み出したのだ。

ファイナンシャル・ウェルネス調査から判明した驚くべき事実は、ペイパルの従業員が重い医療費負担に喘いでいたことだ。アメリカ屈指の金持ち企業であるペイパルの従業員は毎月、医療費か学費か、あるいは処方箋か車のガソリン代かで二者択一を迫られていた。医療費は彼らのNDIの相当部分を占めていたのだ。そこで、シュルマンは最低賃金で働く従業員の医療費負担を六〇％引き下げることにした。

これはペイパルの介入策の中でも一番効果的だった。「ヘルスケアだけでも実施すれば、従業員には大きな安心材料になると思う」と、シュルマンは語る。ペイパルはこのプログラムを始めてから数カ月後に、再び従業員調査を行なった。今回は、NDIが二〇％を超える人が増え、最低でも一六％だった。

ペイパルではファイナンシャル・ウェルネス・プログラムに数千万ドルをかけた。それは自社株買いや配当として流出しなかった資金である。シュルマンは、広告やインフラなど、ビジネスで行なう他の投資を念頭に置きつつ、これは「我が社の従業員に対する有意義かつ重要な投資だ」と考えていた。「企業が持つ唯一の持続可能な競争優位性は、従業員のスキルセットと情熱だと、私は固く信じている」

この費用にはそれだけの価値があったと、シュルマンは主張する。プログラム開始から数カ月で顧客満足度が上昇し、従業員の意欲が高まり、ペイパルの株価は上昇を続けた。ウェルチとその追随者が従業員を最小化すべきコストと見ていたのに対し、シュルマンはペイパルの最大の資産だと捉えていた。「中長期的に、その投資は株主に還元される。利益とパーパスが互いに相容れないとする考え方自体がおかしい。つまり、優良企業から偉大な企業に変わるチャンスがあるなら、最高の従業員が欠かせない。自分の仕事を愛し、情熱を持っている従業員たちだ。他のことはすべてそこから生まれてくる」(3)

シュルマンやポールマンは新世代の企業リーダーであり、彼らは長きにわたってＣＥＯの間で企業経営のやり方とされてきたルールを書き換えている。「ステークホルダー資本主義」と言われる考えを支持し、これまで経済界に深く根付いてきた慣習を根絶しようとしているのだ。逆境になれば条件反射的にレイオフに走るのではなく、従業員に投資することに目を向ける。安い労働力を求めて地域社会から搾取するよりも、工場やオフィスを維持し、その地域の支援に努める。株主価値の最大化のみを目指して経営するのではなく、投資家をさまざまな構成員の一部として考慮に入れつつ、従業員、政府、顧客、サプライヤー、環境のニーズに配慮する。それは言い換えると、ウェルチズムに対するアンチテーゼなのだ。

「受託者責任もその方向に進み始めている」――ウェルチズムから転換するための方策

ステークホルダー資本主義は、多くの点で資本主義の黄金時代を承認したものといえる。それはウェルチ以前に広まっていた集団主義的な精神への回帰であって、新しい発明ではない。実際に、ウェルチズムが台頭した頃にも、実業界では細々とながら、より包括的なアプローチを求め続ける声があった。ドイツの学者で、政治家や経営者など招待者限定で集まる世界経済フォーラム（ダボス会議）を創設したクラウス・シュワブは何十年も前からそれを提唱していた。

シュワブは一九七一年にダボス会議を開催するに当たって、ビジネスと社会に関する自分の理論を明らかにする方法を模索した。一九三二年に出版されたアドルフ・Ａ・バーリ・ジュニアとガーディナー・Ｃ・ミーンズの『現代株式会社と私有財産』（北海道大学出版会）を挙げて、企業は株主優先ではなく、労働者、環境、社会全体への影響に留意する必要があると論じた。過去四〇年を振り返ると、ほとんどの期間、ウェルチとその取り巻きが知らしめた考え方によって、シュワブのステークホルダー理論は脇に追いやられていた。それが近年、負の外部性が積み上がるにつれて、シュワブの考え方がCEOの職責との向き合い方を示す代替的な枠組みとして再浮上しつつある。

ステークホルダー運動がいよいよ本格化する兆しとなるのが、Bコープ運動だ。これは二〇〇六年に少数の理想主義的な資本家たちによって企画された運動であり、従業員、環境、社会に対する企業の総合的な影響を測定する枠組みを設定した。企業は認証申請し、十分に公益に資すると判断されれば自社製品にBコープのロゴを付けることができる。この取り組みは多分に外向けの演出だ。拘束力はなく、測定しづらく、大企業が実現するのは至難の業だろう。それでも、少数の志の高い企業が他社と一線を画す新たな方法を模索する中で、盛り上がりを見せてきた。パタゴニア、セブンスジェネレーションなどが参加し、フランスの乳製品メーカーのダノン、ブラジルの化粧品メーカーのナチュラなどの大企業も何とかBコープ認証を取得している。

もともとマーケティング活動として始まったものだが、最終的にいくつかの規制改正につながった。Bコープ運動などを受けて、アメリカでは「パブリック・ベネフィット・コーポレーション（PBC）」という新しい法人形態が誕生した。営利企業の多くはアメリカの課税制度では、いわゆるCコーポレーション（通常の株式会社）になる。その場合、規定にはただ取締役や経営幹部は「自社の最善の利益」にかなうことをせよとあるだけで、実際にそれが何を意味するかまでは定義されていない。一方、PBCの定款は明白だ。その規約には、社会に良い影響を及ぼし、従業員、環境、地域社会に配慮することへの明確なコミットメントが含まれている。二〇一〇年にメリーランド州が初めてPBCを法制化した。それから一〇年で、ほぼすべての州で企業がこの形態を選択できる法律が制定され、キックスターターやパタゴニアなどの有名企業がすでに選択してきた。

こうした企業では、規約により幅広い優先事項を盛り込むことにより、経営層は自分たちの価値観を成文化するのと同時に、短期的利益の最大化が義務付けられるとする考え方を強く非難している。パタゴニア創業者のイヴォン・シュイナードはPBCに移行した際に、「PBC制度は、創業者が掲げた価値観、文化、プロセス、高い基準を制度化することで、パタゴニアのようなミッション重視の企業が事業継承、資本調達、さらには所有者の変更を通じて、ミッション重視のままでいられる法的枠組みとなる」と述べた(4)。

株主至上主義が市場掌握力を失っている節はほかでも見られる。近年、世界最大の資産運用会社ブラックロックなど少数の大手投資機関が、企業の成功を測る方法として利益以外に目を向けることを企業に奨励し始めている。ブラックロックは長年、無条件に利益を最大化させて成功してきた。投資先の企業で四半期の利益率が高まれば、資産運用会社自体のリターンが高まるので、ブラックロックのポートフォリオ・マネジャーは手段を問わず利益率を向上させるように企業に迫っていた。ところが、二〇一四年にブラックロックのCEOに就任したラリー・フィンクは、ステークホルダー資本主義のレトリックを取り入れ始めたのだ。

フィンクは同年、アメリカ企業向けの公開書簡に次のように記している。「金融危機の後、自社の将来の成長に向けた投資に尻込みしている企業が多いのは懸念される。配当や自社株買いを増やすために、設備投資を削減し、負債を増やすことまでしている企業が多すぎる」(5)。企業はもはや利益を出すだけでは不十分になっている。それよりも、ブラックロックの支援を受けたい企業は周囲の世界に積極的に貢献する必要があると、フィンクは強く主張し、その後の年次書簡でもそうした論調が続いた。二〇一八年の書簡には、「企業が公私にわたって社会的な目的を果たすことが社会の要請である。時間とともに繁栄していくためには、どの企業も財務的な業績を上げるだけでなく、いかに積極的に社会貢献しているかも示さなくてはならない。企業は株主、従業員、顧客、事業を行なっている地域社会など、あらゆるステークホルダーに恩恵をもたらす必要がある」という記載がある。[6]

何十年もウェルチの優先事項を守ってきたビジネス・ラウンドテーブルでさえ、ついに態度を変えて、これに同調している。ビジネス・ラウンドテーブルが前回、企業目的の定義を更新したのは一九九七年である。当時の文書は、当時の支配的な世界観としてウェルチズムを成文化したもので、「経営陣や取締役会の最重要義務は、自社の株主に対する責務を果たすことだ」と宣言していた。それは、自由市場の教義に対する忠誠の誓いであり、株主が第一だとするアメリカ企業の信念を再確認するものだった。ドットコムバブルが崩壊し、金融危機で世界市場が動揺しても、アメリカで最も影響力のある経営者たちは自ら掲げたミッションを再評価しようとは思わなかったのだ。

ところが二〇一九年八月、そのビジネス・ラウンドテーブルが突然ステークホルダー資本主義という概念を受け入れたのである。トランプがホワイトハウス入りし、所得格差に対するポピュリストの怒りが高まり、新しい規制を求める進歩的な政治家が台頭する中、アマゾン、アップル、バンク・オブ・アメリカ、JPモルガン、ウォルマートといったアメリカ企業のリーダーがそう発表したことは、歴史的な大転換だろう。こうした企業のCEOたちは「個々の企業がそれぞれの企業目的を果たす一方で、私たちはすべてのステークホルダーに対する基本的な約束を共有している」とし、いかに企業が顧客、従業員、サプライヤー、地域社会、投資家と共に公正かつ倫理的に行動するかに言及した。「企業、地域社会、我が国の今後の成功のために、また、これらすべての価値を提供するために、私たちはコミットする」。この新しい声明はブレークスルーの先触れであり、経営者がついに利益追求の先を見据えることに真剣になった確たる証拠といえる。

もっとも、真の変革にはレトリックを超えていく必要がある。ウェルチズムをひっくり返し、より公正な経済を生み出すために、経営者、取締役、政策立案者、さらには消費者が今すぐにできる緊急の変革を挙げてみたい。

○賃金と福利厚生の向上

手始めに、企業は従業員に特別な配慮をすることにコミットすべきだ。それは報酬から始まる。基本的ニーズを満たしながら、将来のために貯蓄もできる生活賃金を従業員に支払うのは当たり前のことだ。私たちは収益性の高い多国籍企業の従業員が食料費補助政策の対象となる世界を乗り越える必要があり、それは雇用主が従業員に生活賃金を支給することにコミットして初めて実現できる。従業員の賃金を上げても失業やインフレにつながらないことは、多くの研究で実証されてきた。反対に、最低賃金の引き上げは生産性を高め、士気を向上させ、従業員を大切にする企業に総じて役立つという研究結果もある。

賃金の低い従業員向けに医療や育児といった福利厚生を充実させる助成金にもかなりの予算を割くべきだろう。ペイパルで医療費負担を引き下げたときに、士気が高まり、従業員は貯蓄を増やせるようになり、企業利益が維持される状況が見られた。先導役であるペイパルのシュルツマンに続く企業が増えれば、どれほどメリットがあるか想像してほしい。

○利益や株式の共有

とはいえ、生活賃金であれ、給料をただ家に持ち帰るだけでは、現代経済を真に前進させるのに十分ではない。このため、企業は従業員に利益を分配することを習慣化すべきだ。これはシンプルな利益分配プランの形をとる場合もある。上場企業のデルタ航空は常に、企業利益のそれなりの部分を年間ボーナスの形で現場の従業員に分配してきた。

協同組合として運営している大企業もある。アウトドア用品を扱うREIは非上場企業であり、利益の一部を従業員に還元している。別の利益分配方法は、従業員に株式やオプションを提供することだ。今日の経済では、働いて稼ぐことよりも投資によって実質資産が生み出されているので、一般従業員もともに株価上昇時の恩恵を享受できるはずだ。ここでも多くの研究によって、利益分配プランが従業員のモラルを高め、生産性を向上させ、より強い企業へつながることが実証されている。

○アップスキリング

急速に変化する技術環境で求められていることへの対応を従業員が十分に準備できるように、企業はより積極的な役割を果たすべきだ。仮にウェルチが海外の安い労働力を追い求めて従業員を解雇するのではなく、投資して新しいスキルを習得させたり高度なトレーニングを受けさせたりしていれば、人材を生産的に活用できていただろう。同様に、アマゾンなど従業員の多い企業は、新しい道を拓き、より価値のあるスキルを学び、上級職に就き、時間の経過とともに報酬が上がる機会を提供したほうが賢明だ。市場の変化や技術進歩に適応できるダイナミックな労働力を生み出すことだけに留まらず、転職やレイオフが必要な状況でも、アップスキリングによって従業員はより良い備えができる。

○取締役会に従業員を配置

企業がウォール街の投資家以外のステークホルダーに貢献することを真剣に考えるならば、より幅広い視点で、従業員を取締役会に加えることで、そのコミットメントを成文化することができる。これは短命に終わったが、過去にも行なわれたことがある。一九七〇年代、クライスラーが最大の労働組合である全米自動車労働組合長を取締役に迎えたところ、CEOのリー・アイアコッカへの巨額の報酬パッケージに即座に反対票が投じられた(7)。

クライスラーの実験は長続きしなかったが、ヨーロッパでは今日、取締役会に従業員代表を入れる「共同決定」と呼ばれる方法が盛んになっている。たとえばドイツでは、従業員は監査役会委員——アメリカの取締役会に当たる——の半数を選任する権利を持っている。残業や解雇など労務管理における本質的な問題に対処する、いわゆる労働評議会の代表者も選任することが可能だ。アメリカでもこの考え方に弾みがついている。マイクロソフトやウォルマートなど大手数社は、少数株主が取締役会に従業員を参加させることを提案している。民主党議員はさらに踏み込んで、従業員に取締役の四〇％を選任する権利を与える法案を提出した。これらは、従業員が取締役会に当たり前に参加できるようになる道のりにおける最初のステップだ。

○長期的な思考

四半期決算がもたらす絶え間ない圧力は、ほとんどの上場企業には無視できないものだ。短期的な意思決定を奨励し、何年か後に価値を生み出す投資を阻害することで、経営者の行動を最悪の形で歪めてしまう。しかし、長期的に最大の富を生み出す企業には、九〇日を超えて物事を考える能力が備わっていることを、私たちは何度も目にしてきた。

そのために企業がとり得る方法の一つは、市場の専制をはっきりと拒否することだ。それはポール・ポールマンがユニリーバで行なったことだ。また、一部のテクノロジー大手も、デュアル・クラス・シェア・ストラクチャ〔金銭的価値は同等だが議決権に差をつけた二タイプの株式を発行する方法。短期志向を促す株式市場の圧力を軽減し、経営陣が独自のビジョンを追求しやすくなる〕や、ときに何年もわずかな利益に留まることもある手法を用いて忍耐強く実践してきた。

企業はまたM&Aについてより慎重なアプローチをとり、解体やキャッシュの採掘ではなく、成長や拡大が見込める買収対象を探すべきである。そうすれば、より規律ある意思決定になるだけでなく、より慎重に資本を活用するようになるだろう。ウェルチ退任後の二〇年間で、GEはファイナンシャル・アドバイザー（ディールを勧める投資銀行や由緒ある法律事務所）に七二億ドルもの手数料を支払った。それはほかの場所で有効活用できたかもしれないお金だ。

しかし、太っ腹な経営者にできるのはその程度だろう。四〇年にわたるウェルチズムからわかるように、市場の圧力、巨額の役員報酬の魅力、半世紀にわたる悪習は、大多数の経営者にとって抵抗できないほど強力だ。経営者の路線変更をただ願うのではなく、真に公平な経済の創造に求められる制度改革を達成するために、政府の政策立案者が強力に行動を起こす必要があるだろう。その始め方を示そう。

○最低賃金の引き上げ

この半世紀で見てきたように、労働者に適正な賃金、ましてやインフレを加味した賃金を支給することに関して、企業は当てにならない。だからこそ、連邦政府が介入し、最低賃金を引き上げる必要がある。過去半世紀のインフレが加味されていれば、最低賃金は現在の三倍以上になっているはずだ。これは長い間先延ばしにされてきたシンプルな措置であり、何百万人もの生活に直ちに効果をもたらすだろう。

○増税

アメリカの富裕層の多くは労働者階級よりも低い税率を享受し、多くの企業や個人は抜け道を使って実質的に税金逃れをしている。一方で、もう何十年も保守的な経済政策によって課税基盤が削られ、連邦政府や地方政府は財源不足に陥っている。貧弱な公教育、未熟練労働者の増加、緊急の医療費など基本的ニーズを満たせるだけの貯蓄がない世帯など、自己強化型ループで深刻化していく社会問題が連鎖的に起こっているのだ。こうした状況では、税制改革は複雑で骨の折れる作業だが、必要な是正策である。

大まかに言うと、不動産取引や株式売却などのキャピタルゲインに高い税金を、労働や稼いだ賃金には低い税金をかけるべきだ。アメリカの超富裕層への富裕税も効果がある。ある試算によると、純資産が五〇〇〇万ドルから一〇億ドルの人に年二％、一〇億ドルを超える人に年六％を課税すれば、一〇年間で約三兆七〇〇〇億ドルの税収になるという。

法人税も上げるべきだが、一律にということではない。給与税は、企業が雇用者を増やしたがらなくなるので緩和したほうがよいが、利益に対する税金は、海外計上分も含めて引き上げるべきだ。極めて重要なのが、資本還元プログラム、すなわち自社株買いや配当への課税をより厳しくすることだ。

最後に、自治体は優遇税制で企業の投資を呼び込むのをやめるべきだ。そうすれば、ボーイングがシアトルからシカゴに、GEがフェアフィールドからボストンに本社を移転するような状況は避けられたはずだ（GEの場合、八七〇〇万ドルの節税になった）。GEの例からわかるように、こうした優遇措置が約束された価値を自治体にもたらすことはほとんどない。GEはボストンに本社を移転し幹部を八〇〇人雇用すると約束したが、その後、わずか三年で、ウォーターフロントに一二階建ての新社屋を建設する計画を白紙撤回して土地を売却し、最終的にボストンでは二五〇人しか雇用しないことを発表した。

○反トラスト法の強化

電気通信、航空、食品などの業界を再編してきた多くの企業合併を防ぐには遅きに失したが、より厳格な反トラスト法が約束されれば、さらに市場集中度が増して競争の少ない経済につながるような将来のディールを防止できるだろう。反トラスト法当局は、長期的な視点で市場集中の結果を考えることにより、有害になり得るディールに介入する機会が得られるだろう。たとえば、商品やサービスの提示価格だけでなく、失業や賃金低下の可能性を含めて、どのような形で消費者に被害が及ぶかを幅広く考えていけば、注意すべきディールに対して視野を広げやすくなるだろう。

○役員報酬の上限設定

SECは企業に、CEO報酬と従業員の給料の中央値との比率を開示するように義務付け始めた。次のステップは、役員報酬が一定の閾値を超えないように義務化することだろう。CEOが平均的な従業員の年収の三〇〇倍や一〇〇〇倍を稼ぐ理由など考えにくい。役員報酬に上限を設けても、企業価値の上昇に伴って株価も高まるので、株式を保有し続けていれば、創業者が富を築く妨げにはならない。しかし、所得格差の最も深刻な要因のいくつかには終止符が打たれ、最終的にはCEOの報酬を引き下げるか、従業員の給料を上げるかする必要性が出てくるだろう。

こうした政策は倫理的かつ公正であるだけでなく、ビジネスにも役立つ。研究で次々と示されているように、賃金が高くなれば、すべての人にとって強い経済になる。政府の財源が潤沢であれば、民主主義は繁栄する。企業がダイナミックな競争環境にあれば、雇用が増え、消費者は恩恵を受ける。

経営幹部が富を抱え込むのではなく、従業員に分配すれば、誰もが得をするのだ。その事例証拠も山ほどある。ユニリーバのポール・ポールマンが四半期業績目標を捨てて長期的な投資をしたり、ペイパルのダン・シュルマンが従業員の経済的幸福を強化したりしたように、大企業がすべてのステークホルダーを大切にする場合に繁栄することは次第に明白になりつつある。ポールマンは企業をより良い当事者にしようとする環境、社会、ガバナンスの動向に言及しながら、「株主利益を最大化したいならば、より責任あるESG、マルチステークホルダー型ビジネスモデルへと自動的に導かれる。それは数字を見れば明らかで、受託者責任もその方向に進み始めている」と述べていた。(8)

「ジャックは道を切り拓いた」

二〇二〇年三月一日、ジャック・ウェルチが死去した。葬儀はニューヨークのセント・パトリック大聖堂で行なわれた。参列者は、ホーム・デポの創業者で元GE取締役のケン・ランゴーン、GE元幹部でアライドシグナルやハネウェルを経営した「ザ・ナイフ」ことラリー・ボシディ、同時多発テロの日にウェルチにインタビューをしていたNBCの元司会者のマット・ラウアーなど。メディア王で大富豪のバリー・ディラーが、プロ・アメリカンフットボールチームのペイトリオッツでコーチを務めるビル・ベリチックとともに名誉棺側付添人を務めた。

嘘偽りのない悲しみに包まれていた。ウェルチは多くの人に愛され、最期まで友だちや仲間との幅広い人間関係を保っていた。スージーは夫へ哀悼の意を捧げ、彼の影響力の大きさや一緒に行なった多くの取り組みについて知らしめた。彼女の声明文には「リーダー、ビジネスの象徴、天才経営者であることはすべて真実だが、そうしたものを超えて何よりも、ジャックは愛でできた生命力だった」

とある。[9]

AT&Tとのメガディールを指揮して自身の帝国を築き上げたディスカバリー・コミュニケーションズCEOのデビッド・ザスラブにとって、ウェルチはほぼ神のような存在だったという。「ジャックは道を切り拓いた。世界全体を見て、全世界を超えた。彼がGEで創出したものが現在の企業の経営手法になった[10]」

JPモルガンの会長兼CEOで、同世代のビジネスリーダーの間で最も長く尊敬されてきたジェイムズ・ダイモンは、ウェルチを道徳の模範として描写した。「彼は背筋を伸ばし、自社や我が国のために常に正しいことを行なった。彼は企業経営の実績や伝説的リーダーとしてだけでなく、その深い誠実さ、寛大な心、戦略的なビジョンにおいてCEOの基準を実際に確立した[11]」

どの追悼文にも、ウェルチ時代に解雇された何千人もの失業者を顧みるような文言はなかった。ダウンサイジング、ディールの失敗、利益操作に関する言及もない。ウェルチの支持者は彼のレガシーの不快な部分を取り繕い、聖人君子の神話を長続きさせることに加担していた。しかし、ウェルチの真の姿を思い出させてしまった崇拝者もいた。ウェルチの死去を知ったトランプ大統領は、旧友で協力者でもあったウェルチへの弔辞をツイートした。ただし、ウェルチが常に嫌っていたニックネームを名誉の証として引用するという、しくじりを犯した。「ニュートロン・ジャックのような企業リーダーはいない。我が友であり、支援者だった。我々は一緒に素晴らしいディールを行なった」

この葬儀は、ちょうどアメリカで新型コロナウイルス感染症のパンデミックが始まった頃に行なわれ、それから一年以上、こうして経済界の著名人が集まることはなかった。数週間も経たないうちに、世界経済の大部分が停止したのである。旅行はほぼ取り止めとなり、レストランは休業し、オフィスは空っぽになり、工場は閉鎖された。グローバル・サプライチェーンは機能不全に陥り、株式市場が急落し、大量のレイオフが始まり、アメリカでは失業率が一五％に跳ね上がった。その連鎖反応には終わりが見えなかった。

ステークホルダーの価値観や犠牲を分かち合うことを誇ってきた企業にとって、パンデミックは試金石となった。資本主義の黄金時代の精神を取り戻し、ビジネス・ラウンドテーブルが最近更新した公約を実行する機会の到来だ。しかし、この挑戦を受けて立った企業は少なかった。それどころか、コロナ禍が広まって数週間のうちに、空前絶後の危機に直面しても株主と経営者を優先し続けている企業が大多数にのぼることが判明した。善意やステークホルダーに関する話題、規制強化の約束にもかかわらず、また、ポールマンやシュルマンなど一部の優れた当事者の存在にもかかわらず、ほとんど変わらなかった。ウェルチは亡くなったが、ウェルチズムは生き続けていたのである。

利益を維持する一方で、従業員を置き去りにする企業が相次いだ。ウォーレン・バフェットが経営するコングロマリットのバークシャー・ハサウェイは二〇二〇年に四二五億ドルの利益を上げた。同時期にバークシャー・ハサウェイは一万三〇〇〇人の従業員を解雇し、その多くは工場労働者だった。⑿バフェットのコングロマリットがキャッシュに溢れる傍らで、パンデミックの最中に収入と健康保険を失った人々が健康や生活面で死活問題に直面していることなど、お構いなしだった。バークシャー・ハサウェイは明らかに、株主価値の追求が何よりも優先される経済の中で、ダウンサイジングが最も合理的な行動だと判断したのだ。

一方、アマゾンはパンデミック中に大量採用に踏み切った。世界の多くの人々が家に閉じこもっていたので、オンライン・ショッピングは活況を呈し、アマゾンは急増する需要に応えるため、一〇万人以上の人員を投入したのだ。アマゾンの株価は二〇二〇年に実質的に倍増し、創業者のジェフ・ベゾスは史上初めて二〇〇〇億ドルの資産家となった。彼は財産の一部を使って、月に基地を置き火星を植民地化するという自分の夢を追いかけている。彼の純資産は一日で一三〇億ドルも増えたというのに、世界屈指の時価総額を誇るアマゾンは、その記録的な利益のほとんどを新しい「チームメンバー」と分かち合うことはないだろう。ほとんどの未熟練者の初任給は時給一五ドルで、この数字は連邦最低賃金よりも高いが、アメリカのほとんどの都市で快適に生活するには十分ではない。ベゾスが一時間に一三四〇万ドルのペースで富を蓄積している時に、直近で採用された人々は、従業員を虐待し、福利厚生を手抜きし、労働組合員を抑圧していると長らく非難されてきた企業に入社したのだ。

パンデミックの間、ホワイトカラーですら危機に遭遇した。リモートワークの盛り上がりで恩恵を受けたテクノロジー企業の多くも、記録的な失業率の折から、ダウンサイジングの必要性を感じ、何百万人もの人々が史上最悪の労働市場に投げ出された。マイクロソフト、オラクル、コムキャスト、AT&Tでは、パンデミックの間に売上、利益、株価が急上昇したが、いずれも二〇二〇年に事務職をレイオフしている。CEOが危機の中で誰も手放さないと公言した後で、レイオフが行なわれることもあった。そして往々にして、レイオフを許可したCEO自身は、日給にすると二〇〇〇万ドルを超える報酬をもらっていたのである。

パンデミックの初年度に四〇億ドルの損失を出し、従業員の二〇%を一時帰休させたノルウェージャン・クルーズラインでは、CEOのフランク・デル・リオが二〇二〇年に三六四〇万ドルの報酬を得た[13]。数千人を解雇し、一〇億ドル近い損失を出したヒルトンでは、CEOのクリス・ナセッタが五五九〇万ドルを取得した。S&P500の構成企業は全体として、パンデミックの初年度に、従業員の報酬中央値の平均二六四倍をCEOに支払っている。実際に、CEOの報酬は二〇二〇年に一六%上昇したが、従業員の平均報酬上昇率は二%未満だ。ある調査によると、ビジネス・ラウンドテーブルの声明に署名した企業は、署名しなかった企業よりもパンデミックの最初の数カ月にレイオフを発表する傾向が目立ったという。また、すべてのステークホルダーに尽くすと公約した企業は、公共の利益に配慮すると公約しなかった企業よりも、実際にはより多くの利益を株主に分配していた[14]。要するに、口先の美徳と実際の高潔さとの間には逆相関があったということだ。

この研究には、ビジネス・ラウンドテーブルの声明は「パンデミックが始まって以来、啓発的な目的が最優先されるべき重大な危機の瞬間に、企業目的の根本的な転換を果たせなかった」とある。同声明に署名したマリオット・インターナショナルは配当金を支払い続け、役員報酬を引き上げながら、アメリカ人従業員の大半を一時帰休させた。やはりビジネス・ラウンドテーブルに参加しているメイシーズは、配当金を払い続けながら、ほとんどの従業員を一時帰休させた。中身のない企業公約が相次ぐ中、上院議員のエリザベス・ウォーレンはビジネス・ラウンドテーブルのリーダーたちに手紙を送り、彼らの偽善を非難した。彼女の事務所はプレスリリースを発表し、「ビジネス・ラウンドテーブル――すべてのアメリカ人のためになる経済を推進するという二〇一九年の公約は空虚な売名行為だった」と言明した[15]。

長年の自社株買いや配当金により、急激な景気後退への備えがない企業が多かった。ボーイングは737MAXの事故から立ち直ろうとしていたが、従業員三万人を解雇し、生産ラインを閉鎖し、一二〇億ドルの損失を計上せざるを得なかった（それでも何とかCEOのカルフーンには二一一〇万ドルを支払った）。大手航空会社はパンデミック前の数年間、自社株買いに何十億ドルも費やしてきたが、危機が訪れたときには現金準備金が不足していた。その結果、生き残るために政府から五〇〇億ドルの救済を受ける必要があったのだ。

GEはさらなる問題に見舞われた。コロナ禍の一年前にジョン・フラナリーが解任され、ラリー・カルプがここ数年で三人目となるCEOに任命されていた。カルプは再建屋として知られ、取締役会の全幅の信頼を得て就任したが、実行可能なプランを満足に示せず、最初にGE株価下落からの反転を実現することはかなわなかった。就任初年度に株価はさらに八％下落した。パンデミックによって、空の旅ができなくなると、GEの最後の稼ぎ頭だったジェットエンジン部門の需要が消滅した。発電所の売上も縮小し、GEは全体として大幅な減収となった。手元資金を維持するために、レイオフに踏み切り、会社全体で数万人の従業員を解雇した。イメルトが追放されてから三年間で、GEは一四万人──全従業員の四五％近くを解雇したことになる。GEの労働力は骨抜き状態で、まさにニュートロン・ジャック時代の再来だ。このような困難な状況にもかかわらず、取締役会はカルプの契約を見直し、法外な金額の報酬パッケージを新たに追加した。新しい複数年契約と、取締役会のいう「リーダーシップ・パフォーマンス・シェア・アワード」のおかげで、彼は二億三三〇〇万ドル相当のGE株を受け取れる立場になった。

パンデミックを生き延びるために奮闘する中で、GEは過去の不愉快なエピソードにも向き合わざるを得なかった。二〇一九年、GEはついにサブプライムローン危機の間のディールについて司法省と和解し、一五億ドルの制裁金を支払うことで合意した。このときの声明文を見ると、「この問題が片付いたことは喜ばしい」とある。ウエスタン・アセット・モーゲージ・キャピタルが発行した債権はその後、住宅ローン担保証券に束ねられ、金融システム全体に悪影響を及ぼした。しかし、それから一〇年経っても相変わらず、GEは不良債権に悩まされていたのだ。

証券取引委員会（SEC）は二〇二〇年一二月、二〇一六年と一七年の電力事業の収益源と、二〇一五年から一七年にかけてGEキャピタルのリスク度をめぐって投資家を欺いたとして、GEに二億ドルの制裁金を課した。それは昔ながらの利益操作であり、ウェルチが退任した後、イメルトの在任中もずっと続いていた。「投資家は企業の重要な経営業績を正確に把握する権利がある。GEは複数事業で問題ある情報開示を繰り返し、計上された利益や現金の増加、保険事業の潜在的リスクがどのように生じているかをめぐって、投資家に重大な誤解を与えた」と、SEC執行部ディレクターのステファニー・アバキアンは語る。GEは責任の認否をすることなく、「当社の財務諸表に訂正や改善は必要ない」とだけ述べた。

カルプがようやく一息つけたのは、パンデミックが始まって一年経った頃だ。GEキャピタルの最後の残滓である航空機リース事業を売却したのだ。それは戦略的であると同時に、象徴的な動きでもあった。この売却により、GEキャピタルはついに完全に解体された。カルプはこのディールの当日に「本日をもって、GEはより集中し、よりシンプルで、より強力な製造業の企業に転身した」と語っている。ウェルチが伝統的な製造業をはるかに超えたところに自分の目標を設定してから約四〇年で、GEは元の位置に戻ったのだ。ウェルチが築き上げた帝国は結局、ほとんど成果を出さなかった。

経済の回復に伴い、GEの傷ついた事業は好転し始めた。投資家はようやく、数十年前のGEが必要不可欠な工業製品の信頼できる作り手だった片鱗を目にすることができた。しかし、カルプはGEの確固たる地盤を取り戻すのとほぼ同時に、最後のウェルチ的な動きに出た。二〇二一年末、GEをついに完全に解体することを公表したのだ。コングロマリットの時代は終わった。カルプは電力部門とヘルスケア部門を切り離して上場させた。我々の知る現代のアメリカ経済を実質的に発明した企業であるGEは、ただの航空機エンジンのサプライヤーになり下がったのだ。

それは、ウェルチのビジョンを明確に拒絶していた。ウェルチが数十年前に地球上で最も価値ある企業に育て上げ、膨大な数の製造部門、ブラックボックス化した財務部門、帝国主義的な野心を誇ったGEは、もはやアメリカの偉大な企業の一角を占めていない。それどころか、経営幹部や投資銀行が、ジャックの建てた家の残骸を最大限に活用する方法を考えようとする中で、GEはしかるべくして少しずつ解体されつつあった。

ジェフ・イメルトはサウスカロライナの自宅オフィスで過去を振り返り、自分は不運だったことを痛感していた。イメルトは一六年間、世界で最も実力のあるCEOの一人として、GEを小国のように経営し、オリガルヒ（ロシア新興財閥）のように儲けていた。それが蓋を開けてみれば、最後は面目丸つぶれだった。GEはボロボロになり、自分の評判は地に落ち、ウェルチとの関係も冷え込んだ。放逐されて数年間、イメルトはシリコンバレーの長老政治家のように振る舞い、関係性を保とうとした。創業者のトラビス・カラニックが一連のスキャンダルで失脚した後、ウーバーの新しいCEOになるために公然と働きかけた。スタンフォード大学ビジネススクールの教員となり、自分がGEのリーダーとしていかに多くの危機を乗り越えてきたかについて講義した。ベンチャーキャピタルにも加わり、自社を軌道に乗せようとする起業家たちに助言をした。二〇二一年初めには、『GEのリーダーシップ――ジェフ・イメルト回顧録』（光文社）を出版している。

この本が出版される直前、私はイメルトと二時間話すことができ、GE在任期間を振り返ってウェルチのレガシーをどう見ているか、最近は何をしていたかについて聞き出した。彼の楽しみはスタートアップの相談に乗ることで、若い経営者たちに苦労するとはどういうことかを理屈抜きで理解させることができると話していた。「私は実際にひどい日々がどんなものかを知っている取締役会の人間だ。起業家は孤独だ。だから、そこに座って表計算ソフトを眺めているのではなく、『君の気持ちはよくわかるよ。私ならどう考えるか二つ、三つ挙げてみよう』と言ってやれる人間がいることは、非常に貴重だとわかるんだ」(16)

イメルトはいまだにあの不愉快な日々を引きずっていた。ウェルチ時代にGEが事実上、イノベーション活動をやめてしまったことを認めた。「ジャックは技術や技術者に対して深い尊敬の念を持たなかった」。さらに、アンチ愛社精神キャンペーンが中間層をむしばみ、労使間の社会契約を破壊したことも認めた。「私のようなCEOは、各国の賃金差を活用する時代に育ち、好きな場所に雇用を移しても、みんなからまだ愛されるような気がしていた。そのような時代はとうに終わった」

自分はメキシコからアメリカに雇用を戻すことを擁護したとイメルトは主張し、実際にGE在任中に多少なりとも実践した。しかし全般的に見ると、ウェルチと同様、従業員を資産ではなくコストとして扱っており、その結果は予想に違わなかった。「私は徐々に、アメリカ社会がビジネスを信用してこなかったのには理由があると認識するようになった。それは、賃金の地域格差やアウトソーシングと大いに関係し、欠くことのできないハイエンドの製造業で働く人々に実害をもたらした。ペンシルベニア州エリーのような町で、GEで時給三六ドルもらっていた人が、時給三〇ドルのX工場に転職するのではない。三六ドルだった時給が一五ドルになるのだ。この差は非常に悪い影響をもたらす。それはわかっている」と、イメルトは語った。

GEの絶え間ない利益調整について、中毒性があり、自分にはどうにも断ち切れなかった事実をイメルトは認めた。「八〇年代後半から九〇年代にかけて、ジャックは信じられないような戦略的鉱脈を掘り当てた。それは、製造業のキャッシュフローにレバレッジを効かせて八倍にして、ハイテク産業の企業のように利益が評価される金融サービス事業を構築することだった。それがGEにとってたまらなく魅力的になった。会計処理やプレッシャーについては触れたくない。しかし、あの時期は戦略的なことに実際に気がそそられたのだと思う。それは確かにそうだ」

同時多発テロの後、GEをリセットする機会があったことをイメルトは承知しており、危機感を持って行動しなかったことを悔やんでいた。「時間に猶予があると思っていた。五年や八年かけて、少しずつやっていけばいいと」。しかしここでも、無敗の業績を続けなければならないという圧力に抗うことなどできなかったという。「同時多発テロのような危機の直後に、最も賞賛される会社、最も賞賛されるチームと一緒にいたのだ。立ち上がって、『ここは破綻をきたしている』と言うだけの根拠が私にはなかった」。彼が行なったのはその反対のことだった。GEキャピタルはさらに大きく扱いにくくなり、アウトソーシングとオフショアリングを素早く継続し、さらなるM&Aを追求するも不首尾に終わり、自社株買いや配当金にこれまで以上にお金を費やしたのだ。

しかし、全体的に見て、イメルトは開き直っていた。ウェルチが設定したあり得ないほど高い期待によって、自分は失敗する定めにあったと信じていた。自分の功績を誇示する一方で、ディールにお金をかけすぎたり、悪い知らせを聞き逃したりしたという指摘は否定した。GEの株価が急落し、何百万人もの退職者や年金受給者の投資を帳消しにしたことについては胸を痛めていた。そして、ついに認めたのだ。ウェルチのプレイブックが期限切れになったことを。「今の会社で、九〇年代に成功した経営手法を学んでいるとすれば、間違った場所にいる。何か良くないことが起きるだろう」

大恐慌から半世紀の間、アメリカの資本主義は極めて順調に推移し、多くの企業や家族、金融機関、国全体に経済成長をもたらした。技術的なイノベーション(GEが作り出した数々のものを含めて)によって、人類は月に到達し、私たちの生活は近代化し、経済は活気づいた。何千もの企業が主要な雇用の担い手となり、そこで創出された利益は投資家だけでなく、労働者や内国歳入庁にも広く分配され、設備投資や研究開発という形で企業に還元された。一九八一年にウェルチがそれを打ち砕くまで、それでうまく回っていた。

当然ながら、ウェルチだけの責任ではない。彼の革命の土台となったのは、ミルトン・フリードマンら自由市場の思想家だ。また、企業乗っ取り屋は、少ない所有権を活かして劇的な変化をもたらす方法を考え出し、レイオフや合併の波を引き起こした。コカ・コーラのロベルト・ゴイズエタ、クライスラーのリー・アイアコッカ、IBMのルイス・ガースナーといったCEOも、大企業に許容される行動と考えられるものを変革するうえで一役買った。多くのウェルチ信奉者は彼の最も情け容赦ない手法を会得し、実行に移した。

しかし、資本主義の黄金時代と、現在のような不平等かつ持続不能な株主至上主義の時代との分断を作り出したのは、他の誰よりもウェルチ本人だ。健全な企業を再建案件のように扱い、先手を打って何万人もの従業員をレイオフし、大規模ダウンサイジング、アウトソーシング、オフショアリングの時代を促進させた最初のCEOとなった。ディールを駆使して可能な限りあらゆる産業に事業を拡大し、数十年にわたって統合を進めることで、産業の集中化を進め、経済の活力を殺《そ》いだ。また、四半期業績に一点集中し、金融化、利益操作、自社株買いなど、あらゆる手段を講じてGEの株価上昇を継続させた最初の人物といえる。

このすべてによってウェルチは尊敬を集めた。GEを率いたこの二〇年間、彼は他のすべてのCEOが評価される基準を設定した。その容赦ない戦術で莫大な個人資産を手に入れ、由緒あるGEがグループ傘下の全企業に揺るぎない信用を与えたことを背景に、CEOとして成功することの意味を再定義した。業績は雇用の創出よりも削減によって評価され、価値創造は何年もかけるのではなく予測可能な九〇日周期ごとに評価される。企業利益の額がプロダクトの品質よりも重視されるようになった。ウェルチは着任直後に他のCEOの評価基準を設定し、ステークホルダー資本主義が台頭してきた今でも、ウェルチの行動を模範とし続けているCEOは多い。死後もなお「二〇世紀最高の経営者」として経済界に君臨し、世界中のCEOの心の中に存在し続けているのだ。

ウェルチズムの土台を築いた知的革命の立役者であるフリードリヒ・ハイエクは、新しいアイデアが勢いづくまでに通常は「一世代かそれ以上」かかると指摘していた[17]。当時は想像するしかなかったことをウェルチが実現させる何年も前に語ったハイエクはさらに、野心的なプロジェクトの初めには、「我々が今考えていることがあまりにも無力で、起きることに影響を及ぼせない」ように見えて絶望を感じることもあると認識していた。ウェルチの覇権と彼が体現するすべてのことがいまだに絶対的に思える今、容易に同じ気持ちになり得る。これほど多くの企業や経済がいまだにウェルチの呪縛にとらわれ、誰もがいまだにウェルチが生み出した世界に生きているようだ。多くの大企業は今なお短期的な利益を優先し、従業員を切り捨て、数字をごまかし、CEOに不当な報酬を与えている。私たちが消費する製品やサービスは、ひどく不公平な方法で富を分配し続ける経済システムを長続きさせる一助となっている。経営幹部は正しいことをしているように見せているが、多くの場合、グリーンウォッシュだと判明し、持続的で体系的な変化の兆しはめったに見られない。

しかし歴史を振り返れば、変革は可能だとわかる。極めて不平等だった金ぴか時代は、資本主義の黄金時代へと移行した。ここ数十年で初めて、希望につながる現実的な理由がある。ジャック・ウェルチ流ビジネス手法の負の外部性は今や無視できないほど顕著となり、歯止めのない利益最大化の結果は、共通善にあまりにも大きな代償をもたらす。数十年にわたるデータから明らかなように、短期主義や株主至上主義はうまくいかない。長期的に見て、ダウンサイジング、事業売買、金融化を追求する企業は度を超してしまう。自分の歴史的な評価は四半期業績ではなく、社会にどれだけ幅広く影響を与えたかで決まるかもしれないと、経営幹部は理解し始めている。

ウェルチズムに終止符を打つには、善意のCEOや無私の政策立案者を超えるものが求められる。雇用を破壊する人に報酬を与え、失業者を罰する社会をなくそうとするならば、そもそも既存システムがこれほどひどい不均衡に陥ることを許した有害な神話を放棄する必要がある。企業が株主価値を最大化しなければならないとする法律はない。半世紀にわたる熱狂的な夢の後で、国民も、政策立案者も、一部のCEOですら、それを認めているように見える。私たちは不平等が広がるよりも、経済的繁栄が広がることを後押しする新しい共通目標を明らかにする必要があるだろう。ステークホルダー資本主義は有益な一歩だが、大胆な公約を掲げる企業が、同じように大胆な行動をとってこそ意味を持ってくる。

新しい経済を創造する際には、新しい成功の枠組みが必要になるだろう。そのためには、短期的利益よりも長期的成長を優先させるリーダーを称え、ウェルチのような人物をヒーローにする破綻した慣習に、ここで終止符を打たなくてはならない。賃金を上げて、福利厚生を充実させ、労働者と富を分かち合う必要がある。おそらく最も難しいのが、ボストン郊外に住むけんかっ早い子どもが、世界で最も実力のあるCEOにのぼり詰めたというレガシーを、私たちが捨て去ることだろう。これは一筋縄ではいかない。しかし、それに成功すれば、真に永続的な価値を持つもの――ウェルチズムを超えた世界が生まれる可能性がある。

謝辞

本書の表紙に載っている著者名は一つだが、本書に命を吹き込むために献身的で優秀な人々の協力が欠かせなかった。妻のアリソンは私の最も献身的な支援者かつ親友であり、パンデミックで世の中がひっくり返った数年間、私がこの仕事をするために必要とした愛情、励まし、忍耐、空間を与えてくれた。我が子のフラニーとクラークは必要な視点と喜怒哀楽をもたらし、人生で最も重要なことを思い出させてくれる存在だ。私の両親はともに物書きであり、その後に続くことは誇らしい。特に父のジョージ・ゲレスには感謝している。最終段階の原稿に対する父の校閲は極めて貴重で、本書をより良いものにしてくれた。また、私が賢い読み手や書き手になるよう何十年も後押ししてくれた。母のボニー・ピットマンは目的と喜びを持って生きる意味を日々教えてくれる。

私は幸運にも出版業界で最も優秀な人々と一緒に仕事している。編集者のイーモン・ドランは人々の考え方を変える書籍を世に出し、サイモン&シュスターではアシスタント、校正者、弁護士、宣伝担当者から成るエースチームが支援してくれる。エージェントのビンキー・アーバンは我が国の宝であり、一緒に仕事ができて幸運である。ナタリー・キトロフ、スコット・ベリナート、アナンド・ギリダラダスはこのプロジェクトを進めるために尽力してくれた。ニューヨーク・タイムズ紙の多くの同僚、特にエレン・ポロックとレベッカ・ブルーメンスタインがこのプロジェクトに力を貸してくれた。

このストーリーに辿りつくまでの数十年間、GE、ウェルチ、その追随者の栄枯盛衰を熱心に取材してきた多くの記者に感謝の意を表したい。フォーチュン誌のジョフ・コルヴァンやストラトフォード・シャーマンなどの記者は長年にわたって、ウェルチとGEの全盛期の貴重な断面を伝えてくれた。トマス・F・オーボイルの『ジャック・ウェルチ悪の経営力』（徳間書店）は早くからウェルチの悪行を包括的に考察してきた。また、テッド・マンとトーマス・グリタの『GE帝国盛衰史——「最強企業」だった組織はどこで間違えたのか』（ダイヤモンド社）はイメルト時代のGEを描いた素晴らしい年代記である。本書は彼らの尽力なしにあり得なかっただろう。

最後に、CEO、学者、元工場労働者まで関係者に感謝を伝えたい。こうした方々の力添えにより、ビジネス・リーダーシップが長年失敗しているのはどの部分か、より公正な経済とは何かなど、本書の構想をまとめることができた。

訳者あとがき

本書はニューヨーク・タイムズ紙の記者、デイヴィッド・ゲレスによるジャック・ウェルチの評伝である。二〇〇〇年代に多数出版されたGEの成功やウェルチの功績を称える書籍とは対照的に、彼こそが株主価値最大化の旗振り役となって株主資本主義を扇動し、アメリカの労働者や経済に害悪をもたらしたのだと糾弾するトーンで書かれている。

ウェルチは一九八一年から二〇〇一年までCEOとしてGEを率いた。在任期間中には、その業界で一位か二位になれない事業から撤退する一方で、積極的なM&A（買収合併）を通じて金融分野に参入して事業ポートフォリオを刷新し、巨大な官僚的組織を成長し続ける筋肉質の企業へと変貌させた。その間、GEの株価は一貫して上昇を続け、二〇年間で時価総額は六〇〇〇億ドル（ウェルチ着任時の四二倍）に達し、ウェルチ自身も「二〇世紀最高の経営者」として名を馳せた。

その際に活用されたダウンサイジング、事業売買、金融化の三つの手法こそが「ウェルチズム」の代表的戦術だと著者は指摘する。ウェルチはこうした手法を用いて大成功したが、それに倣った他社の経営者、さらには、ウェルチの薫陶を受けて巣立った弟子の多くは失敗に終わった。本書は、ウェルチの現役時代や退任後の活動以上に、彼に影響を受けた企業や人物の顛末にかなりのページを割いている。特に、著者記者としてボーイング機の墜落事故に深く関わった経緯もあって同社の状況を詳しく追跡している。著者の目線はさらに、マネーゲームの弊害、ウェルチ後のGEの凋落、役員報酬の高額化と所得格差の拡大などへと向かっていく。そこから、アメリカ社会の深刻な現状、株主第一主義への修正の動きが出てくる背景が浮き彫りになるが、著者が反トランプ派で、トランプ氏と親しかったウェルチに批判的であることから、後半は特に政治色が強くなっていることには留意したい。

ウェルチ時代のGEは成功企業のお手本としてメディアや書籍で紹介され、世界中のビジネススクールで定番の事例教材となってきた。日本でもウェルチは「経営の神様」と崇められ、それまでの株主軽視の企業姿勢に対して「会社は誰のものか」という議論が盛り上がったり、多くの企業が事業の「選択と集中」を進めたりと、大きな影響を及ぼしてきた。

私事になるが、その時代に経営学をかじった身として、やはりウェルチは偉大な経営者だと思ってきたので、本書の翻訳を打診されたときには逡巡した。GEの衰退ぶりは耳にしていたが、十数年にわたって同社を率いた後任CEOよりも、今は亡きウェルチをバッシングするのはどうなのだろうかと。しかし、状況が変われば経営者の評価も変わる。また、光輝くほど影は濃くなるとする格言もある。どのような観点でウェルチが叩かれるのか、資本主義はどれほど危ういのか、アメリカの今を知りたいという好奇心が勝った。翻訳作業で格闘する中で感じたのは、行き過ぎた部分はあるにせよ、当時の企業を取り巻いていた環境を鑑みると、筆者が説くほどウェルチの経営手法が悪いものとも思えないということだ。本書に関して、ウェルチは資本主義を壊したのではなく、株主資本主義という時代の風潮にうまく乗っただけにすぎないとする書評もあった。個人的にはそれに一票を投じたいが、この本を読まれた方々はどのような感想を持つだろうか。

経営手法には流行があり、正しいとされる組織マネジメントの学説は時代によって振り子のように大きく振れる。昨今では、株主資本主義から、株主だけでなく従業員、取引先、地域社会、環境などの利益を考えるステークホルダー資本主義へと振れている。コロナ禍で多少の揺り戻しはあったが、ステークホルダー資本主義のレンズで見ると、従業員や取引先に優しくない経営者は最悪だ。ウェルチが二〇〇九年に株主価値の重視は「世界で最も愚かな考え」だと語ったことに著者は憤るが、変化に合わせて考え方を柔軟に変えていくことはビジネスでは重要なスキルだ。変えるべきこと、変えずに守るべきこととの見極めは難しいが、二〇二〇年代に、ウェルチがCEOに就任して世の中の流れを汲んだ経営をしたならば、まったく違う価値向上策を編み出していたかもしれない。

現時点のGEは、第八章後半にもあるように創業以来初めて外部から登用したCEOラリー・カルプの下で製造業への回帰を図っている。ヘルスケア、電力、航空の三事業を分社化するなど、思い切った事業再編計画を着実に進めているが、アメリカを代表する優良企業との評価を取り戻すまでには至っていない。逆に、『GE帝国盛衰史』(ダイヤモンド社)が出版されるなど、反面教師として学ぶ格好の対象になっている。アメリカでは経済格差が広がり、国内が分断し、ポピュリズムが台頭している。アメリカ型資本主義の行き詰まりを指摘する声は方々で聞かれる。著者としては、その一因となった株主資本主義の負の側面をジャック・ウェルチという象徴的存在を使って世に知らしめずにはいられなかったのだろう。そうしたメッセージは、アメリカの先進性と力強さに憧れて、何でも取り入れようとしてきた日本企業にとって警鐘となる。

折しも、日本企業の間ではM&A件数が増え、PBR(株価純資産倍率)向上策として自社株買いが相次いでいる。ウェルチが好んだ手法をうまく活用しながら、いかに健全な企業成長や社会貢献につなげられるかが問われている。岸田政権は「新しい資本主義」というスローガンを掲げているが、本書があぶり出した企業課題やアメリカ社会の状況を知ることにより、今後進むべき方向や日本型資本主義を考えるための参考になれば幸いである。

最後に、今回の機会をくださり、本書を読みやすくするために見出しをはじめ様々なアイデアを出してくださった早川書房の石川大我さん、仕上げを手伝ってくださった校正チームの方々に感謝を伝えたい。

二〇二四年三月

原　注

序　章

1. Matt Murray, "Why Jack Welch's Leadership Matters to Businesses World-Wide," *Wall Street Journal*, September 5, 2001, https://www.wsj.com/articles/why-jack-welchs-leadership-matters-to-businesses-world-wide-11583165675.
2. "Welch Walks Away From Perks," *Forbes*, September 16, 2002, https://www.forbes.com/2002/09/16/0917welch.html.
3. Geoff Colvin, "The Ultimate Manager," *Fortune*, November 22, 1999, https://archive.fortune.com/magazines/fortune/fortune_archive/1999/11/22/269126/index.htm.
4. Katelynn Harris, "Forty years of falling manufacturing employment," *U.S. Bureau of Labor Statistics*, November 2020, https://www.bls.gov/opub/btn/volume-9/forty-years-of-falling-manufacturing-employment.htm.
5. Liyu Zeng, "Examining Share Repurchasing and the S&P Buyback Indices in the U.S. Market," S&P Dow Jones Indices, April 2016.
6. Lawrence Mishel and Julia Wolfe, "CEO compensation has grown 940% since 1978," *Economic Policy Institute*, August 14, 2019, https://www.epi.org/publication/ceo-compensation-2018/.

第１章

1. Evan Osnos, "How Greenwich Republicans Learned to Love Trump," *New Yorker*, May 3, 2020, https://www.newyorker.com/magazine/2020/05/11/how-greenwich-republicans-learned-to-love-trump.
2. John R. Emshwiller, "Reginald Jones Plans April 1 Retirement from GE; John Welch Will Succeed Him," *Wall Street Journal*, December 22, 1980.
3. Jack Welch and John A. Byrne, *Jack: Straight from the Gut* (New York, Warner Books, 2001), 139.〔邦訳：ジャック・ウェルチ、ジョン・A・バーン『ジャック・ウェルチわが経営』上・下、宮本喜一訳、日経ビジネス人文庫、2005年〕
4. Jack Welch and Reginald Jones, *General Electric Annual Report* (Fairfield, Conn., 1980), 4.
5. Noel M. Tichy and Stratford Sherman, *Control Your Destiny or Someone Else Will* (New York: HarperCollins, 1994), 35.〔邦訳：ノエル・M・ティシー、ストラトフォード・シャーマン『ジャック・ウェルチのGE革命――世界最強企業への選択』小林規一訳、東洋経済新報社、1994年〕
6. 2020年に著者と議論する中でルイス・ハイマンが語った。
7. "'80 G.E. Profits Rose 7%, Westinghouse's 21.7%," *Washington Post*, January 23, 1981.

8. Welch and Byrne, *Jack: Straight from the Gut*, 84.
9. Welch and Byrne, *Jack: Straight from the Gut*, xiii.
10. 2020年に著者と議論する中でランジェイ・グラティが語った。
11. Osnos, "How Greenwich Republicans Learned to Love Trump."
12. B. C. Forbes, "The Latest Perk," *Forbes*, June 1, 1929.
13. *General Electric Annual Report* (Fairfield, Conn., 1953).
14. Steven Greenhouse, *The Big Squeeze: Tough Times for the American Worker* (New York: Alfred A. Knopf, 2008), 78.
15. Christopher Ingraham, "The race for shareholder profits has left workers in the dust, according to new research," *Washington Post*, February 25, 2019, https://www.washingtonpost.com/us-policy/2019/02/25/race-shareholder-profits-has-left-workers-dust-according-new-research/.
16. Kurt Andersen, *Evil Geniuses: The Unmaking of America* (New York: Random House Publishing Group, 2020), 52.
17. Welch and Byrne, *Jack: Straight from the Gut*, 11.
18. Christopher M. Byron, *Testosterone Inc: Tales of CEOs Gone Wild* (Hoboken: John Wiley & Sons, 2004), 6.
19. Joseph L. Bower and Jay Dial, "Jack Welch: General Electric's Revolutionary," *Harvard Business School Case* 394–065, October 1993, 3.
20. 2021年に著者と議論する中でニコラス・ハイマンが語った。
21. Ken Auletta, *Three Blind Mice: How the TV Networks Lost Their Way* (New York: Random House, 1991), 97.
22. Byron, *Testosterone Inc*, 111.
23. 2020年に著者と議論する中でケン・ランゴーンが語った。
24. Tichy and Sherman, *Control Your Destiny or Someone Else Will*, 72.
25. 2021年に著者と議論する中でロジャー・マーティンが語った。
26. 2021年に著者と議論する中でゲーリー・シェーファーが語った。
27. Welch and Byrne, *Jack: Straight from the Gut*, 382.

第2章

1. Thomas C. Hayes, "G.E. Names Welch, 45, Chairman," *New York Times*, December 20, 1980, https://timesmachine.nytimes.com/timemachine/1980/12/20/111325190.pdf.
2. Scott Malone, "Author says Welch's tough talk strengthened GE," *Reuters*, January 25, 2008, https://www.reuters.com/article/us-books-welch-idUSN2447486620080126.
3. Tichy and Sherman, *Control Your Destiny or Someone Else Will*, 91.
4. Noel Tichy and Ram Charan, "Speed, Simplicity, Self-Confidence: An Interview with Jack Welch," *Harvard Business Review*, September–October 1989, https://hbr.org/1989/09/speed-simplicity-self-confidence-an-interview-with-jack-welch.

5. Thomas F. O'Boyle, *At Any Cost: Jack Welch, General Electric, and the Pursuit of Profit* (New York: Vintage Books, 1999), 75.〔邦訳：トマス・F・オーボイル『ジャック・ウェルチ悪の経営力』栗原百代訳、徳間書店、1999年〕
6. 2021年に著者と議論する中でデニス・ロシュローが語った。
7. Welch and Byrne, *Jack: Straight from the Gut*, 161.
8. Bill Lane, *Jacked Up: The Inside Story of How Jack Welch Talked GE Into Becoming the World's Greatest Company* (New York: McGraw-Hill, 2008), 57.〔邦訳：ビル・レーン『専属スピーチライターが明かすウェルチの「伝える技術」――世界最大企業GEの秘密』早野依子訳、PHP研究所、2008年〕
9. Welch and Byrne, *Jack: Straight from the Gut*, 397.
10. 2020年に著者と議論する中でルイス・ハイマンが語った。
11. Tichy and Sherman, *Control Your Destiny or Someone Else Will*, 238.
12. Welch and Byrne, *Jack: Straight from the Gut*, 120.
13. Lane, *Jacked Up*, 28.
14. O'Boyle, *At Any Cost*, 83.
15. Scott Tong, "This is how shareholders got to be first in line for profits," *Insider*, June 14, 2016, https://www.businessinsider.com/the-story-of-shareholder-value-2016-6.
16. 2020年に著者と議論する中でベス・コムストックが語った。
17. Eric Berg, "G.E. Says Merger May Take a Year," *New York Times*, December 13, 1985, https://www.nytimes.com/1985/12/13/business/ge-says-merger-may-take-a-year.html.
18. Bower and Dial, "Jack Welch: General Electric's Revolutionary."
19. O'Boyle, *At Any Cost*, 131.
20. Gabriel Sherman, *The Loudest Voice in the Room: How the Brilliant, Bombastic Roger Ailes Built Fox News—and Divided a Country* (New York: Random House Publishing Group, 2014), 250.
21. Welch, Byrne, *Jack: Straight from the Gut*, 218.
22. Stratford Sherman, "GE's Costly Lesson on Wall Street," *Fortune*, May 9, 1988, https://money.cnn.com/magazines/fortune/fortune_archive/1988/05/09/70515/index.htm.
23. ロシュローに取材した。
24. Andrei Shleifer and Robert W. Vishny, "The Takeover Wave of the 1980s," *Science New Series*, Vol. 249, No. 4970 (August 17, 1990): 745–749, https://www.jstor.org/stable/2878074.
25. Janet Lowe, *Jack Welch Speaks: Wit and Wisdom from the World's Greatest Business Leader* (New York: Wiley, 2008), 21.〔邦訳：ジャネット・ロウ『ジャック・ウェルチ　はっきり言おう！――GEを動かすリーダーシップの秘密』平野誠一訳、ダイヤモンド社、1999年〕

26. Welch and Byrne, *Jack: Straight from the Gut*, 233.
27. John Curran, "GE Capital: Jack Welch's Secret Weapon," *Fortune*, November 10, 1997, https://archive.fortune.com/magazines/fortune/fortune_archive/1997/11/10/233789/index.htm.
28. Byron, *Testosterone Inc*, 118.
29. 2020 年に著者と議論する中でトム・ロジャースが語った。
30. Rob Walker, "Overvalued: Why Jack Welch Isn't God," *New Republic*, June 11, 2001 http://www.robwalker.net/contents/mm_welch.html.
31. ベス・コムストックに取材した。
32. Jon Birger, "Glowing Numbers," *Money Magazine*, November 1, 2000, https://money.cnn.com/magazines/moneymag/moneymag_archive/2000/11/01/290856/index.htm.
33. Randall Smith, Steven Lipin and Amal Naj, "Managing Profits: How General Electric Damps Fluctuations in Its Annual Earnings," *Wall Street Journal*, November 3, 1994.
34. David Kocieniewski, "G.E.'s Strategies Let It Avoid Taxes Altogether," *New York Times*, March 24, 2011, https://www.nytimes.com/2011/03/25/business/economy/25tax.html.
35. 2021 年に著者と議論する中でスティーブ・カーが語った。
36. O'Boyle, *At Any Cost*, 129.
37. William Lazonick, "Profits Without Prosperity," *Harvard Business Review*. September 2014, https://hbr.org/2014/09/profits-without-prosperity.
38. Birger, "Glowing Numbers."
39. Rick Wartzman, *The End of Loyalty: The Rise and Fall of Good Jobs in America* (United States: Public Affairs, 2017), 263.
40. "Conversation with Jack Welch," *Wall Street Journal*, September 5, 2001, https://www.wsj.com/articles/SB999668999302595475.

第３章

1. Harrison Smith, "Albert J. Dunlap, corporate turnaround specialist accused of accounting fraud, dies at 81," *Washington Post*, January 28, 2019, https://www.washingtonpost.com/local/obituaries/albert-j-dunlap-corporate-turnaround-specialist-accused-of-accounting-fraud-dies-at-81/2019/01/28/652d3a34-230f-11e9-90cd-dedb0c92dc17_story.html.
2. Floyd Norris, "S.E.C. Accuses Former Sun-beam Official of Fraud," *New York Times*, May 16, 2001, https://www.nytimes.com/2001/05/16/business/sec-accuses-former-sunbeam-official-of-fraud.html.
3. Byron, *Testosterone Inc*, 19.
4. Art Levy, "Icon: Al Dunlap," *Florida Trend*, June 1, 2008, https://www.floridatrend

.com/article/7446/icon-albert-dunlap.
5. "Management Changes News Conference," *Ford Motor Company*, 2001.
6. Geoff Colvin, "What the Hell Happened at GE?" *Fortune*, May 24, 2018, https://fortune.com/longform/ge-decline-what-the-hell-happened/.
7. Christopher A. Bartlett and Meg Wozny, "GE's Two-Decade Transformation: Jack Welch's Leadership," *Harvard Business School Case* 399–150, April 1999, https://www.hbs.edu/faculty/Pages/item.aspx?num=67.
8. Christopher A. Bartlett and Andrew N. McLean, "GE's Talent Machine: The Making of a CEO," Harvard Business School Case 304–049 (October 2003), https://www.hbs.edu/faculty/Pages/item.aspx?num=30482.
9. Ellen Florian Kratz, "Get Me a CEO from GE!," *Fortune*, April 18, 2005, https://archive.fortune.com/magazines/fortune/fortune_archive/2005/04/18/8257015/index.htm.
10. Jeff Madrick, *Age of Greed: The Triumph of Finance and the Decline of America*, 1970 to the Present (New York: Vintage Books, 2012).
11. Tichy, Sherman, *Control Your Destiny or Someone Else Will*, 3.
12. 2020年に著者と議論する中でビル・ジョージが語った。
13. 2020年に著者と議論する中でウィリアム・コナティが語った。
14. Thomas A. Stewart, "Allied-Signal's Turnaround Blitz, *Fortune*, November 30, 1992, https://money.cnn.com/magazines/fortune/fortune_archive/1992/11/30/77194/index.htm.
15. Shawn Tully, "So Mr. Bossidy, We Know You Can Cut. Now Show Us How to Grow," *Fortune*, August 21, 1995, https://archive.fortune.com/magazines/fortune/fortune_archive/1995/08/21/205386/index.htm.
16. Amy Barrett, "At Honeywell, It's Larry the Knife," *Bloomberg*, November 16, 2001, https://www.bloomberg.com/news/articles/2001-11-25/at-honeywell-its-larry-the-knife.
17. David Cay Johnston, *Perfectly Legal: The Covert Campaign to Rig Our Tax System to Benefit the Super Rich—and Cheat Everybody Else* (New York: Penguin Publishing Group, 2005), 43.
18. Barbara Nagy and Dan Haar, "Retooling Stanley," *Hartford Courant*, April 9, 1999, https://www.courant.com/news/connecticut/hc-xpm-1999-04-09-9904090011-story.html.
19. Barbara Nagy, "'Mistakes Made,' Stanley Chairman Concedes," *Hartford Courant*, April 29, 1999, https://www.courant.com/news/connecticut/hc-xpm-1999-04-29-9904290065-story.html.
20. Dan Neal, "Stanley Move to Bermuda Lacks Integrity," *Morning Call*, May 19, 2002.
21. John Tagliabue, "Bringing Good Things to Fiat?," *New York Times*, September 12,

1999, https://www.nytimes.com/1999/09/12/business/bringing-good-things-to-fiat.html.
22. Alan Friedman, "'I Wish I Had Been Luckier,' He Says of His Timing: Fresco, Recruited From GE, Battles the Many Ills of Fiat," *New York Times*, July 16, 1999, https://www.nytimes.com/1999/07/16/business/worldbusiness/IHT-i-wish-i-had-been-luckier-he-says-of-his-timing.html.
23. ジョージに取材した。
24. 2021年に著者と議論する中でトム・ティラーが語った。
25. Jerry Useem, "The Long-Forgotten Flight That Sent Boeing Off Course," *Atlantic*, November 20, 2019, https://www.theatlantic.com/ideas/archive/2019/11/how-boeing-lost-its-bearings/602188.
26. Maureen Tkacik, "Crash Course," *The New Republic*, September 18, 2019, https://newrepublic.com/article/154944/boeing-737-investigation-indonesia-lion-air-ethiopian-airlines-managerial-revolution.
27. Sarah Moore and Leon Grunberg, *Emerging from Turbulence: Boeing and Stories of the American Workplace Today* (Lanham, MD: Rowman & Littlefield Publishers, 2015), 36.
28. Useem, "The Long-Forgotten Flight That Sent Boeing Off Course."
29. Patricia Callahan, "So why does Harry Stonecipher think he can turn around Boeing?," *Chicago Tribune*, February 29, 2004, https://www.chicagotribune.com/2004/02/29/so-why-does-harry-stonecipher-think-he-can-turn-around-boeing/.
30. Cornelia Hegele and Alfred Kieser, "Control the Construction of Your Legend or Someone Else Will: An Analysis of Texts on Jack Welch," *Journal of Management Inquiry*, 2001; 10(4): 298–309.
31. Lane, *Jacked Up*, 131
32. 2021年に著者と議論する中でリン・フォレスター・ド・ロスチャイルドが語った。
33. Lawrence Summers, "The Great Liberator," *New York Times*, November 19, 2006, https://www.nytimes.com/2006/11/19/opinion/19summers.html.
34. Julie Hatch and Angela Clinton, "Job growth in the 1990s: a retrospect," *Bureau of Labor Statistics Monthly Labor Review*, December 2000, https://www.bls.gov/opub/mlr/2000/12/art1full.pdf.
35. John McCarron, "The Midnight Ride of Felix Rohatyn," *Chicago Tribune*, Feburary 24, 1991, https://www.chicagotribune.com/news/ct-xpm-1991-02-24-9101170790-story.html.
36. Arthur Levitt, "The 'Numbers Game,' " September 28, 1998, New York University Center for Law and Business, https://www.sec.gov/news/speech/speecharchive/1998/spch220.txt.
37. Jack Welch, "Jack Welch final GE mgt meeting," Tri Suseno, https://www.youtube

.com/watch?v=zwt74Sg96oE.

第４章

1. William M. Carley, "GE Taps Trains Chief For Its Power Division," *Wall Street Journal*, May 6, 1996, https://www.wsj.com/articles/SB831345560369963500.
2. "Illuminating Changes," *Inside Business*, September 1997.
3. Thomas Gryta and Ted Mann, *Lights Out: Pride, Delusion, and the Fall of General Electric* (Boston: Houghton Mifflin Harcourt, 2021), 28–29.
4. David Gelles, "Jeff Immelt Oversaw the Downfall of G.E. Now He'd Like You to Read His Book.," *New York Times*, February 5, 2021, https://www.nytimes.com/2021/02/05/business/jeff-immelt-gen-eral-electric-corner-office.html. また、イメルトに取材した。
5. Welch and Byrne, *Jack: Straight from the Gut*, 407.
6. ランゴーンに取材した。
7. George Anders, "General Electric Alumni Find It Harder to Shine," *Wall Street Journal*, May 15, 2003, https://www.wsj.com/articles/SB105294834598802700.
8. George Anders, "General Electric Alumni Find It Harder to Shine," *Wall Street Journal*, May 15, 2003, https://www.wsj.com/articles/SB105294834598802700.
9. Sumner Lemon, "Intuit CEO to Step Down in December," *Computerworld*, August 23, 2007, https://www.computerworld.com/article/2540458/intuit-ceo-to-step-down-in-december.html.
10. ジョージに取材した。
11. ロットマン・スクールで取材した。
12. Claudia Deutsch, "The GE way isn't for everyone," *New York Times*, January 4, 2007, https://www.nytimes.com/2007/01/04/business/worldbusiness/04iht-ge.4102488.html.
13. ランゴーンに取材した。
14. Jennifer Waters, "Nardelli's arrogance led to downfall at Home Depot," *Marketwatch*, January 3, 2007, https://www.Marketwatch.com/story/nardellis-arrogance-led-to-downfall-analysts.
15. ランゴーンに取材した。
16. Heidi Moore, "Live-Blogging the Big Three Bailout Hearings," *Wall Street Journal*, December 4, 2008, https://www.wsj.com/articles/BL-DLB-3934.
17. Andrew Haeg, "3M at 100 - on the right path for growth?," Minnesota Public Radio, June 10, 2002, http://news.minnesota.publicradio.org/features/200206/03_haega_3Mhistory/.
18. Andrew Haeg, "A leaner 3M," Minnesota Public Radio, April 22, 2002, http://news.minnesota.publicradio.org/features/200204/22_haega_3mupdate/.
19. Brian Hindo, "At 3M, A Struggle Between Efficiency And Creativity," *Businessweek*,

June 11, 2007, http://sjbae.pbworks.com/w/file/fetch/44897769/At%203M%20a%20struggle%20between%20efficiency%20and%20creativity.pdf.
20. Gryta and Mann, *Lights Out*, 46.
21. 2021年に著者と議論する中でジェフ・イメルトが語った。
22. イメルトに取材した。
23. "GE Reports Record Fourth Quarter and Full-Year Results," GE.com, January 17, 2002, https://www.ge.com/news/press-releases/ge-reports-record-fourth-quarter-and-full-year-results-2001-earnings-grow-11-141.
24. William H. Gross, "Buffetting Corporate America," *Pimco*, March 1, 2002, https://www.pimco.com/en-us/insights/economic-and-market-commentary/investment-outlook/buffetting-corporate-america/.
25. Gryta and Mann, *Lights Out*, 59
26. ティラーに取材した。
27. William Powers, "High, Low Jack," *Atlantic*, October 1, 2002, https://www.theatlantic.com/politics/archive/2002/10/high-low-jack/377387/.
28. Suzy Welch, "Suzy Welch," *What's Her Story With Sam & Amy*, December 4, 2020, https://podcasts.apple.com/us/podcast/suzy-welch/id1529348933?i=1000503380613.
29. Geraldine Fabrikant, "G.E. Expenses For Ex-Chief Cited in Filing," *New York Times*, September 6, 2002, https://www.nytimes.com/2002/09/06/business/ge-expenses-for-ex-chief-cited-in-filing.html.
30. John Crudele, "Scandals' Chilling Effect on Business," *New York Post*, November 12, 2002, https://nypost.com/2002/11/12/scandals-chilling-effect-on-business/.
31. Powers, "High, Low Jack."
32. Tina Brown, "The dish on Liz Smith," Salon, February 7, 2003, https://www.salon.com/2003/02/06/smith_20/.

第5章

1. "Waste Management Founder and Five Other Former Top Officers Sued for Massive Fraud," SEC.gov, March 26, 2002, https://www.sec.gov/news/press/2002-44.txt.
2. Anthony Bianco, "The Rise and Fall of Dennis Kozlowski," *Businessweek*, December 23, 2002, https://www.bloomberg.com/news/articles/2002-12-22/the-rise-and-fall-of-dennis-kozlowski.
3. Jeff Immelt, *Hot Seat: What I Learned Leading a Great American Company* (New York: Simon & Schuster, 2021), 29.
4. Welch, Byrne, *Jack: Straight from the Gut*, 441.
5. Dominic Gates, "McNerney: Boeing will squeeze suppliers and cut jobs," *Seattle Times*, May 24, 2013, https://www.seattletimes.com/business/mcnerney-boeing-will-squeeze-suppliers-and-cut-jobs.

6. Rami Grunbaum, "Boeing's McNerney apologizes for remark about 'cowering' workers," *Seattle Times*, July 25, 2014, https://www.seattletimes.com/business/boeingrsquos-mcnerney-apologizes-for-remark-about-lsquocoweringrsquo-workers/?_ga=2.111030272.401898431.1600046199-449720823.1599165414.
7. Natalie Kitroeff and David Gelles, "Claims of Shoddy Production Draw Scrutiny to a Second Boeing Jet," *New York Times*, April 20, 2019, https://www.nytimes.com/2019/04/20/business/boeing-dreamliner-production-problems.html.
8. Sheelah Kolhatkar and Diane Brady, "Jack Welch's Unretirement," *Businessweek*, November 21, 2012, https://www.bloomberg.com/news/articles/2012-11-21/jack-welchs-unretirement.
9. Abby Goodnough, "Executive Who Saved G.E. Is to Train School Principals," *New York Times*, January 14, 2003, https://www.nytimes.com/2003/01/14/nyregion/executive-who-saved-ge-is-to-train-school-principals.html.
10. Mary Hoffman, "Jack Welch is My Daddy," Parent advocates.org, March 8, 2005, https://nycrubberroomreporter.blogspot.com/2015/11/re-post-of-mary-hoffmans-article-on.html.
11. Alex Zimmerman, "New York City closes the door on Mayor Bloomberg's boot camp for principals, marking end of an era," *Chalkbeat*, August 31, 2017, https://ny.chalkbeat.org/2017/8/31/21100934/new-york-city-closes-the-door-on-mayor-bloomberg-s-boot-camp-for-principals-marking-end-of-an-era.
12. Kolhatkar and Brady, "Jack Welch's Unretirement."
13. Jack Welch, "Jack Welch and Donald Trump on the Today Show," Jack Welch MBA program, November 12, 2010, https://www.youtube.com/watch?v=crP1Hv_W1kA.
14. 2020年に著者と議論する中でムアズ・ビン・フセインが語った。
15. Kolhatkar and Brady, "Jack Welch's Unretirement."
16. 2020年に著者と議論する中でアーロン・ディグナンが語った。
17. 2020年に著者と議論する中でエリック・ライスが語った。
18. 2020年に著者と議論する中でポール・ポールマンが語った。

第6章

1. Michael Hudson, "Fraud and Folly," Center for Public Integrity, January 6, 2012, https://publicintegrity.org/inequality-poverty-opportunity/fraud-and-folly-the-untold-story-of-general-electrics-subprime-debacle/.
2. Immelt, *Hot Seat*, 122.
3. DealBook, "With GE Capital, McKinsey Missed the Financial Crisis," *New York Times*, December 6, 2010, https://dealbook.nytimes.com/2010/12/06/with-ge-capital-mckinsey-missed-the-financial-crisis/.
4. Nelson D. Schwartz and Claudia H. Deutsch, "G.E.'s Shortfall Calls Credibility Into Question," *New York Times*, April 17, 2008, https://www.nytimes.com/2008/04/17/

business/17electric.html.

5. Geoff Colvin and Katie Benner, "GE under siege," *Fortune*, October 15, 2008, https://archive.fortune.com/2008/10/09/news/companies/colvin_ge.fortune/index.htm.
6. ランゴーンに取材した。
7. Natalie Erlich, "Jack Welch: GE CEO Immelt Has 'Credibility Issue,' " CNBC.com, April 16, 2008, https://www.cnbc.com/2008/04/16/jack-welch-ge-ceo-immelt-has-credibility-issue.html.
8. Immelt, *Hot Seat*, 125.
9. Steve Clemons, "Financial Times: The Worst of Times?," *Washington Note*, February 18, 2009, https://washingtonnote.com/the_best_of_tim/.
10. Marie Leone and Tim Reason, "GE Settles Accounting Fraud Charges," *CFO*, August 4, 2009, https://www.cfo.com/accounting-tax/2009/08/ge-settles-accounting-fraud-charges/.
11. "SEC Charges General Electric With Accounting Fraud," SEC.gov, August 4, 2009, https://www.sec.gov/news/press/2009/2009-178.htm.
12. Francesco Guerrera, "Welch condemns share price focus," *Financial Times*, March 12, 2009, https://www.ft.com/content/294ff1f2-0f27-11de-ba10-0000779fd2ac.
13. Larry Kudlow, "An Interview with Jack Welch," *National Review*, March 17, 2009, https://www.nationalreview.com/kudlows-money-politics/interview-jack-welch-larry-kudlow/.
14. Jack Welch, "'Rank-and-Yank'? That's Not How It's Done," LinkedIn.com, December 2, 2013, https://www.linkedin.com/pulse/20131202152255-86541065–rank-and-yank-that-s-not-how-it-s-done.
15. Steve Denning, "The Dumbest Idea In The World: Maximizing Shareholder Value," *Forbes*, November 28, 2011, https://www.forbes.com/sites/stevedenning/2011/11/28/maximizing-shareholder-value-the-dumbest-idea-in-the-world.
16. Dominic Gates and Mike Baker, "The inside story of MCAS: How Boeing's 737 MAX system gained power and lost safeguards," *Seattle Times*, June 22, 2019, https://www.seattletimes.com/seattle-news/times-watchdog/the-inside-story-of-mcas-how-boeings-737-max-system-gained-power-and-lost-safeguards/.
17. David Gelles, Natalie Kitroeff, Jack Nicas, and Rebecca R. Ruiz, "Boeing Was 'Go, Go, Go' to Beat Airbus With the 737 Max," *New York Times*, March 23, 2019, https://www.nytimes.com/2019/03/23/business/boeing-737-max-crash.html.
18. David Gelles, " 'I Honestly Don't Trust Many People at Boeing': A Broken Culture Exposed," *New York Times*, January 10, 2020, https://www.nytimes.com/2020/01/10/business/boeing-737-employees-messages.html.
19. David Gelles, "Boeing 737 Max Factory Was Plagued With Problems, Whistle-

Blower Says," *New York Times*, December 9, 2019, https://www.nytimes.com/2019/12/09/business/boeing-737-max-whistleblower.html.

20. Lane, *Jacked Up*, 130–131.
21. Simone Foxman, "Twitter laughs at Jack Welch's suggestion that the US jobs report was manipulated," Quartz.com, October 5, 2012, https://qz.com/12540/twitter-laughs-at-jack-welchs-suggestion-that-the-us-jobs-report-was-manipulated/.
22. Javier David, "Jack Welch '100%' Right, Jobs Data Are Wrong: Trump," CNBC, October 9, 2012, https://www.cnbc.com/id/49343981.
23. Kolhatkar and Brady, "Jack Welch's Unretirement."
24. Ben Casselman, "The Jobs Numbers Are Wrong, But Don't Blame Obama's 'Chicago Guys,' " *FiveThirtyEight*, May 1, 2014, https://fivethirtyeight.com/features/the-jobs-numbers-are-wrong-but-dont-blame-obamas-chicago-guys/.
25. Peter Sasso, "Former General Electric CEO Jack Welch: Global Warming Skeptic," *mrcNewsBusters*, July 3, 2008, https://www.newsbusters.org/blogs/nb/peter-sasso/2008/07/03/former-general-electric-ceo-jack-welch-global-warming-skeptic.
26. Gryta and Mann, *Lights Out*, 137
27. "Bernie Sanders meets with the Daily News Editorial Board," *New York Daily News*, April 1, 2016, https://www.nydailynews.com/opinion/transcript-bernie-sanders-meets-news-editorial-board-article-1.2588306.
28. Jeffrey Immelt, "Opinion GE CEO: Bernie Sanders says we're 'destroying the moral fabric' of America. He's wrong," *Washington Post*, April 6, 2016, https://www.washingtonpost.com/opinions/ge-ceo-bernie-sanders-says-were-destroying-the-moral-fabric-of-america-hes-wrong/2016/04/06/8499bc8c-fc23-11e5-80e4-c381214de1a3_story.html.
29. James Stewart, "Metaphor for G.E.'s Ills: A Corporate Jet With No Passengers," *New York Times*, November 2, 2017, https://www.nytimes.com/2017/11/02/business/ge-corporate-jets.html.
30. Lauren Thomas, "General Electric's Jeff Immelt is stepping down; John Flannery named chairman and CEO," CNBC, June 12, 2017, https://www.cnbc.com/2017/06/12/general-electrics-immelt-is-stepping-down-john-flannery-named-chairman-and-ceo.html.
31. Brian Schwartz and Charlie Gasparino, "GE CEO feud: Welch vs. Immelt," *Fox Business*, January 10, 2018, https://www.foxbusiness.com/markets/ge-ceo-feud-welch-vs-immelt.
32. Michael Wursthorn and Thomas Gryta, "GE Drops Out of the Dow After More Than a Century," *Wall Street Journal*, June 19, 2018, https://www.wsj.com/articles/walgreens-to-replace-ge-in-dow-industrials-1529443336.

第7章

1. "How Layoffs Hurt Companies," *Knowledge at Wharton*, April 12, 2016, https://knowledge.wharton.upenn.edu/article/how-layoffs-cost-companies/.
2. Bob Sutton, "Dysfunctional Internal Competition at Microsoft: We've seen the enemy, and it is us!," *Work Matters*, July 6, 2012, https://bobsutton.typepad.com/my_weblog/2012/07/dysfunctional-internal-competition-at-microsoft-weve-seen-the-enemy-and-it-is-us.html.
3. Reeves Wiedeman, *Billion Dollar Loser: The Epic Rise and Spectacular Fall of Adam Neumann and Wework* (New York: Little Brown, 2021), 207.
4. Jodi Kantor, Karen Weise, and Grace Ashford, "The Amazon That Customers Don't See," *New York Times*, June 15, 2021, https://www.nytimes.com/interactive/2021/06/15/us/amazon-workers.html.
5. Patrice Taddonio, " 'You're Just Disposable': New Accounts from Former Amazon Employees Raise Questions About Working Conditions," *Frontline*, February 14, 2020, https://www.pbs.org/wgbh/frontline/article/youre-just-disposable-new-accounts-from-former-amazon-employees-raise-questions-about-working-conditions/.
6. "Amazon Chief 's Message to Employees," *New York Times*, August 17, 2015, https://www.nytimes.com/2015/08/18/business/amazon-chiefs-message-to-employees.html.
7. Tom Orlik, Justin Jimenez, and Cedric Sam, "World-Dominating Superstar Firms Get Bigger, Techier, and More Chinese," *Bloomberg*, May 21, 2021, https://www.bloomberg.com/graphics/2021-biggest-global-companies-growth-trends/.
8. Francisco S. Homem de Mello, *The 3G Way: An Introduction to the Management Style of the Trio Who's Taken Over Some of the Most Important Icons of American Capitalism* (Brazil: Ajax Books, 2014), 124.
9. Daniel Roberts, "Here's what happens when 3G Capital buys your company," *Fortune*, March 25, 2015, https://fortune.com/2015/03/25/3g-capital-heinz-kraft-buffett/.
10. Homem de Mello, *The 3G Way*, 42.
11. Jennifer Reingold, "Squeezing Heinz," *Fortune*, October 10, 2013, https://fortune.com/2013/10/10/squeezing-heinz/.
12. Rob Mckenzie, "3G boss Jorge Paulo Lemann cut his teeth on Wimbledon lesson," *National News*, April 3, 2015, https://www.thenational news.com/business/3g-boss-jorge-paulo-lemann-cut-his-teeth-on-wimbledon-lesson-1.47000.
13. Khadeeja Safdar and Aruna Viswanatha, "Inside Under Armour's Sales Scramble: 'Pulling Forward Every Quarter,' " *Wall Street Journal*, November 14, 2019, https://www.wsj.com/articles/inside-under-armours-sales-scramble-pulling-forward-every-quarter-11573777489.
14. Aimee Picchi, "Almost half of all Americans work in lowwage jobs," CBS News,

December 2, 2019, https://www.cbsnews.com/news/minimum-wage-2019-almost-half-of-all-americans-work-in-low-wage-jobs/.
15. 2019年に著者と議論する中でジッポラ・クリアが語った。
16. Natalie Kitroeff and David Gelles, "Boeing C.E.O. Knew About Pilot's Warnings Before Second Crash," *New York Times*, October 29, 2019, https://www.nytimes.com/2019/10/29/business/boeing-ceo-hearing.html.
17. 2020年に著者と議論する中でデビッド・カルフーンが語った。
18. Natalie Kitroeff and David Gelles, " 'It's More Than I Imagined': Boeing's New C.E.O. Confronts Its Challenges," *New York Times*, March 5, 2020, https://www.nytimes.com/2020/03/05/business/boeing-david-calhoun.html.
19. Michael Stumo, "A Boeing 737 Max crash killed my daughter. Boeing's board and CEO don't inspire optimism," *USA Today*, January 17, 2020. https://www.usatoday.com/story/opinion/2020/01/17/boeing-david-calhoun-airline-safety-culture-lawsuit-ceo-column/4479056002/.
20. Keith Naughton, "The World According to Trump," *Newsweek*, February 29, 2004, https://www.newsweek.com/world-according-trump-131529.
21. Keith Kelly, "Welch Book Deal Trumped," *New York Post*, February 6, 2004, https://nypost.com/2004/02/06/welch-book-deal-trumped-the-donald-1m-ups-jacks-4m-harper-contract/.
22. "Welch: 'No' to Serving as Trump Treasury Secretary," CNN, October 3, 2015, https://www.cnn.com/videos/tv/2015/10/03/exp-smr-welch.cnn.
23. "Why I back Donald Trump: Jack Welch," CNBC, September 20, 2016, https://www.cnbc.com/video/2016/09/20/why-i-back-donald-trump-jack-welch.html.
24. "Jack Welch: We had a 'hell of a meeting' with Trump," Fox Business, February 3, 2017, https://www.youtube.com/watch?v=hYl1qphvE3E.
25. "Jack Welch: I Give Trump a D– on Management and Bureaucracy," CNBC, May 17, 2017, https://www.youtube.com/watch?v=G5nd_FIdJ3g.

第8章

1. David Gelles, "He Ran an Empire of Soap and Mayonnaise. Now He Wants to Reinvent Capitalism," *New York Times*, August 29, 2019, https://www.nytimes.com/2019/08/29/business/paul-polman-unilever-corner-office.html.
2. 同上。
3. 2021年に著者と議論する中でダン・シュルマンが語った。
4. Elissa Loughman, "Benefit Corporation Update: Patagonia Passes B Impact Assessment, Improves Score to 116," Patagonia.com, https://www.patagonia.com/stories/benefit-corporation-update-patagonia-passes-b-impact-assessment-improves-score-to-116/story-17871.html.
5. Lazonick, "Profits Without Prosperity."

6. Larry Fink, "A Sense of Purpose," Harvard Law School Forum on Corporate Governance, January 17, 2018, https://corpgov.law.harvard.edu/2018/01/17/a-sense-of-purpose/.
7. Susan Holmberg, "Workers on Corporate Boards? Germany's Had Them for Decades," *New York Times*, January 6, 2019, https://www.nytimes.com/2019/01/06/opinion/warren-workers-boards.html.
8. Deonna Anderson, "Paul Polman: 'Businesses cannot succeed in societies that fail,' " *GreenBiz*, July 22, 2020, https://www.greenbiz.com/article/paul-polman-businesses-cannot-succeed-societies-fail.
9. Marty Steinberg, "Jack Welch, former chairman and CEO of GE, dies at 84," CNBC, March 2, 2020, https://www.cnbc.com/2020/03/02/jack-welch-obit-ge.html.
10. Jill Goldsmith, "Jack Welch Dies: Legendary General Electric CEO Was 84," *Yahoo News*, March 2, 2020, https://www.yahoo.com/now/jack-welch-dies-legendary-general-144744535.html.
11. Reuters Staff, "Trump, business leaders comment on Jack Welch's death," Reuters, March 2, 2020, https://www.reuters.com/article/people-jackwelch/quote-box-trump-business-leaders-comment-on-jack-welchs-death-idUSL4N2AV4GM.
12. Douglas MacMillan, Peter Whoriskey, and Jonathan O'Connell, graphics by Chris Alcantara, "America's biggest companies are flourishing during the pandemic and putting thousands of people out of work," *Washington Post*, December 16, 2020, https://www.washingtonpost.com/graphics/2020/business/50-biggest-companies-coronavirus-layoffs/.
13. David Gelles, "C.E.O. Pay Remains Stratospheric, Even at Companies Battered by Pandemic," *New York Times*, April 24, 2021, https://www.nytimes.com/2021/04/24/business/ceos-pandemic-compensation.html.
14. Jerry Useem, "Beware of Corporate Promises," *The Atlantic*, August 6, 2020, https://www.theatlantic.com/ideas/archive/2020/08/companies-stand-solidarity-are-licensing-themselves-discriminate/614947/.
15. "Senator Warren to Business Roundtable: Your 2019 Commitment to 'Promote an Economy that Serves all Americans' Was an Empty Publicity Stunt," Elizabeth Warren, September 17, 2020, https://www.warren.senate.gov/newsroom/press-releases/senator-warren-to-business-roundtable-your-2019-commitment-to-promote-an-econom-that-serves-all-americans-was-an-empty-publicity-stunt.
16. David Gelles, "Jeff Immelt Oversaw the Downfall of G.E. Now He'd Like You to Read His Book.," *New York Times*, February 5, 2021, https://www.nytimes.com/2021/02/05/business/jeff-immelt-general-electric-corner-office.html. また、イメルトに取材した。
17. Rutger Bregman, "The neoliberal era is ending. What comes next?," *The Correspondent*, May 14, 2020, https://thecorrespondent.com/466/the-neoliberal-era

-is-ending-what-comes-next/61655148676-a00ee89a.

ジャック・ウェルチ
「20世《せい》紀《き》最高《さいこう》の経営者《けいえいしや》」の虚栄《きよえい》

2024年5月20日　初版印刷
2024年5月25日　初版発行

＊

著　者　デイヴィッド・ゲレス
訳　者　渡《わた》部《なべ》典《のり》子《こ》
発行者　早川　浩

＊

印刷所　中央精版印刷株式会社
製本所　中央精版印刷株式会社

＊

発行所　株式会社　早川書房
東京都千代田区神田多町2−2
電話　03-3252-3111
振替　00160-3-47799
https://www.hayakawa-online.co.jp
定価はカバーに表示してあります
ISBN978-4-15-210335-2　C0034
Printed and bound in Japan
乱丁・落丁本は小社制作部宛お送り下さい。
送料小社負担にてお取りかえいたします。

ハヤカワ・ノンフィクション

サミュエルソンか フリードマンか
——経済の自由をめぐる相克

SAMUELSON FRIEDMAN

ニコラス・ワプショット
藤井清美訳
46判上製

二人の偉大な経済学者の熾烈な論争と劇的な人生

ケインズの意志を継承し積極的な財政政策を支持したサミュエルソンと、自由と市場の力を信じたフリードマン。政治的立場を異にし、対照的な学説を掲げながらも、共に現代経済学の礎を造りあげた二人のノーベル経済学賞受賞者の生涯を余すところなく描き切る。

ハヤカワ・ノンフィクション

一流投資家が人生で一番大切にしていること

RICHER, WISER, HAPPIER

ウィリアム・グリーン
依田光江訳
46判並製

金は確かに大切だ。だが、豊かな人生に不可欠ではない

マンガーとバフェットを徹底的に模倣し続け巨万の富を築いた男、自身の欲望を断ち切り、謙虚と幸運のみを信じ成功を収めた男——真に豊かな人生を手に入れるための哲学が、四十人以上の世界的な一流投資家へのインタビューを通じて余すところなく明かされる。

ハヤカワ・ノンフィクション

マッキンゼー CEOエクセレンス

——一流経営者の要件

CEO EXCELLENCE

キャロリン・デュワー、スコット・ケラー、ヴィクラム・マルホトラ

マッキンゼー・アンド・カンパニー・ジャパン シニアパートナー・CEOエクセレンスグループ監訳

尼丁千津子訳

46判並製

企業の運命はトップで決まる

世界有数のコンサルティングファームであるマッキンゼーが世界の「ベストＣＥＯ」たちのマインドセットと行動習慣を徹底調査。最高のビジネスリーダーに共通する「卓越性（エクセレンス）」の本質とは。ＣＥＯという役割のすべてが詰まった究極のビジネス書。